――― 一橋大学経済研究叢書 39 ―――

倉 林 義 正 著

SNAの成立と発展

岩 波 書 店

経済研究叢書発刊に際して

　経済学の対象は私たちの棲んでいる社会である．それは，自然科学の対象である自然界とはちがって，たえず変化する．同じ現象が何回となく繰返されるのではなくて，過去のうえに現在が成立ち，現在のうえに将来が生みだされるという形で，社会の組立てやそれを支配する法則も，時代とともに変ってゆくのが普通である．したがって私たちの学問も時代とともに新しくなってゆかねばならぬ．先人の業績を土台として一つの建造物をつくりあげたと思った瞬間には，私たちは新しい現実のチャレンジを受け，時には全く新しい問題の解決をせまられるのである．

　いいかえれば経済学者は，いつも模索し，試作し，作り直すという仕事を，性こりもなく続けなければならない．経済研究所の存在意義も，この点にこそあると思われる．私たちの研究所も，一つの実験の場である．あるいは，所詮完全なものとはなりえない統計を，すこしでも完全なものに近づけることに努力したり，あるいは，その統計を利用して現実の経済の動きの中に発展の法則を発見しようとしたり，あるいは，分析の道具そのものをみがくことに専念したり，あるいは，外国の経済の研究をとおして日本経済分析のための手がかりとしたり，あるいは，先人のきわめようとした原理を追求することによって今日の分析のための参考としたり，私たちの仕事はきわめて多岐にわたる．こうした仕事の成果を，その都度一書にまとめて刊行しようというのが本叢書の趣旨にほかならない．ときには試論の域を出でないものがあるとしても，それは学問の性質上，同学の方々の鞭撻と批判を受けることの重要さを思い，あえて刊行を躊躇しないことにした．ねがわくば，読者はこの点を諒承していただきたい．

　本叢書は，一橋大学経済研究所の関係者の筆になるものをもって構成する．必らずしも定期の刊行は予定していないが，一年間に少なくとも三冊は上梓のはこびとなろう．こうした専門の学術書は，元来その刊行が容易でないのだが，

私たちの身勝手な注文を心よくききいれて出版の仕事を受諾された岩波書店と，研究調査の過程で財政的な援助を与えられた東京商科大学財団とには，研究所一同を代表して，この機会に深く謝意を表したい．

1953 年 8 月

一橋大学経済研究所所長
都 留 重 人

はしがき

> Distinction is perfect continence.
> (G. Spencer-Brown, *Laws of Form*, 1969.)

本書は筆者による SNA に関する研究書の第3作である．SNA とは，ニューヨークにある国連本部の国連統計局(the United Nations Statistical Office)から改訂第3版として1968年に公刊された『国民経済計算の体系』(A System of National Accounts)の略称である．SNA はその第1版である1952年版の公刊以来，世界の多くの国から GDP，消費支出，資本形成および貯蓄などのマクロ集計量の概念の定義とその分類，および計測の国際的標準として広く利用されて来た．ことに SNA の第3改訂版の出現によって，SNA は単に市場経済体制の諸国からばかりでなく中央計画経済体制を使用する各国からも国民経済計算の最も完成された体系として認識されるようになり，マクロ集計量の概念と計測のための国際的規範としてのみならず，経済統計の組織的な開発のための基礎的な枠組の指針としても不動の地位を確立するに至ったのである．筆者による英文著作(Yoshimasa Kurabayashi, *Studies in National Economic Accounting*, Kinokuniya Book-Store Co., Ltd., Tokyo 1977)は，この SNA 改訂第3版の出現によって触発された国民経済計算体系に関する多面的な問題に対する筆者自身の研究の成果を収録した専門研究書であって，SNA 研究の第1作を形成する．筆者と同学の友人である作間逸雄教授と文字通りの共同による邦文の著作(倉林義正・作間逸雄『国民経済計算』東洋経済新報社, 1980)は，SNA に関する研究の第2作として，引続いて公刊された．同書は SNA 改訂第3版の解説を目的として編まれたものではあるが，SNA における拡大行列(SNA, 表2.1)を個別主体の勘定群から誘導するための工夫，SNA 改訂に至る詳しい事情の説明，SNA の用語解説のためのハンド・ブックとしての利用の便宜など，さまざまの創意が盛り込まれており，専門家の利用にも答えうる内容を盛り込んだつもりである．ただ同書の眼目がシステムとしての SNA の構造の解明に置かれたため，

「不変価格系列の表示と推計，GDP 購買力の国際比較，SNA と MPS の関係，GDP と「福祉」の測定——たとえば，NNW——との関連，SNA に対する批判……などの話題が本書の解説から排除される結果となった」(倉林・作間『前掲書』，まえがき，p. vii). 改めてこれらの検討は別の書物に委ねられざるを得なかった. 本書はこれらの話題をも考慮しながら，SNA の 1970 年代と 1980 年代における多彩な発展の様相を SNA の本質に照らして解明することを目的としている. この作業を進めるに当って，筆者はこの間に国連統計局から SNA の拡充と発展を目的として公刊されたおびただしい研究書と関連文書にもっぱら依拠しながら発展の動向を明らかにすることを試みた. わが国の研究者にとって比較的になじみの薄いこれらの研究書と関連文書になぜ注目するかについては多少の説明が必要であろう.

たまたま筆者は 1983 年 5 月から 3 年余にわたり国連統計局長としてニューヨークの国連本部に在勤する機会に恵まれた. その折筆者に与えられた主要な職責の 1 つは，加盟国を含め国連システムおよび関連国際機関の間における国際的な統計開発の調整であって，延日数にして年間の約 3 ヶ月はジュネーブ，パリ，ルクセンブルク，ローマ，ウィーン，マドリッド，アジスアベバ，ブエノスアイレス，バンコックなどに所在する関連国際機関で持たれたさまざまのレベルでの統計開発のための会合への出席に費されるのが例であった. これらの会合において強く印象づけられたのは，日本を代表して出席した統計専門家と西欧およびアメリカ，カナダのそれらの間に介在した統計開発をめぐる著るしい「情報と認識のギャップ」である. こうした「情報と認識のギャップ」の存在は，わが国の統計開発にとっても憂慮すべき事態と言わねばならないが，筆者はこれらのギャップが国内におけるどのような事情に起因するものであるかを追究する立場にはない. またそれらの事情を推測しうるだけの情報を持ち合わせてもいない. むしろ重要なことは，事実として観察された「情報と認識のギャップ」の実態と内容を正確に認知することであろう.

統計開発をめぐるこの「情報と認識のギャップ」は，実態として 2 つの側面に要約されるように観察された. 第 1 は，統計開発に関する理念ないし哲学と，

およびその方法に関する日本の統計専門家の認識と関心の欠落である．前述のさまざまの会合においては，おおむね国連統計局が管掌する統計開発上の技術的な問題——例えば，後述する SNA 改訂，世界人口および住宅センサスの 10 年計画，国際比較プロジェクトの実行，国際標準分類の改訂と開発など——が個別に（多くの場合専門家会議），あるいはまた一括して（国連統計委員会および地域会合）議題とされたのであるが，日本からの統計専門家の貢献はもっぱら議題の外面的表層を撫でることに終始するのみであって，統計開発の基本理念と統計調査の論理と方法の強固な基礎の上に提言と主張を据える西欧およびアメリカとカナダなどの統計専門家の貢献との間に歴然とした懸隔を認めざるを得なかったのである．第 2 は，提示されるそれぞれの問題の歴史的な展開の経緯に対する認識と理解の欠落である．上に例示した国連統計局が関心を持つ問題の多くは，1945 年国連統計局が創設されて以来一貫してその調査，研究の中心的な主題に据えられたところである．またその事実は，国連における統計活動を指導し，経済社会理事会と事務総長に助言を与える「機能委員会」として 1946 年 5 月に組織された国連統計委員会の 40 年余にわたる活動（詳しくは，倉林義正「国連統計委員会の 40 年」『統計』1987 年 1 月号，参照）によっても確めることができる．ひるがえって，国連統計局は統計委員会の助言と承認に基いてこれらの問題を中期と予算年次ごとの作業プログラムとして作成し，その実行に当ってきたのである．それゆえ，これらの議題の提案の背後には，提案に至る過程で国連統計局によって準備されたおびただしい数の調査文書と専門家による検討の成果の堆積が存在しているのである，提案される議題がどれほど個別的かつ技術的な問題であるとしても，国連統計委員会の制度と国連統計局の機構のあり方に照らして，問題の本質はそれが提案されるに至る歴史的な経過と，検討成果の蓄積を知ることなしには理解することができない．ところが日本の統計専門家の多くは，問題の歴史的な展開をその深さと拡がりの中で理解することをせず，視野をもっぱら眼前の議題に対するその場限りの対応に狭窄させる傾きが観察されたのである．

ところで筆者が国連統計局に着任した 1983 年 5 月は，同年 3 月に開催され

た第 22 回国連統計委員会において現行 SNA (SNA 改訂第 3 版) の改訂に着手することが承認された直後であって，改訂のための実行計画の作成と着手はすべて筆者の責任に委ねられた．現行 SNA の改訂に至る経過と改訂の方向は本書の第 9 章と第 10 章において考察される．すなわち本書が取扱う期間である 1970 年代と 1980 年代は，現行 SNA の公刊からその改訂作業の着手と進行に至る期間である．SNA の改訂に至るまでのこれらの期間における現行 SNA をめぐる多彩な発展に関する考察を進めるに当って，本書が前述した SNA に関する「情報と認識のギャップ」を多少なりとも埋め合わせることに役立ちうることを期待している．第 1 に，本書の構成が SNA の推計の実際にかかわる問題よりも，概念の枠組として SNA が持つ理念と論理の特質を解明するための問題に多くのスペースを割いているのも 70 年代から 80 年代における SNA の理念と論理の多彩な展開に即して「情報と認識のギャップ」に見られる第 1 の側面の解決を期待したからである，第 2 に，筆者はこれらの問題の発生から提案に至る検討の歴史的な展開の経緯を明らかにするため，国連統計局から Statistical Papers (Series C, F and M) の名称のもとに公刊されている約 80 編の研究書のほかに，同じく国連統計局が主として統計委員会の各回の討議資料として準備した数多くの専門文書に基いて考察を進める方針を採用した．わが国のエコノミストおよび統計専門家の間でこれらの専門文書の成り立ちと性格については必ずしもよく知られていないようであるので，若干の注釈が必要であろう．

　これらの専門文書の編成と内容はそれぞれの統計委員会の開催の約 18 ヶ月前に——ちなみに，統計委員会はおおむね 2 年に 1 回の間隔で開催される——統計委員会で選任された若干の国のメンバーで構成される「作業部会」における審議に基いて，国連統計局のスタッフの約 1 年余りの入念な準備と検討の後に作成されるのであって，これらの文書は内容によって精粗に多少のばらつきは免れないとしても，個々の主題の専門家にとって参考となる文書が決して少くないのである．前にも述べたように，現行 SNA の改訂の計画と実行は筆者が国連統計局在勤中に着手され，軌道に乗るに至ったのであるが，筆者はその

在勤中SNA改訂作業の重要性に注目して，SNA関連のこれらの専門文書を，統計委員会のメンバーとは別に，世界のこの分野の有力なターゲット研究者に送付し，これらの人びとの専門的なコメントを求めることを積極的に推進したのである．また同様の趣旨の情報の交流とフィードバックが各国内の担当統計官庁と専門家との間で実行されることを期待したのである．ところが，わが国ではこれらの専門文書は限られた官庁の少数の人びとの間で回覧された後，いたずらに死蔵されるのみであって，これらが公開され専門研究者の利用に供される例はほとんど聞いていない．こうした事態もわが国の統計専門家および研究者と西欧，アメリカおよびカナダにおける専門家たちの間の情報のギャップを促進する要因となっていると断言してよいであろう．

　大観すると本書は，SNAに関連する原理的問題を考察する最初の4つの章(第1～4章)，SNAに周辺する応用的な問題を扱う後続の4つの章(第5～8章)，SNA改訂に関する話題を検討する最終の2つの章(第9～10章)の3つの部分から成っている．1985年8月オランダのノルトウィカーフウト(Nord-wijkerhout)において国際所得国富学会の第19回総会が開催された折，SNA改訂を集中的に討議するための1日セッションが企画され，筆者がその基調報告を担当した(詳しくは，本書第10章参照)．筆者の報告に対しては，それぞれSNAの生みの親であり，また育成の恩人でもあるストーン(Sir Richard Stone)，オークルスト(Odd Aukrust)，チャウドリ(Uma Datta Roy Choudhury)の3氏が予定討論者として，それぞれの専門と造詣に基きSNA改訂の全般に対して有益かつ適切なコメントを与えられた．それらの中で，とくに，オークルストはSNAの公理論的基礎づけの必要を強調している．第1章の主たるねらいは，SNAを基礎づける原始的(original)概念を論理的に構築し，これらの原始的概念を用いて，計算の形式としての「勘定」の構造の公理的基礎を問うこと(1.1節)，および，それらの公理的な考察の基礎の上にSNAの特徴を浮彫りにすること(1.2節)にあるが，同時に上述のオークルストの問いかけに対する筆者なりの回答を与えることも意図している．ここで筆者の立場は，オークルストのコメントの表現を借りるならば，「勘定」が記録するフローを

「取引主体/取引」の原則に立脚する"flows of payables"として認識するのではなく，むしろ原始的概念としての"実物的対象"および"金融的対象"の変動（と移動）に関係づけられるとする考え方の上に立つものと言うことができよう．

第2章では「サービス経済」の進行に伴ってその重要性が増大しつつある「非市場サービス」の概念を財と区別される独自の論理的範疇としてのサービスの特性との関係で明示することによって，考察の視野を「非市場サービス」の分類とそれを表章する形式まで拡大することを試みている．第3章は，国民経済計算における擬制取引の典型として，例示的に金融活動の生産物に対する「帰属サービス」の概念を取り上げ，SNAにおける処理を考察する．筆者が在勤した1984年，国連統計局はSNAの改訂を展望して，現行のSNAにおける金融サービスの帰属の方法を改善するための提案を行った（3.3節）．筆者はこの提案の作成に関与したのであるが，最近における金融商品の多様化および金融情報ネットワークの拡大などに象徴されている金融活動の構造変化とその再編成（レストラクチャリング）の気運は，伝統的な金融活動の想定の上に打ち建てられた金融サービスの帰属計算に対しても根本的な再検討の必要を示唆するものであろう．事情は第9章の『ラグルス・レポート』の所説と関連して考察されている保険サービスの帰属についても同様である．すなわち，生命保険と損害保険のいずれの分野においても保険商品の多様化に反映されている保険サービスの変容の進行があり，また関連して金融サービスと保険サービスの間に設定される境界線は一層複雑に錯綜するようになって来ている．これらの現実もまた金融サービスを含めて「帰属サービス」の全般に対して根本的な洗い直しを必要とする状況が生れつつあることを示すものであろう．

第4章においては，「行列整合性」の要求が不変価格表示の国民勘定の設定と不即不離の関係に立つこと，従って不変価格表示の国民勘定の記入項目に対応する価格指数と数量指数の形式と性質もまた「行列整合性」によって制約されるものであることが主張されている．筆者は4.5節において国民勘定の時間比較に対する「行列整合性」の制約を国民勘定集計量の国際比較の場に拡張することを試みている．そこで注記した筆者と作間逸雄教授との共同の成果であ

る「行列整合性」を基軸に据えた国民勘定集計量に関する多国間比較の方法の立入った考察は，近く同教授との共著の形で公刊が予定されている *Studies in International Comparisons of Real Product and Prices* と題する英文の著作に委ねられていることを付記しておく．

　第5章と第6章および第7章の問題意識は相互に共通している．考察の中央に置かれるのは社会人口統計の体系(SSDS)の構想が提案され，発展した後，やがて挫折し，SSDS が社会人口統計の枠組(FSDS)への変容に導かれる1970年代における一連の経過である(第6章)．この SSDS の開発が一方の極として SNA における福祉の測度の表章と，SNA を補完する所得，消費と富の分布の統計体系に関する考察を招来したこと(第5章)，および，別の対極として SSDS を構成する社会指標に対する関心を喚起し，社会指標ガイドラインの公表を促したこと(第7章)は興味深い．

　第8章は統計調査単位に関する個票レベルのデータによって編成されるデータ・ベース，すなわちマイクロ・データ・ベースの構造とその利用を議論している．ここでは統計調査単位に関する個票レベルのデータの利用に関しきびしい制約が置かれている制度的事情を反映して，わが国におけるこの分野の研究は，西欧およびアメリカとカナダのそれと比較して著るしい立遅れを示していることを注意しておこう．

　SNA 改訂の現状と動向を扱う第10章の考察は国際所得国富学会の第19回総会における改訂の方法論をめぐる話題までに止められているが，そこでも注意されている(p. 248 以下参照)ように，改訂作業はいくつかの専門家会議を軸に着実に進行している．これらの専門家会議の討議は，それぞれにすこぶる豊富な内容と話題を含んでおり，これらを詳細に論評するためにはさらに若干の章を追加する必要があるであろう．また SNA の改訂と併行して，中央計画経済体制における国民経済計算の体系である MPS(物財生産の体系)のガイドラインの改訂作業も現に進行中である．MPS と SNA のリンクも国連統計局が多年にわたって研究を手掛けてきた注目の分野である．それの本格的な検討に立入るためには，さらに1冊の研究書を別に用意すべきであろう．

本書を編むに当っては多くの方々からの助力を頂くことができた．なにより
もまず，作間逸雄教授は本書の草稿のすべてに目を通して，数多くの問題点の
指摘と貴重なコメントを与えられた．これによって改善された本書の個所は決
して少くない．河野正男教授には，専攻の企業会計と社会責任会計の立場から，
第1章と第8章の草稿を綿密に点検して頂いた．また，同僚である江口英一教
授と鈴村興太郎教授にはそれぞれ専攻とされる分野に関連する各章に目を通し
て頂き，貴重なコメントを頂くことができた．これらのコメントの取捨選択は
筆者によって為されたから，本書の内容が筆者のみの責に帰せられるべきであ
ることは言うまでもない．また，松田芳郎教授からは文献の所在について注意
を頂いた．草稿のワープロへの入力と索引の作成については，いくつかの前著
と同じく田村雅子夫人の協力を得た．さらに岩波書店編集部からは本書の刊行
につき格別の御配慮を頂いた．これらの方々の御援助に対し厚くお礼を申し上
げる．

　本書の成立には，本研究所において進められている文部省科学研究費による
特定研究，"世界経済変貌の中での日本の対応とその役割についての理論的・
数量的研究"(研究代表者：江口英一教授)からの資金援助に依るところが大き
い．本書が同研究プロジェクトに対するささやかな成果として貢献しうるなら
ば，筆者の望外の喜びである．

　　　1989年2月，国立にて

　　　　　　　　　　　　　　　　　　　　　　　　　　倉　林　義　正

目　次

はしがき

第1章　SNAの基礎構造 …………………………………… 1
1.1　SNAの公理論的基礎 ………………………………… 1
1.2　2分法の構造とスクリーン勘定 …………………… 14

第2章　非市場サービスの生産とその分類 …………… 32
2.1　サービスの特性と非市場サービス ………………… 32
2.2　SNAにおける非市場サービスとその分類 ………… 41
2.3　教育の社会会計とSSDS ……………………………… 50
2.4　サテライト勘定の展開とその意義 ………………… 56

第3章　帰属サービスの類型と処理 ……………………… 70
3.1　SNAにおける金融サービスの帰属 ………………… 70
3.2　帰属計算に対する批判 ……………………………… 74
3.3　国連統計局の改訂案とその評価 …………………… 86
3.4　帰属サービスの計測とその比較 …………………… 90

第4章　国民勘定の不変価格表示と国際比較 ………… 102
4.0　はじめに ……………………………………………… 102
4.1　50年代における発展——Stone, Geary/Stuvel …… 103
4.2　行列整合性に関する2つの視角 …………………… 105
4.3　SNAにおける不変価格系列 ………………………… 108

4.4 Courbis/倉林による展開 ……………………………… 110
4.5 Guidelines から Manual へ ………………………… 113
4.6 国際比較と不変価格系列 ……………………………… 120

第5章　SNA と福祉の測度 ……………………………… 132

5.1 GNP と NNW ………………………………………… 132
5.2 SNA における福祉の測度 …………………………… 139
5.3 SNA の補完体系と所得分布統計 …………………… 143

第6章　社会人口統計体系(SSDS)の 展開とその帰結 ……………………………… 155

6.1 SSDS の発展とその構造 …………………………… 155
6.2 TSSDS 以後の展開 ………………………………… 162

第7章　社会指標の開発とその意義 ……………… 173

7.1 "社会指標"運動の展開 …………………………… 173
7.2 SSDS と社会指標 …………………………………… 179

第8章　マイクロ・データ・ベースの 編成とその統合 ……………………………… 192

8.1 マイクロ・データ・ベースの編成とその意義 ………… 192
8.2 マイクロ・データ・ベースとマクロ経済勘定 ………… 198

第9章　ラグルス報告：提案と問題 ……………… 216

9.0 はじめに ……………………………………………… 216
9.1 Ruggles Report の概略とその問題 ………………… 217

9.2 Ruggles Report の論点 ……………………………………… 218
9.3 Ruggles Report に対する評価 ……………………………… 238

第10章　SNA 改訂の現状と動向 …………………………… 246

10.1 SNA 作業グループの設立 ………………………………… 246
10.2 SNA 改訂の方法論をめぐって …………………………… 249

索　　引 ……………………………………………………………… 265

第1章 SNAの基礎構造

1.1 SNAの公理論的基礎

　SNAを含めて国民経済計算の体系とは企業会計の勘定形式を借りて，主としてマクロの統計情報を1つのシステムに表章する形式と考えることができるであろう．マクロの統計情報に主たる関心を持つから，収容される統計データは第1次統計ではなく，それらを高次に加工したデータである[1]．すなわち，国民経済計算の体系を統計情報を集積し，整列する1つのシステムとして見ると，第1次情報を含めた統計情報のシステムそのものではなく，高次加工統計に関する統計情報のシステムなのである．後続する各章で明らかにされるように，最近の国民経済計算の研究においては，そのような認識にも拘らずマクロの統計情報と高次加工の源泉となっている個々の統計調査単位に関するミクロ統計情報との関連づけを明示的に徹底しようとする傾向が顕著となりつつあることは事実である[2]．しかし，マクロ統計情報とミクロのそれを連係する先導的実験の結果が明らかに物語っているように，両者の連係を効果的に達成するためにはミクロの統計情報の連係を考慮したマクロの統計情報の枠組が先決的に設計されていなくてはならないのである．すなわち，ここにおいても国民経済計算体系のもつ基本的な役割は依然として決定的である[3]．それならば，これらのマクロの統計情報はどのような論理と根拠に基づいて高次の加工処理を受けるのであろうか．この問いに答えるためには，国民経済計算の体系を1つの論理的構築物として捉え，その構造を明らかにすることが必要であろう．

　前にも述べたように，国民経済計算の体系はその表章形式として企業会計の勘定形式を借りている．しかし，国民経済計算の計算構造は企業会計のそれと同じではない．国民経済計算と企業会計との異同を明らかにすることは，国民

経済計算がJ. R. ヒックスによって「社会会計」の名称で呼ばれていた研究の初期段階から双方の分野の専門家によって研究の関心領域とされて来たところであった[4]．表章形式の類似にも拘らず，両者の間に横たわる根本的な相違を認識するためには，それらの計算構造の論理的基礎を比較することが必要であろう．国民経済計算の計算構造を公理系の基礎の上に構築する試みは，1950年代の半ばオークルストによってはじめて試みられた．SNAの成立とそれへのフランスの国民経済計算体系の収束を念頭に置くベナールの公理論的接近は，上述のオークルストの試みを直接的に継承するものである．最近アルキポフによって為されつつある一連の研究もまた国民経済計算の計算構造の論理的基礎を公理論の立場から問うものである．オークルストとベナールが国民経済計算における計算構造の公理論的基礎を問うのに対して，アルキポフの関心は国民経済計算の計算対象である「国民経済」が，企業会計における「企業」と相違することの公理論的基礎を追跡することに向けられる[5]．

SNAの成立と発展の流れに即してSNAの構造的特質とそれが直面する問題に対する解決の方向を解明するわれわれの目的からすると，企業会計と国民経済計算のそれぞれの計算構造を公理系の場において本格的に比較・検討するためには別の研究書を用意せねばならないであろう[6]．そこで，ここでは検討の視野を狭くSNAに限定して，その計算構造の公理論的基礎を明らかにすることにしよう．また以下の考察を補完するためIMFが公刊する『国際収支表提要』(Balance of Payments Manual)の第3版の計算構造を対照させることにする[7]．国民経済計算が対象とする国民経済と国際収支表が対象とする外国(the rest of the world)とは，取引の場に関して互に鏡映の関係に立つから，SNAとの比較において国際収支表の計算構造の基礎を問うことは当面の主題であるSNAの計算構造としての論理的基礎を明らかにすることに役立つであろう．

1.1.1 主体と対象に関する公理

(A.1) 経済的な意思形成の主体とみなされる個人または組織を経済主体と

よび，経済主体の集合が存在する．

(B.1) BPM はこの経済主体のことを economic units とよんでいる．後にみるように BPM は経済主体の集合をある特定の国の居住者の集合と残る世界全体の居住者の集合の 2 つの部分に分割し，前者を「国内経済」(domestic economy)，後者を「外国」(the rest of the world) とよんでいる．

(A.2) ある時点において経済主体によって個人的なもしくは公共的な欲望を充足するために供給され，管理される物的ならびに非物的な稀少資源，およびこの対象物に関する経済主体の支配権とから成る集合が存在する．

(A.3) 直接または間接に欲望の充足にむけられる稀少資源を実物的対象という．

(A.4) 経済主体がある物件に対して行使する支配権もしくは請求権を金融的対象という．請求権は実物的対象に関することもあり，また別の金融的対象に対することもある．また請求権に対しては必ずこの請求権の行使を受ける主体と金融的対象が存在する．この請求権を債権，また被請求権を債務という．

(B.3) BPM は実物的対象のことを財・サービスと名づけている．

(B.4) BPM は金融的対象のことを financial items とよんでいる．

1.1.2 活動，所有，状況，および取引に関する公理

(A.5) 経済主体によって実物的対象の全部または一部を変形するプロセスが存在し，これを活動という．

(A.6) ある時点において経済主体が実物的対象もしくは金融的対象に対して行使する処分の能力が存在し，これを所有と名づける．経済主体が所有する実物的および金融的対象の集合を財産という．

(A.7) ある時点において実物的対象と金融的対象が置かれている状態は活動と所有のあり方によって定義される．この状態のことを状況とよぶ．

(A.8) ある期間において活動の状態を実現するか，もしくは所有の状態に対して変更を加える行為が存在する．これを取引とよぶ．取引には，①同じ

主体の活動と所有の状態の中で実物的対象もしくは金融的対象が動く場合と，②異なる主体の間で実物的対象もしくは金融的対象が動く場合がある．①の取引を内部取引，②の取引を外部取引という．

BPM もこれに対応する取引の定義を次のように与えている．

> (B.8) 経済取引は経済価値が一経済主体から他のそれに提供されるときに生じる．経済的価値とは財・サービスおよび financial items である．

(A.8)と(B.8)を比較すれば明らかなように，BPM では内部取引が排除されている．取引を外部取引の立場からのみ記録することで一貫しているのが BPM の特徴である(この点に関しては併せて IMF, BPM, 3rd ed., para. 5 を参照)．

1.1.3 実物的循環に関する公理

(A.9) すべての実物的対象と金融的対象とが時間の経過に伴って発生する時点とその状況，その存在が影響を受ける変動および消滅の時点とその状況は知られている．

(A.10) 実物的対象の集合と金融的対象の集合は共通部分をもたない．

(A.11) すべての実物的対象はそれが存在するあらゆる時点において，この対象の所有者である単一の経済主体によって所有されている．

(A.12) いかなる実物的対象も生産以外の方法をもってしては発生しない．

(A.13) いかなる実物的対象も消費以外の方法をもってしては消滅しない．

(A.14) 考察される最小の時間間隔において，いかなる実物的対象に対しても1つより多くの取引が同時に起ることはありえない．

これらの公理は実物的対象の循環の前提となるものであって，BPM ではそれらについて特別の言及を行なっていない．

1.1.4 金融的循環に関する公理

(A.15) いかなる金融的対象もそれが存在するすべての時点において，それについて請求権を行使する主体(債権者)および請求権の行使を受ける主体

(債務者)とを指定することができる．

(A.16) 考察される最小の時間間隔において，いかなる金融的対象に対しても1つより多くの取引の中に含まれることはできない．

これらの公理も実物的対象の循環に関する公理の場合と同じく，BPM では自明の前提とされている．

1.1.5 実物的対象の循環と金融的対象の循環の結合に関する公理

(A.17) ある経済主体と他のそれとの実物的対象の取引は，1つのもしくは多くの実物的対象の逆方向の給付を伴うこと，1つのもしくは多くの金融的対象の逆方向の給付を伴うこともあり，またこれらの逆方向の給付を伴わないこともありうる．

(A.18) ある経済主体と他のそれとの金融的対象の取引は，1つもしくは多くの金融的対象の逆方向の給付を伴うこともあり，またこの逆方向の給付を伴わないこともありうる．

以上の公理と対応して，BPM は取引を次の5つの類型に整理している．

　(B.17)　a. financial items を見返りとする財・サービスの購入．
　　　　　b. 現物取引，すなわち財・サービスを見返りとする財・サービスの交換．
　　　　　d. 反対給付のない財・サービスの提供．
　(B.18)　c. financial items を見返りとする financial items の交換．
　　　　　e. 反対給付のない financial claims の提供．

次の2つの公理は取引の性質を簡単化するための便法である．

(A.19) ある経済主体と他のそれとの実物的対象に関するいかなる取引も実物的対象と金融的対象とを同時に逆方向の給付として伴うことはできない．

(A.20) ある経済主体と他のそれとの金融的対象に関するいかなる取引も同時に複数の金融的対象を反対方向の給付として伴うことはできない．

1.1.6 以上の公理から導かれる取引の分類

(A.1)から(A.20)の公理を組み合わせると，(A.8)で定義づけられた取引を

表1.1 取引のカテゴリー

		R		F	
		B	U	B	U
R	B	z_{rr}	ϕ	z_{rf}	ϕ
R	U	ϕ	z_r^t	ϕ	ϕ
F	B	z_{fr}	ϕ	z_{ff}	ϕ
F	U	ϕ	ϕ	ϕ	z_f^t

(注) 表の各要素の意味については本文を参照．またϕは空(ゼロ)要素を表わす．

いくつかの主要なカテゴリーに分類することができる．これらの取引のカテゴリーは，後にみるように，SNA および BPM においても重要な役割を演じている．この分類には表 1.1 を利用するのが便利である．

表 1.1 は (A. 8) に基づいて，ある経済主体と他の主体の間で，もしくは同じ主体の間で生じる実物的対象 (R) もしくは金融的対象 (F) の移動に注目して取引の分類を試みたものである．(A. 17) および (A. 18) によって [および，(A. 19) と (A. 20) を併せて考慮すると]，実物的対象の移動は反対方向の実物的対象もしくは金融的対象の給付を伴うこともあり，またそれらを伴わないこともある．前者の場合を双方的な (bilateral) 対象の移動という意味で B で表わす．また，後者の場合を一方的な (unilateral) 対象という意味 U で表わすものと約束する．したがって，任意の取引は主体(自身も含め)の間の実物的対象および金融的対象の移動によって作られる関係として特徴づけることができる．たとえば B の場合についてみれば，ある主体がそれ自身もしくは他の主体との間で実物的対象の提供と見返りに金融的対象の給付を受ける行為は形式的に z_{rf} と表わされ，ある特定の実物的対象を販売する取引に相当する．したがって，z_{rf} は対象の双方的な移動によって関係づけられる二項関係 (binary relation) を表わしているといってもよい．同様の推論を行なうと，z_{rr} は実物的対象のバ

ーター取引，z_{fr} は実物的対象の購入，z_{ff} は金融的対象の売買を表現していることが明らかである．

U の場合には，関係は対象の一方向の移動によって示されるから，これを B の場合の z と区別して z^t と書く．添字 t はトランスファー(transfer)とよばれる対象の移動を特定化する．(A. 17)と(A. 18)によって，関係 z^t は同じ対象に関してだけ定義される．z_r^t がある実物的対象の現物のトランスファーを，z_f^t が金融的対象のトランスファーを表わすことは自明である．ここで同一の主体の中で定義されるトランスファーのことを振替，異る主体の間で定義されるトランスファーのことを移転と名づける．

これらの取引の要素 z_{rr}, z_{rf}, z_{fr}, z_{ff}, z_r^t, z_f^t のそれぞれの集合を考えて，

$T_{rr} = \{r \in R : z_{rr}\}$

$T_{rf} = \{r \in R,\ f \in F : z_{rf}\}$

$T_{fr} = \{r \in R,\ f \in F : z_{fr}\}$

$T_{ff} = \{f \in F : z_{ff}\}$

$T_r^t = \{r \in R : z_r^t\}$

$T_f^t = \{f \in F : z_f^t\}$

と記号化する．たとえば，T_{rf} は実物的対象の集合 R の任意の要素 r と金融的対象の集合 F の任意の要素 f によって定義される関係(二項関係)z_{rf} 全体の集合と読むことができる[8]．

これらの集合を組み合わせることによって，取引に関する種々の分類が可能になる．まず取引全体の集合 T は，

$T = \{T_{rr},\ T_{rf},\ T_{fr},\ T_{ff},\ T_r^t,\ T_f^t\}$

と表わすことができよう．つぎに

$T^R = \{T_{rr},\ T_{rf},\ T_{fr},\ T_r^t\}$

によって定義される集合 T^R を考える．T^R は実物的対象に関する取引を包含し，実物取引と名づけられる．実物取引と対比されるのが金融取引であって，

$T^F = \{T_{ff},\ T_f^t\}$

によって定義される T^F によって表わされる．定義により T^R と T^F は T の成

分集合である．つぎに定義される集合 T^M

$$T^M = \{T_{rf},\ T_{fr},\ T_{ff},\ T_f^j\}$$

は取引の決裁に購買力の移動を伴う取引の集合であって，マネー・フローと名づけられる．T^M の中で①財と(非要素)サービス，および被雇用の労働を対象とするマネー・フロー，と② T_{ff} を除いた集合を所得のトランスファーと呼び，T^{MT} で表わす．T^{MT} はつぎに定義される T^T

$$T^T = \{T_r^j,\ T_f^j\},$$

すなわちトランスファーの集合とは同じではない．T^{MT} は所得の分配と再分配の対象として後に重要な役割を演じる．T^{MT} の中で財産の増加を目的として購買力の移動がなされる取引の集りを所得の資本トランスファーと言う．これに対して T^{MT} に関し所得の資本トランスファーの補集合を所得の経常トランスファーと名づける．したがって，T^M は互に素な，

(イ) 被雇用の労働を含めた財とサービスに関するマネー・フロー T^{MGS}，

(ロ) 所得のトランスファー T^{MT}，

(ハ) 金融的対象に関するマネー・フローを表わす T_{ff}

の3つの成分集合によって構成されているとみることができる．すなわち，

$$T^M = \{T^{MGS},\ T^{MT},\ T_{ff}\}$$

である．

1.1.7 取引のバランスに関する公理

これまでの公理を簡単に要約するとすれば，なんらかの対象と，それらの動きが作る状態の集合に関するものであった．前節において導いた取引の分類もこれらの集合に即して定義づけられているから，これらの集合の結合や分割の規則は集合に関する演算の規則が基準になっている．少なくともこれまでの公理系からは，数に関する四則算法を用いた概念の間の結合，たとえば2つの異なる財・サービスに関する取引の金額を合計する演算，を導くことはできない．そこでこれらの操作を可能にするために，以下の公理系を導入することが必要になってくる．

第1章 SNA の基礎構造

(A. 21) あらゆる実物的対象と金融的対象の取引には，これらの取引の価値額とよばれる有理数が一意に対応する．

(A. 22) 特定の実物的対象と金融的対象に関し，逆方向への実物的対象もしくは金融的対象の給付を伴う取引においては，これらの対象に対し必ず同じ価値額が対応する．

(A. 23) 債権者の債権および債務者の債務は関連する主体の財産の集合においてそれぞれプラスとマイナスの価値額が対応するものとみなされる．

(A. 24) ある期間に関して，特定の主体もしくはその集合に対する期首と期末の財産の状況と取引は勘定とよばれる記録の形式の中で四則演算の対象となる．

(A. 21) は 1.1.6 で定義された T を構成するそれぞれの集合の要素に有理数の価値額を賦与する公理である．すなわちそれぞれの集合の要素を F として，(A. 21) はある取引 F が取引主体の集合 N に属する要素 A, B (A と B は同一でもありうる) に関し

$$F = (A,\ B,\ r,\ \nu(z)),$$

もしくは，

$$F = (A,\ B,\ f,\ \nu'(z)),$$

のように表現されることを意味している．前者は取引主体 A から B への実物的対象の移動に関する価値額 $\nu(z)$ の取引を表わし，後者は同じく取引主体 A から B への金融的対象の移動を伴う価値額 $\nu'(z)$ の取引を表わしている．ここで，z は表 1.1 に表章された実物的対象もしくは金融的対象の移動関係を表わす．この移動に伴って価値額が賦与されるのであって，

$$z \longrightarrow \nu(z)$$

の対応が想定されている．(A. 22) は後に述べる「複式記入の体系」の二重性 (あるいは，四重記入の形式) に関連する公理である．まず (A. 22) が想定する取引の状況では，

$$F(A,\ B,\ r,\ \nu(z))$$

に対しては，

$F(B, A, f, \nu(z))$, もしくは

$F(B, A, r, \nu(z))$,

で表章される価値額のフローが対応する. また

$F(A, B, f, \nu'(z))$,

の場合についても同様である. $F(A, B, r, \nu(z))$ と対応する $F(B, A, f, \nu(z))$（もしくは, $F(B, A, r, \nu(z))$）のことを"双方フロー"と言う.（A. 22）は"双方フロー"の存在を認定するとともに, "双方フロー"における取引の価値額が等しいことを主張している. また $F(A, B, r, \nu(z))$ と $F(B, A, f, \nu(z))$ によって表現される取引は, 取引の当事者 (A, B) と取引の対象 (r, f) の4つの要因によって特徴づけられていることが分る. すなわち, これらの取引の記録は後述する「四重記入の原則」に従うことに注意すべきである.

 (A.21) は実物的対象と金融的対象に価値額を対応させる公理であるが, 一般に価値額が価格と数量との積として表わされることを想起すると, (A.21) は実物的対象と金融的対象にある"価格リスト"が存在することを含意しているように見える. しかし, すべての実物的対象に対し市場の裁定による価格が対応するものではないことに注意すべきである. この事実に注目すると実物的対象（の集り）は, (i) 市場で売買の対象となるものと, (ii) 市場で売買の対象とならないものとに分類しておくことが便利である. 後者の典型が後に考察の対象となる公共財ないし公共サービスである. (A.6) と (A.21) によって価値額を賦与された"財産"の範囲と境界線をどこに設定するかは別個に検討を要する問題である. たとえば, 実物的対象に関する"財産"目録に視野を限定するとしても, 歴史的建造物を"財産"目録の中に加えることが現実的であるかどうか. 無形の実物的対象がどの範囲まで"財産"目録の対象項目に含まれるかといった問題がそれである. また"財産"に含まれる項目が記録の対象期間中に価格の変動に起因する価値の変化を生じる場合がある. この価値変化分を記録の対象とすべきであるか, 対象となる項目の範囲をどこまでに限定するか, またいかに計測すべきか等を SNA では調整勘定の記入項目に調整の結果として反映させていることに注意しておくべきであろう.

第1章　SNAの基礎構造　　　　　　　　　11

　(A.24)で期首と期末の財産の状況および取引を"勘定"の上に記録するためには補助的に以下の公理を前提にせねばならない．

　(SA−1)　財産の状況と取引を記録する統一的な原則が存在する．

　(SA−2)　個々の主体もしくは対象を単位とする勘定は与えられた期間に関して，同調する．ここで勘定が同調するとは同一の項目がマネー・フローの流入および流出として平行的に記録されることを言う．

　(SA−3)　個々の主体もしくは対象を単位とする勘定を合計すると国民経済に対する勘定となる．

　ここで(SA−2)は，(A.22)で定義された"双方フロー"を勘定の上に記録する会計原則を示すものであるが，主たる記録の対象となる場がマネー・フローに設定されていることを想起するならば，所得のトランスファー(T^{MT})を含むことに注意すべきである．(SA−2)の観点からすると，所得のトランスファーは一方の対向フローを特定の対象に認定しえない意味において「擬制的な取引」と考えるべきであろう．所得のトランスファーは，多くの場合，主体 A と B との間で，たとえば A から B への支出として，

$$F(A,\ B,\ f,\ \nu(z)),$$

のように表現されるとすると，これに対向するフロー，

$$F(B,\ A,\ r,\ \nu(z))$$

もしくは，

$$F(B,\ A,\ f,\ \nu(z)),$$

が擬制的に"所得のトランスファー項目"と呼ばれるのである．たとえば，"直接税"，"間接税"，"財産所得"などは"所得の移転"項目の例である．それゆえ，所得のトランスファーの特性を明らかにするためには対向するフローの内容と性質を解明しなければならないであろう．この対向するフローは，さしあたり，取引に関与する当事者(A と B)間の意思の対向関係と，それの対象との内容によって特徴づけられると考えられる．しばしば，取引に関する当事者間の意思の対向関係の形成において自由な意思形成が必ずしも貫徹されない状況が含まれていること，対向するフローの対象が実物的対象の一部を形成

するサービスの定義と密接に関連することが注意される．いわゆる"サービス経済"の拡大に伴って，サービスの本質と定義の解明がエコノミストの関心を集めているが，サービスの本質と定義をめぐるこれらの問題は章をあらためて，後続の第2章で考察される．その考察は同時に所得のトランスファーの概念をも制約していることをここで確認しておくべきである．

また(A.22)から(A.24)を組み合わせると，あらゆる取引は勘定形式の上でバランス関係が保たれることを主張することができる．直観的にこの事実を確かめるのには表1.1に立ち戻るとよい．(A.21)によって，この表の各要素は四則演算が可能である．そこで各行とそれに対応する列についての行和と列和を考えてみる．たとえば，$R-B$ 行と列をとると，取引 F における価値額 $\nu(z)$ との類推で，

$(R-B)$ 行和：$\sum \nu(z_{rr}) + \sum \nu(z_{rf})$

$(R-B)$ 列和：$\sum \nu(z_{rr}) + \sum \nu(z_{fr})$

他方(A.22)によって，$\sum \nu(z_{rf}) = \sum \nu(z_{fr})$ したがって，$(R-B)$ 行和と $(R-B)$ 列和は等しくなって，バランス関係が成立する．他の行(と対応する列)についても同様．これらのバランス関係は，あらゆる国民経済計算の体系の基礎を形作る関係である．表1.1は取引を特定の二項関係から作られるネットワークとして表現しているのであるから，「システム」の特殊な表現形式とみることもできる．

1.1.8 複式記入の体系

BPMは取引の記録について注目すべき方法を提示している．それが「複式記入の体系」による取引の表章である．BPMによると，この「複式記入の体系」は「垂直的な複式記入の体系」(a vertical double-entry system) と「水平的な複式記入の体系」(a horizontal double-entry system) の2つの側面から構成されている．いま，取引主体 A と B の間で A から B へ財・サービスの販売が行なわれて，これと見返りに B から A へなんらかの金融的請求権の形で支払いが行なわれたとしよう．この取引は表1.1の形式を借りて表わすならば，

集合 $\{z_{rf}\}$ つまり T_{rf} に含まれる一つの要素である．いま上記の取引主体を特定するために，前に用いた記号にならって $F(A, B, r, \nu(z))$ と $F(B, A, f, \nu(z))$ で表わすことにしよう．前にも注意したように，添字とカッコ内の順序関係は重要であって，一義的な対応関係をもつ．約束によって，この取引は4つの指標 (r, f, A, B) に基づいて特徴づけられている．すなわち，添字の r と f に注目すると，

① A は r (財・サービス)の売手(貸方)であり，B はその買手(借方)である．
これと見返りに，
② B は f (金融的請求権)の払い手(貸方)であり，A はその受け手(借方)である．

他方，カッコ内の A と B に注目すると，

(i) A は r を $(B$ に)売り(貸方)，これと見返りに $(B$ から) f を受け取った(借方)．

あるいは，

(ii) B は r を $(A$ から)買い(借方)，これと見返りに $(A$ に) f を払った(貸方)．

①と②の形式で取引を記録する体系が「水平的な複式記入の体系」であり，(i)と(ii)の形式で取引を記録する体系を「垂直的な複式記入の体系」とよんでいる(IMF, BPM, 3rd ed., paras. 46～47). したがって，「水平的な複式記入の体系」はもっぱら取引の対象を主にする記入方式であるのに対して，「垂直的な複式記入の体系」は取引の主体に注目する記入方式であると考えることができる．あるいは，次ページのように図示することもできよう．

ところで，(B.1)の注意からも明らかなように，BPM は「国内経済」と「外国」との2つの主体(の集合)の間の取引に注目するわけであるから，その記録は原則的に「垂直的な複式記入の体系」に従う(IMF, BPM, 3rd ed., para. 65). もし国民経済計算の体系のある場合のように，主体と対象を交叉させて取引を (A. 24) の勘定形式に表現しようとすると，例示の取引は4つの指標に従って，①と②および(i)と(ii)のすべてについて分類・指定されなければならないか

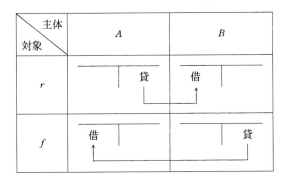

ら,複式記入ではなくて「四重記入の体系」(a quadruple-entry system)を作る可能性が出てくる.BPMの記録原則が原則的に「垂直的な複式記入の体系」に従うということは,例外的に「水平的な複式記入の体系」の併用されることがあるからである.「一般に,1つの与えられた取引あるいはフローについて対応する2つの記入項目は明示されるのではなく国際収支を推定するのに用いられる方法の結果として記入される」(IMF, BPM, 3rd ed., para. 65).このような「水平的な複式記入の体系」としてBPMに例示されている項目は,居住者の間もしくは外国の居住者の間で行なわれる海上運輸および保険料の支払い,金と外国資産の売買・外国の居住者の間の外国債務の取引(IMF, BPM, 3rd ed., paras. 66~68)がある.しかし,その処理の詳細は国際取引の技術的詳細にわたるため省略する[9].

1.2 2分法の構造とスクリーン勘定

前節(1.1)で見たように勘定に記録される取引 T^M は典型的に①取引の対象を示す指標と,②取引の主体を示す指標——たとえば(r, f, A, B)における取引の対象(r, f)と取引の主体(A, B)——によって特徴づけることができる.取引の主体の集合は,さらに以下の2つの観点に従って分類することが可能である.すなわち,

 ⅰ) 生産の同質的な主体,

第1章 SNAの基礎構造   15

ⅱ) 財産の管理と運用の主体,

がそれである．1.1の公理系との関連で言えば，ⅰ)の分類は(A.12)の実行に即して観察される主体の分類であり，ⅱ)の分類は主として(A.15)の実行に関連する．ⅰ)の分類において，生産活動によって生み出される実物的対象は市場において売買の対象となるものばかりでなく，市場で売買の対象とはならないものをも包含していることに注意すべきである．市場で売買の対象となる実物的対象を生産する同質的主体を"産業"と名づける．これに対して市場で売買の対象とはならない財・サービスの生産に携わる主体は，これらの財・サービスを受益する相手方が社会全般を対象とするか，それとも消費者である家計に限定されるのかに従って，前者を生産する"政府サービスの生産者"と後者の生産を担当する"対家計民間非営利サービスの生産者"とに分類される．"政府サービスの生産者"と"対家計民間非営利サービス"は公共経済学が分析の対象としている公共財もしくは集合財の理論の発展に対応して設定された生産主体の概念である[10]．

ⅱ)において分類された財産の管理と運営に携わる主体の集りを"部門"もしくは"制度別部門"と言う．財産の管理と運営の対象となる取引は前に言及したマネー・フロー(T^M)である．T^Mは取引に関与する主体(A, B)によって特徴づけられていることに注目すべきである．これにより購買力の移動を表章する金融的対象の発生主体(A)と，それの受取主体の(B)が識別される．発生主体の集りは"発生部門"と名づけられ，これとの対称において，受取主体の集りは"受取部門"と呼ばれる．「垂直的な複式記入の体系」に従って構成される制度部門別の勘定では"発生部門"と"受取部門"の識別は重要である．"制度別部門"を構成する主体は金融的対象の移動に関係する金融制度と慣行，金融的対象の移動に対処する行動様式の相違に注目して主体のグループ分けを行なうことが可能である．たとえば，

ⅱ.1. 金融機関以外の企業,

ⅱ.2. 金融機関,

ⅱ.3. 一般政府,

ii. 4. 対家計民間非営利機関,

ii. 5. 家計,

のようなグループ分けを考えることができよう．それぞれの主体が構成するグループにおいて"財産"の構造，管理，運営の行動様式および制度と慣行にはおのずからの相違を認めることができるからである[11]．

すなわち i) と ii) によって形作る取引の主体の分割は実物取引と金融取引の分離を反映する二重性として特徴づけられるのである．1968 SNA のための改訂第1次草案(E/CN. 3/320)は，取引の主体および取引の分類が実物的な取引と金融的な取引とに関して異った原理に基づくことを総称して"実物と金融の2分法"(the real-financial dichotomy)と名づけている[12]．明らかに i) と ii) に基づく取引の主体の分割は"実物と金融の2分法"を反映している．ところでi) と ii) に基づいて取引の主体を分割する考え方は統計調査の観察単位もしくは客体の分類原理とも対応づけることができる．以下，統計調査の観察単位のことを明示するため"統計単位"の用語を用いることにしよう．経済活動の統計的な分類のための国際的基準として認知されている『国際標準産業分類』(International Standard Classification of All Economic Activities, 略して ISIC)の分類の仕方に従うと， i) の分類に対応する統計単位は"事業所型単位"(establishment-type units)である．ここで，事業所とは，理想的には，単一の所有権もしくは支配のもとで1つもしくは主として1つの種類の経済活動に1つの連接地域の中で携わる経済単位を言う．個々の農場，工場，店舗はこの事業所の例に該当する．これに対し ii) の分類を支持する統計単位は"企業型単位"(enterprise-type units)である．ここで，企業型統計単位とは，法的実体もしくは法的実体の族から構成される統計単位のことである．法的実体の族とは，同一の利益集団によって所有または支配される実体のグループを言う．同一の利益集団によって所有ないし支配されているかどうかを判別する基準としては，連結財務諸表が問題の実体のグループについて入手可能であるかどうかが用いられることが多い．この法的実体もしくは法的実体の族によって構成される統計単位として定義される"企業型単位"は公共および民間の法人企業に対する

適用が意識された用語であるが,定義内容から見てこの種の統計単位は他の制度部門のグルーピング,すなわち一般政府に属する政府機関ないし民間非営利機関など,に対しても適用することができる[13].しばしば取引主体のグルーピングのための統計単位として"事業所型単位"と"企業型単位"を併立させることを"二重部門分割"(dual sectoring)と呼び,SNAにおける取引の主体の分割はこの"二重部門分割"の原理に基づくものであると説く論者がある[14].しかし,SNAにおける取引の主体の分類原理は"実物と金融の2分法"に由来する二重性の反映であって,相異る統計単位を併立させることから導かれるものではない.

これまで述べてきた対象と主体が表現する4つの標識 (r, f, A, B) の織り成す網の目はⅰ)とⅱ)によって導入された取引の主体の分類に伴って極端に複雑なものとならざるをえない.いま事態を単純化してⅱ)によって分類された5つの取引の主体(ⅱ.1.〜ⅱ.5.)の間のみで行なわれる取引の網の目のみに注目しよう.これらの間で織り成される取引の網の目は図1.1に示されるように $5 \times 5 \times 2 = 50$ の線分の交絡によって織り成されている.これをさらにⅰ)の分類に拡大するとするならば,産業の数を n として,少なくとも $(n) \times (n) \times 2$ の線分の交絡から成る網の目によって表章しなければならないであろう.さらにⅰ)とⅱ)の分類を組み合わせるとするならば,交絡の網の目は甚だしく膨大

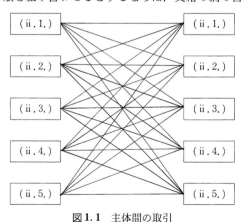

図1.1 主体間の取引

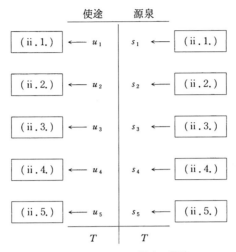

図1.2 スクリーン勘定の構造

なものとなって，これを一望の図式に表章することはほとんど不可能と考えざるをえない．これらのおびただしい取引の主体によって織り成される取引をマクロ的に集約して，1つのシステムに表章するための工夫が"スクリーン勘定"(les comtes écrans) なのである[15]．

"スクリーン勘定"とはマネー・フローを構成する T^{MGS}, T^{MT}, および T^{ff} のそれぞれの要素について，特定の取引主体からのイン・フローと特定の取引主体へのアウト・フローを仕訳し，バランスさせる形式を言う．特定の取引主体からのイン・フローを記録する側面をマネー・フローの源泉，特定の取引主体へのアウト・フローを記録する側面をマネー・フローの使途と言う．"スクリーン勘定"を導入することによって達成されるべき機能は2つある．第1は，勘定と記入項目の数を減少させることである．第2は，図1.2の例示からも明らかのように，取引の対象に関する"スクリーン勘定"が持ち込まれることによって図1.1に表示される取引の主体の間の取引のフローがひとまず"スクリーン勘定"の蔭に遮断される．ここで s_i と u_i は i 主体からのイン・フローと i 主体へのアウト・フローをそれぞれ表わし，T は源泉側と使途側の合計である．また，$i=1, 2, ..., 5$ によって図1.1との対応が考慮されている．こ

のように"スクリーン勘定"の命名は取引の主体の間の取引フローがそれによって遮断される機能に由来している．いま取引の主体に関する勘定を"取引者勘定"と名づけるならば，"スクリーン勘定"の導入によって，国民経済計算の体系は取引の主体間の取引フローの交流を表現する"取引者勘定"と，取引の対象に関する"スクリーン勘定"とが複合する構造として表出されることになる．

"スクリーン勘定"は T^{MGS}, T^{MT}, および T_{ff} を形作る取引の対象に関して設定され，これらの取引の対象に関する需要と供給を事後的に均衡させる場を提供するものであることに注目するならば，スツーフェルの用語に従ってそれぞれの取引の対象に関する"市場勘定"と考えることができよう．スツーフェルは言う[16]．

> それゆえこの工夫の目的とするところは個々のフローがこれらの市場勘定を経由することによって誰から誰への認定を失わせることにあるのである．市場勘定はあたかも取引者勘定の間に置かれるスクリーンのようなものとなるのであって，その結果しばしば「スクリーン勘定」と呼ばれる．注意すべきことは，この解釈が固有の市場勘定のみならず移転に関する勘定にもあてはまることである．

図 1.2 の例示によってすでに明らかなことではあるが，市場勘定が個々のフローに関し「誰から誰への認定を失わせる」役割を演じているとするスツーフェルの指摘は重要である．"スクリーン勘定"が介在することによって，すべての取引は"取引者勘定"の上に記録されるとは限らない．また，取引と取引の主体の間が 1 対 1 に対応するわけでもない．すなわち，後に(第 9 章)議論されるように，言うところの「取引主体/取引」原則はこの"スクリーン勘定"の導入によって否定されているのである[17]．

取引の主体と取引の間に 1 対 1 の対応が成立するならば取引者勘定に記録される取引は誰(どの取引の主体)からの購買力のアウト・フローであり，また誰(どの取引の主体)への購買力のイン・フローであるかが確定するから，取引者勘定の集りは完全接合体系を作る．取引の主体と取引の間に直接的に 1 対 1 の

対応がない場合でも"スクリーン勘定"を併用すれば取引の対象に関し取引者勘定の上で誰からの購買力のアウト・フローであり,また誰にとって購買力のイン・フローであるかを認定することができる.すなわち,"スクリーン勘定"を併用する取引者勘定の集りは間接的に完全接合性を達成している."スクリーン勘定"を介して間接的に完全接合性を達成する取引者勘定の集りのことをスツーフェルは"疑似接合体系"(pseudo-articulated system)と名づけている.完全接合性が達成されない1つのよく知られている事例は,同じくスツーフェルによって命名された,"半接合体系"(semi-articulated system)である."半接合体系"とは,集計量のレベルでは購買力のイン・フローとアウト・フローを勘定の上で認知できるが,取引の主体の間で集計量を構成する個々の取引に関してはこの接合性が成立しないような取引者勘定の集りのことを言う."半接合体系"は取引の主体を複数の基準でグループ分けし,このグループ分けをした取引者勘定から集計量を誘導する場合に用いられる[18].

現行(1968)SNAの重要な特徴はこの"スクリーン勘定"を体系の中で機動的に利用していることである.その具体的な展開は次章でやや立入って検討されるはずであるが,SNAの2.1表に例示されている拡大行列のなかにも頻出している.その最も良く知られている事例が生産勘定(拡大行列の5〜21行と5〜21列)であって,この構造はまたSNAの投入・産出表の構造に転用されている.これを単純化して図式化すると図1.3のように表わされる.ここで

		生 産		その他の活動	合 計
		対象	主体		
生産	対象	·	U	e	q
	主体	V	·	·	g
その他の活動		·	y'		η
合 計		q'	g'	·	·

図1.3 SNAの投入・産出表

第1章 SNA の基礎構造　　　21

以下の記号が用いられている.

　　U, 生産活動の対象である生産物の数×生産の主体の数によって作られる中間生産物の投入行列,

　　V, 生産の主体の数×生産物の数によって作られる産出行列,

　　e, 生産物の数から成る最終生産物の消費を表わす列ベクトル,

　　q, 生産物の数から成る産出列ベクトル('はベクトルの転置を表わす),

　　g, 生産の主体の数から成る産出列ベクトル, (同上)

　　y, 生産の主体の数から成る付加価値列ベクトル, (同上)

　　η, 付加価値の合計 (= GDP).

SNA の拡大行列では生産物のことを商品と名づけていること, および生産の主体を前述したように,"産業","政府サービスの生産者"および"対家計民間非営利サービスの生産者"に細分していることをつけ加えておこう. ここで, 生産活動の対象である個々の生産物(商品)に関し"スクリーン勘定"が作られていることに注意すべきである[19]. この"スクリーン勘定"の設定は, 国際比較の可能性を増進する見地から, 生産物(商品)の統一分類を重視すべきであろう. 国際貿易における商品の統一分類基準としては国連統計局の手になる"国際標準商品分類(SITC)"(the Standard International Trade Classification)がよく知られている. この SITC の改訂第3版が 1985 年3月の国連統計委員会の第 23 回総会において採択されたのを1つの契機として, ブラッセルにある「関税協力協議会」(the Customs Co-operation Council) が所管する"統一商品銘柄とコード化の体系"(the Harmonized Commodity Description and Coding System, 略して HC)を包含するのみならず, 他の主要の国際統一分類基準をも統合する"活動と生産物の総合分類体系"(an Integrated System of Classifications of Activities and Products, 略して SINAP) の設定へ向けて着々と前進が図られていることに注目せねばならない[20]. ここで次章における検討から導かれる結論を先取りするならば,"スクリーン勘定"の設定と取引の対象にかかわる分類の体系とが SNA における拡大行列の場を借りることによって密接な関わりのもとに置かれることである. 前述した SINAP を目指す研究と開発

の構想ならびに展開もそれらが SNA の拡大行列の場に投影されることによって，はじめてその本質と意義を余すところなく写し出すことができるのである．それは国民経済計算の体系を経済統計の組織的な開発の基礎であると断じた旧(1953)SNA の理想の実現にほかならないのであるが，"実物と金融の2分法"と"スクリーン勘定"の機動的利用は，1968 SNA の拡大行列を形作る2つの基礎構造であるのに止まらず，その視野と方法が広く経済統計の実査と分類および加工の基盤に及ぶものであることの意義と重要性をここであらためて確認せねばならない．

1.1 の注

1) ここで第1次統計とは，個別の統計単位に関する数値情報の収集を目的として調査(全数の，ないしサンプルによる)の結果収集された数値情報の集りを言う．第1次統計をなんらかの標識に関して集約もしくは加工することによって得られる数値情報の集りを高次統計と言う．集計，さまざまの統計的加工—平均，分散など，データ・ベースへの格納等から導かれる数値情報の集りは高次統計である．

2) この傾向の一端については第8章においてやや立入って議論される．

3) André Vanoli, "Sur la structure général du SCN, à partir de l'expérience du systèmè élargi de comptabilité national français, *Review of Income and Wealth*, Series 32 No. 2, June 1986, pp. 166-170.

4) ヒックスの「社会会計」の構想を積極的に支援した会計学者としてブレイ(F. Sewell Bray)の名を逸することはできない．企業会計の立場から国民経済計算との交渉を明らかにする試みは，合崎堅二・能勢信子共編『企業会計と社会会計』森山書店，1971，において与えられている．同書によると，わが国の企業会計の側からする国民所得研究に対する先駆的研究として，黒沢清「国民所得の測定における会計学的方法論」『会計』48巻1・2号，1941，が挙げられている．わが国の国民経済計算に関する最初の本格的研究である森田優三「国民所得の循環」日本統計学会編『国民所得とその分布』日本評論社，1944，がほぼ時を同じにして公けにされたことはすこぶる興味深い．

5) オークルストの公理論的研究の全容は，Odd Aukrust, *Nasjonalregnskap, Teoretiske prinsipper*, Statistisk Sentralbyra, Oslo 1955, の付録として Forsok pa en aksiomatisk behandling av klassifikasjons-og vurderingsproblemet, pp. 77-102, の中で展開されている．人びとによってしばしば引用される Odd Aukrust, "An Axiomatic Approach to National Accounting: An outline", *Review of Income and Wealth*, Series 12 No. 3, September 1966, は上記付録の抄録であって，議論の詳しい論証を知るためには上記付録を参照せねばならない．ここで学説史的な発展の詳細に立入る余裕

第1章 SNAの基礎構造

はないが,上に言及したO. Aukrust, *Nasjonalregnskap*, 1955 は,この著作に先立つ,O. Aukrust, "On the Theory of Social Accounting", *Review of Economic Studies*, Vol. 16, 1949-1950,の発展であるが,同論文とノールウェイ語著作との関連を明らかにするためには,オールソンも注意するように (Ingvar Ohlsson, *On National Accounting*, Konjunkturinstitutet, Stockholm 1953, pp. 51-61),さらにさかのぼってR. フリッシュによって創造され,P. J. ビエルベとオークルストによって発展せられた「経済循環図」をめぐる業績とのつながりが問われなければならない.上記オークルスト論文は,「経済循環図」の構想を複式記入の勘定体系に表現する試みと見るべきであって,上記ノールウェイ語著作に至る中間的研究として位置づけることができよう.「経済循環図」を解説した初期の邦語文献としては,山田勇「ノールウェイにおける国民経済計算」『経済研究』Vol. I No. 3, 1950 年 7 月号,を逸することができない.同論文には,補論 I として,「ノールウェイの白書方式」,補論 II として,「オランダの国民経済計算」が収められている.補論 I は,上記オークルスト論文の要約的紹介である.山田論文の解説するところからも明らかのように,「経済循環図」の企図するところは,国民経済計算体系のグラフ理論的表章にあると解釈することができよう.「経済循環図」においては,実物対象のストックは「実物資本」(real capital) と名づけられ,資産 (assets) とは区別される.「実物資本」と「資産」の区別は,O. Aukrust, *Nasjonalregnskap*, 1955, においても承け継がれている.「実物資本」と「資産」の区別は,国連統計局による『国民・部門別貸借対照表のガイドライン』(United Nations, *Provisional International Guidelines on the National and Sectoral Balance-sheet and Reconciliation Accounts of the System of National Accounts*, Statistical Papers, Series M No. 60, New York 1977) における「再生産可能な有形資産」と「資産」にほぼ対応する.ここで,ほぼ対応すると言う意味は,「経済循環図」の場合『ガイドライン』の「資産」の中に含まれている「非金融無形資産」の処理が必ずしも明確にされていないことが考慮されたためである.土地・地下資源などは「再生産不可能な有形資産」の中に含まれるから,「実物資本」の中には入らない.また,「経済循環図」では,一方的取引を対向フローの価値がゼロである取引として定義していることも興味深い (山田勇「前掲論文」,p. 202).この特徴については,改めて,1.1.7 において議論される.

ベナールによる公理論的接近は,主としてオークルストの英語抄録に依拠し,これを発展させている (詳しくは Jean Bénard, *Comptabilité nationale et modèles de politique économique*, Presses universitaires de France, Paris 1972, pp. 23-59, を参照).

アルキポフは,この数年,国民経済計算の公理論的基礎を新たな視点から問い直すためのいくつかの注目すべき業績を公けにしている.例えば,Oleg Arkhipoff, "Le paradigme de la mesure et la fiabilité de la comptabilité nationale", *Journal de la Société de Statistique de Paris*, No. 1 Tome 125, 1984. O. Arkhipoff, "Formalisme compatable: de la comptabilité d'entreprise à la comptabilité nationale", *Journal de la Société de Statistique de Paris*, No. 3 Tome 125, 1984.

　アメリカ会計学の泰斗であるリトルトンが言ったように

　　二面的勘定の使用やそこへの複式記入，その結果としての貸借合計の均衡などは，企業会計における単なる皮相面に過ぎない。"複式記入"という名称は，資本所得計算の本質について手がかりを与えるものではないのである．……企業会計の固有権は，競争的産業社会における経営者的機能や，企業の目的，性格とに強く結びついた考え方および方法論の諸側面にこそ見出されるのである．なるほど，ある種の技術的側面は，非企業体——政府管理の法人(公共企業体等)とかさまざまな非営利組織など——の必要や，国民所得分析者達の必要にも役立ち得よう．しかしながら，企業は，企業以外の実体には見出し得ないような特質を有しているなればこそ，会計の全側面がそのような実体に移譲可能であるとは考えられないのである．(A. C. Littleton and V. K. Zimmerman, *Accounting Theory, Continuity and Change*, 合崎堅二・能勢信子共編『企業会計と社会会計』p. 143, より引用)

とするならば，企業会計がその計算の対象として"企業の概念"(the concept of enterprise)を定立するのと同様の趣旨で，国民経済計算もその計算対象として"国民経済"の実体とその存在理由を設定すべきであろう．この見地からアルキポフは，Oleg Arkhipoff, "De la comptabilité nationale a l'économie nationale", Edith Archambault et Oleg Arkhipoff, *Études de comptabilité nationale*, Economica, Paris, 1986, において，国民経済計算の公理論的構成の中で計算対象としての"国民経済"の位置づけを明らかにしようとしている．アルキポフによると，国民経済とは与えられた期間における基本情報の集合として定義される．形式的には基本情報 b_i (i をなんらかの識別標識——例えば(A. 24)で言及した勘定など——として)

$b_i \in B_i$ ($i=1, 2, ..., N$) のカルテジアン積 B^*

$$B^* = \times B_i$$

として表わされる。あるいは $b \leftarrow B^*$ として，

$$b^* = (b_1, b_2, ..., b_N),$$

b_i の n 個の組として表章される。換言すると，

b^* と b_i の間には

$$f_i(b^*) = b_i$$

となるような対応関係(単射)，

$$f_i : B^* \rightarrow B_i$$

が存在していることを意味している。すなわち B^* は出発基本情報によって作られるデータ・ベースである。f_i は基本情報を記録する書式(protocole)もしくはスキーマ(schema)と言う。

第1章 SNAの基礎構造

6) 企業会計における公理論的接近については，合崎堅二・能勢信子共編『企業会計と社会会計』第4章「会計理論における公理主義の展開」を参照．なお同章はオークルストの諸説にも言及しているが，叙述は O. Aukrust, *Nasjonalregnskap* ではなく前出の *Review of Income and Wealth* (1966) 所収の英文論文のみに依拠しており，オークルストの諸説を必ずしも正確に伝えていない．

7) 現在利用されている『国際収支表提要』は，1977年に公刊された第4版である．それにも拘らず旧版の第3版をここで利用する理由は2つある．第1，国際収支表を SNA の不可欠の構成要素と考える立場が第4版において著しく後退していること．このことは後の第9章で詳しく述べる．第2は，より重要であるが，国際収支表の計算構造に関し，第3版は独自の方法を提示していることである．この点に関する関心も第4版ではほとんど欠落している．この『国際収支表提要』第3版の解説には，斉藤武雄『国際収支表の研究』東洋経済新報社，1967，がある．以下『国際収支表提要』のことを BPM と略称し，関連公理を (B. n)，n は (A. n) に対応する正数，の形で示す．

8) BPM では T を，
$$*T^R = \{T_{rr},\ T_{rf},\ T_{fr}\},\ *T^F = \{T_{ff}\},\ T^T = \{T_r^t,\ T_f^t\},$$
の3つにグループ分けして，$*T^F$ のことを「資本勘定に関する取引」と呼んでいる．すなわち BPM によると，「この提要で定義されているように，資本勘定に関する取引は financial items，すなわち貸手の請求権，正味資産および貨幣用金に関連する」(IMF, BPM. 3rd ed., para. 19)．

私見によると，BPM の「資本勘定に関する取引」という用語は誤解を招きやすい表現であるように思われる．すでに述べてきたように，また上に示した定義からも明らかであるように，取引を分類する基準の本質は取引の対象にあるのであって，資本勘定に記録されるかどうかにあるのではないからである．斉藤氏の解説もこの点に関して誤解を含んでいる (斉藤武雄『前掲書』pp. 16-19)．氏は，$*T^R$ と $*T^F$ の共通部分が存在すると主張されているが，(A. 10)，(A. 19) と (A. 20) によって，この共通部分の存在は排除されていると考えられるからである．

9) 複式記入の体系は企業会計における複式簿記の体系と混同されてはならない．企業会計における複式簿記の体系の本質は1つの取引に関して，貸借対照表に記録される財産計算と，損益計算書に記録される損益計算が同時的に連動して記帳される計算のシステムである．一般に国民経済計算の体系，したがって国際収支表，においては財産計算のための貸借対照表のシステムを具えていないから，複式簿記の体系を完備していない．

複式簿記の体系は複式記入の体系を含み，かつ財産計算と損益計算の連動原理に従って，1つの取引は2つの記入個所をもっている．前記の「四重記入の体系」は異る取引主体と異る取引の対象の交錯の結果として発生する体系である．これに対

して，複式簿記における2つの記入は，同一の主体に関し，垂直的記入の記述と異るべきである．

複式簿記の体系と複式記入の体系との間の記入原則の相違は企業会計と国民経済計算との間に横たわる公理論的基礎の相違を反映するものであろう．本節注5)で述べた"国民経済"を対象とする国民経済計算の公理論的構築との比較において，企業会計が記録の対象とする場は"勘定の体系"であって，以下3つの組

$$[Z, N, \nu]$$

から成る集合として定義することができよう．ここで Z は勘定の記録の対象 z から成る集合，N は勘定 $i, j, \ldots\ldots$ 等の集合を表わす．また ν は z を評価する対応関係

$$z \longrightarrow \nu(z)$$

であって，勘定の記入項目を価値額として表章する会計上のルールを表わしている．上記の"勘定の体系"の場において(企業会計における)複式簿記の体系は以下の公理論的基礎の上に築かれていると考えることができよう．

(BA.1) $z \in Z$ とせよ．i と j が互いに相違する $i, j \in N$ において $\nu(z)$ の価値額を持つ借方 i に対し貸方 j が存在する．この記入のルールを $E(i, j, \nu(z))$ とするとき，$E(i, j, \nu(z))$ は真である．(BA.1)によって設定された i 勘定の借方記入項目の合計を c_i，同じく貸方記入項目の合計を d_i で表わす．

(BA.2) $i \in N$ において，$\nu(z)$ と同じく価値額に表示される2つの記入項目 s_i と s'_i が存在し，次の関係が成立する．

$$s_i - d_i + c_i = s'_i$$

ここで s_i と s'_i をそれぞれ期首バランスおよび期末バランスと名づける．いま $s_i(+)$ を s_i が正の記入項目となる場合，$-s_i(-)$ を s_i が負の記入項目となる場合をそれぞれ表わすものとする．s_i の正の記入項目の合計を P，負の記入項目の合計を A で表わすものとする．また s_i と s'_i の合計をそれぞれ S と S' で表わすならば，

$$S = P - A$$

であって，この関係は期首におけるバランスを表わす．同様に

$$S' = P' - A'$$

であって，この関係は期末におけるバランスを表わす．

(BA.3) すべての勘定の期首バランスの合計はゼロである．換言すれば $P = A$

(BA.1), (BA.2)および(BA.3)を満す"勘定の体系"を完備された体系と言う．ここである"勘定の体系"に関して会計期間 $0, 1, 2, \ldots\ldots, t, t+1, \ldots\ldots$ の系列を考える．そのとき，

(BA.4) 会計期間 t の勘定 i における期首と期末のバランスをそれぞれ s^t_i, s'^t_i で表わすならば，次の関係が成立する．

$$s'^t_i = s^{t+1}_i$$

以上の公理の設定は,細部の改善を別とすれば Oleg Arkhipoff, "Formalisme comptable: de la comptabilité d'entreprise a la comptabilité nationale", *Journal de la Sosciété de Statistique de Paris*, Tome 125 No. 3, 1984, の議論に負うところが大きい. 以上の公理系において(BA. 1), (BA. 2), (BA. 3)および(BA. 4)から容易に $P^t = A^t$ が帰結する. すなわち会計期間の継起の中で貸借対照表の成立がつねに保証されていることになる. 換言すれば,複式簿記の体系が成立するためには"勘定の体系"が完備された体系となっているだけでは不十分であって,(BA. 4)から導かれる貸借対照表の常時的な成立が致命的な重要性を持つ. かつまた,(BA. 4)によって貸借対照表常時的成立は期末バランスと期首バランスの異る期間の間の動学的関連の中で成立していることに注意すべきである. (BA. 3)は貸借対照表を設定する公理であるが,ここで P はその積極財産を,A は消極財産を表示すると考えることができよう. P と A のそれぞれの実体が企業会計の基本概念である資産,負債および資本といかに対応づけられるかについてはさまざまの解釈と学説が存在する. それらに対する立入った先駆的分析としては,畠中福一『勘定学説研究』森山書店,1932, を参照. いずれにしても,企業会計と国民経済計算の会計原則の相違を上記の公理系的基礎の上に照射して対照すると,SNA の場合をも含めて国民経済計算の体系を基礎づける公理が国民貸借対照表の常時的成立を内生化する基礎とはなりえていないところに企業会計の場合との本質的な相違が存在するものと考えられる.

1.2 の注

10) 市場で売買の対象とならない財・サービスを非市場財およびサービス (non-marketable goods and services) と呼ぶ. この市場で売買されない財・サービスの核を形成するのが後続の第2章で議論される"集合サービス"である.

11) SNA における産業および非市場サービスの生産者と制度別部門との対比は,現行のフランスの国民経済計算の体系 (le système élarge de comptabilité nationale français, 略して SECN)における "等質的生産単位"(l'unité de production homogene, 略して U. P. H.)と"制度単位"(l'unité institionnelle, 略して U. I.)のグルーピングと比較することができるであろう. U. P. H. の集りは U. I. の集りに含まれるが,U. P. H. は2つの異る U. I. の共通部分とはなりえない(A. E. Nivollet, *La nouvelle comptabilité nationale*, La documentation française, Paris 1980, p. 21). この指摘は重要である.

12) "実物と金融の2分法"の用語は,現行の SNA の改訂に至る第1次草案としてストーンによって書かれた文書,United Nations, A System of National Accounts (Proposals for the Revision of SNA, 1952), E/CN. 3/320, 9 February 1965, におい

て用いられた．この旧 SNA の改訂作業とほぼ時を同じにして書かれたストーンの次の論文，"The Revision of the SNA: An Outline of New Structure", in Richard Stone, *Mathematical Models of the Economy and Other Essays*, Chapman and Hall Ltd., London and Colchester 1970, では"実物と金融の2分法"に関する言及は見られない．しかし，J. R. N. Stone, "The Social Accounts from a Consumer's Point of View. An Outline and Discussion of the Revised United Nations System of National Accounts", *Review of Income and Wealth*, Series 12 No. 1, March 1966, ではこの用語に言及して，この"2分法"の持つ意義が経済活動の細分と部門の分割から生じる概念と範疇を整理・統合して，体系の見通しを良くすることにあると言っている．

13) 以上の"事業所型単位"と"企業型単位"の分類と定義は，United Nations, *International Standard Industrial Classification of All Economic Activity (ISIC)*, Series M No. 4, Rev. 2, New York 1968, pp. 12-20, に拠っている．ISIC の統計単位としては，ほかに，活動種類別単位(kind-of-activity units)，付随単位(ancillary units)，および技術単位(technical units)が挙げられている．それらの内容と定義については別の場所で解説しておいた(倉林義正・作間逸雄『国民経済計算』東洋経済新報社，1980, pp. 147-151)のでこれ以上立入らない．倉林・作間『前掲書』においても指摘しておいたように(p. 151 以下)，SNA は上記の"事業所型単位"と"活動種類別単位"とを組み合わせて，それを"企業型単位"と対比させ，統計単位の2つのグルーピングとしたのである．"付随単位"は独立の事業所として扱われない．とくに，中央付随単位の活動はそれが奉仕するそれぞれの事業所に割り振られるものと考えられている．現在進められている 1968 SNA の改訂作業と併行して上記 ISIC の改訂作業が同じく国連統計局を中心として関連国際機関の協力のもとに進行中である．この改訂作業の過程で上に列挙したさまざまの統計単位を階層によって構造化する考え方が現れている．これらの統計単位の構造化は2つの観点からなされる．ⅰ)組織と，ⅱ)所在の場所がそれである．これらの観点に基づいて，ISIC の改訂案は以下に図示されるような統計単位の構造化を提案している．

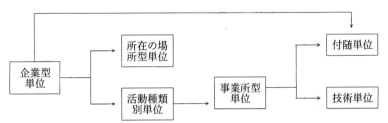

現行 ISIC, Rev. 2 と比較すると，上記改訂案にはもう1つの統計単位の型が追加されている．"所在の場所型単位"(location-type units)である．これは，1つの企業

によって単一の物理的な場所において，もしくはその場所から遂行されるあらゆる経済活動として定義される。改訂案の構造によると，"活動の種類別"単位は"企業型単位"の下位分類単位として"所在の場所型"と対比される。"活動の種類別単位"の定義は ISIC, Rev. 2 と同様であって，当該の活動が遂行される地域的領域に制約されることなく 1 つもしくは主として 1 つの種類の経済活動に従事する企業の一部として定義される。"付随単位"が"事業所型単位"に対してだけでなく，"企業型単位"に対しても関りを持つのは，一般的に言って，"付随単位"の存在自体が企業のその他の活動に依存しているからである。ISIC, Rev. 2 の改訂案に関しては，United Nations Statistical Office, Statistical Units (Annex to the first provisional draft of the introductory part to ISIC, Rev. 3, 8 February 1988, を参照。ただし前記の構造図は筆者によって作成されたものである。

14) 例えば，Richard Ruggles, The System of National Accounts, Review of major issues and proposals for future work and short term changes, United Nations, ESA/STAT AC. 15/2, March 1982, p. 4. この文書の詳細とその論評については第 9 章を参照。なおこの文書(『ラグルス・レポート』)に基づく"二重部門分割"の立入った検討が，能勢信子「国民経済計算における二分法の問題点」神戸大学経済経営研究所『経済経営研究』第 35 号(Ⅱ)，1985，で与えられている。

15) "スクリーン勘定"の国民経済計算体系の中に占める独自の貢献と重要性は，はじめフランスの国民経済計算の専門家によって注意された。例えば，Jean Bénard, *Comptabilité nationale et modèles de politique économique*, Presses universitaires de France, Paris 1970, pp. 110-113, は"スクリーン勘定"の役割を論じた比較的初期の成書である。フランスの現行国民経済の体系(SECN)における"スクリーン勘定"の機能については，Andre E. Nivollet, *La nouvelle Comptabilité nationale*, La documentation française, Paris 1980, pp. 16-17, において適切な注意が与えられている。英文の書物においてこの"スクリーン勘定"の重要性に注目したほとんど唯一の例は，以下にも引用される G. Stuvel, *Systems of Social Accounts*, Clarendon Press, Oxford 1965, p.102 et seq., である。わが国の研究において"スクリーン勘定"の持つ意義と重要性を指摘した唯一の例は，倉林義正・作間逸雄『国民経済計算』東洋経済新報社，1980, pp. 86-87, である。

16) G. Stuvel, *Systems of Social Accounts*, p. 105.

17) "取引主体/取引原則"は注 14)において言及された『ラグルス・レポート』によってはじめて注意された。これについては 1968 SNA の改訂を扱う第 9 章において詳しく議論するつもりであるが，言うところの『取引主体/取引』原則が 1968 SNA のどこにも言及されていないことに注意すべきである。SNA 改訂における"取引主体/取引原則"の重要性はライクによっても注意されている (Utz-Peter Reich, "Does Consumption Entail Income? Implications of the Dual Classification Expendi-

ture for the Income Side of the Household Sector in the National Accounts", *Review of Income and Wealth*, Series 33 No. 2. June 1987). ライクは後続する第2章で言及する授益を目的とする支出と受益から得られる消費との相違に注目して，考察の視野を家計に限定して消費支出の持つ意義を扱うのである．ここでライクは併せて"取引主体/取引原則"における"取引"をつぎのように定義している．すなわち，「取引とは価値額，時間，および取引主体との関連で特定化されたなんらかの債権と債務の対(つい)を創り出すことである．」(Utz-Peter Reich, *op. cit.*, p. 164.). この定義に対しては2点を指摘しておくべきであろう．第1, 1.1で与えた取引の定義(A.8)との関連で，ライクの言う取引の集合は T_i' を排除しているのみならず，T_i' の所属が必ずしも明らかではない．換言すると，ライクの言う取引の集合は T^M とも必ずしも一致していないのである．第2に，ライクによる取引の定義が『取引主体/取引』原則とどう関り合っているかも必ずしも明らかでない．ライクによると，『取引主体/取引』原則には強い形式と弱い形式とがある．強い形式の『取引主体/取引』原則とは，経済に発生する上の定義による取引のすべてがかつそれのみが国民勘定の上に記録されるとする原則である．これに対して弱い形式では取引と帰属取引とを分離することが要求されるのにすぎない(Utz-Peter Reich *op. cit.*, p. 158). いずれの解釈を採用するにしても，ライクによる取引の定義が『取引主体/取引』原則における"取引主体"とどう関り合っているかについてなに一つ明らかにされていないのである．

18) 「完全接合体系」との対立において完全でない接合体系を比較し，それぞれの系として"疑似接合体系"と"半接合体系"とを対比させたのはスツーフェルの創意である．完全でない接合体系との関連において半接合体系を設計する方法と実例については，G. Stuvel, *Systems of Social Accouts*, p. 98, を見よ．

19) 図1.3に示されたSNAの投入・産出表では，V に関しその主対角線上に位置づけられる主要生産物のほかに，主対角線の外に位置する第2次生産物(secondary products)の記録をも許容する構造となっていることはよく知られている事実である．この投入・産出表の構造に関しては，以下の2点を指摘しておくべきであろう．第1は，投入・産出表の演算に関していわゆる「技術仮定」の導入が必要となってくることである．"スクリーン勘定"の設計とは直接的な影響を持たないこの問題についてここでは詳しい議論には立入らないが，筆者のこの問題に対する見解は，Yoshimasa Kurabayashi, "Some Thoughts on the SNA Review and its Impact on the Input-Output Tables", in *Proceedings of the Second International Meeting on Problems of Compilation of IO-tables*, Austrian Statistical Society, Vienna 1989, において示されている．第2，現行のSNAでは第2次生産物は生産行程の特性との関連で副次的生産物(subsidiary products)と副産物(by-products)とに分類されるものとされている．これらの分類が前述した"統計単位"の設定とどう関連するか，また後述す

る ISIC の活動分類とどう関連づけるべきであるのか等の問題はなお解決をまつべき問題である．またヨーロッパ共同体における国民経済計算の標準体系である ESA (the European System of Integrated Economic Accounts) は，第 2 次生産物の第 3 のカテゴリーとして用途を同じくするにも拘らず，異った生産行程から生産される生産物 (革靴，ゴム靴，プラスティック製品の靴) を近似生産物 (adjacent products) の名称のもとに別掲しているのであるが，それらの分類上の調整も真面目な検討に値する問題である．

20) 本書の別の個所で重ねて指摘しておいたように，これら経済統計の分類を統一する体系を目指す一連の研究に対するわが国のエコノミストの関心は全く低調であって，ほとんど皆無にひとしい．例えば SINAP に対し関説されたわが国の研究は皆無である．HC に関しては，田中功「貿易品目分類の改定について」『経済統計研究』第 15 巻第Ⅲ号，1987 年 12 月号，において概略の解説が与えられているが，本文で言及した SINAP への発展については全く触れられていない．国際的な研究動向に関するわが国の官庁統計専門家の関心の低調を示す一例とみなすことができよう．

第2章　非市場サービスの生産とその分類

2.1　サービスの特性と非市場サービス

　最近21世紀を展望する「脱工業化社会」を目ざす展開の1つとして「サービス経済」の進行が社会の注目と関心を集めている．言うところの「サービス経済」の進行は，サービス産業の就業者が占める構成比もしくはサービス産業が産出する GDP の構成比の増加，およびこれらの構成比が過半数を超える現象に体現されるものと理解されている．前章で見たように財・サービスは実物取引を構成する重要な要素であるが，財とサービスが実物取引の対象物としてどう相違するか．換言すればサービスを財から区別する経済的な特性は何であるのか．かつまたそのような特性を補捉すべきサービス統計のデータをどのように調査，収集し，かつ分類すべきであるのかと言った検討は，「サービス経済」の進行を分析するための不可欠の基礎的作業と言うべきであろう[1]．

　「サービス経済」の進行は同時に実存するサービスの多様化でもある．実在するこれらのサービスに対して共通する特性を抽出し，要約的かつ簡明な定義を与えることは決して容易ではない．あえてそれを要約するとするならば，サービスとは，「ある個人の，もしくはなんらかの経済単位に所属する財の状態の変化であって，それは，所有する経済単位もしくは個人との事前の合意にもとづいて，他のなんらかの経済単位の活動の結果としてもたらされる」[2]ものと言うことができよう．すなわち，財とサービスは，実物的循環ないし取引の対象物としては，明確に区別されるべき独立の論理的範疇を形成する．サービスを「無形の財」とみなしたり，財との単純な対比においてその特性を貯蔵の物理的な困難さに求めたりする通説は，いずれも1個の自律的な論理的範疇としてサービスに付与される特性の認識を誤るものである．なぜならば，サービ

スが個人のもしくはなんらかの経済単位の所有する財の状態の変化に関するものであるから，"状態の変化"を貯蔵すること自体が論理的な誤謬と言わざるをえないからである．まして，サービスの本質を「物離れ」と言った眼前の流行現象と結びつけて理解するたぐいは浅薄な議論との印象を免れない．

　定義から明らかなように，サービスによって状態の変化がもたらされる相手方は個人もしくはなんらかの経済単位の所属に帰する財である．すなわち定義によるサービスは，

　①財に作用するサービス，と

　②個人に作用するサービス，

とに分類されることが含意される．①の財に作用するサービスの例としては財の存在する場所の移動に関係する輸送，財の機能の持続と保全に関る修理・補修等を想起することができよう．②の個人に作用するサービスの分類は，わが国のサービス統計の分類にもしばしば登場する"個人向け(対個人)サービス"と混同されるべきではない．以下のような豊富な事例を含む分類だからである．第1の事例は，医師による専門知識の伝達と助言を根幹とする医療行為によってもたらされる保健・医療サービスである．ここで，サービスがもたらす状態の変化(医療行為)と，それが結果する効果(治療)とは同じではないことに注意せねばならない．後者は保健・医療サービスが作用する個人の状況，それをとり巻く社会的環境によって影響を受けるからである．第2の事例としては人びとの地理的ないし空間的な移動に関る輸送サービスを挙げることができよう．輸送サービスの提供に関しては次の2つの特徴を指摘せねばならない．第1は，単一の提供の主体(生産者)が消費者の集団に対して同時に共通の輸送サービスを供給しうることである．すなわち，この種の輸送サービスは後にやや立入って議論するところの"集団サービス"の性質を共有している．第2に，輸送サービスが共有する"集団サービス"性の当然の帰結として，輸送サービスの質は"外部効果"の現象形態である混雑の状況によって左右される．ラッシュ・アワーが作り出す通勤地獄はわれわれにとってなお余りに身近かなまなましい現象と言うことができよう．第3の事例を形成するのが教育サービスであ

る．教育サービスはそれの提供の主体である教師が受け手である生徒に知識と熟練を伝達する訓育の過程と考えることができる．この教育サービスの提供によって生徒の知識もしくは熟練のストックが増大していくのであって，こうした知識ないし熟練の状態の変化を永続させることが教育の理念である．保健・医療サービスの場合と類似的に伝達される知識の量を直接的に計量することはできないから，提供されるサービスの大きさは，訓育の質の相違を別にすれば，訓育に投ぜられた時間(医療の場合であれば診療時間)もしくは訓育を受けた人びとの数(受診件数)によって代位される．第4の事例は演劇，映画，スポーツなどから成るリクリエーション・サービスである．これについて T. P. ヒルは言っている[3]．

　　(これらのサービスは)比較的に重要性の少ないものであるが，また他のこれまで考察した他のサービスとはかなり異っている．提供されるサービスは，疑いもなく聴衆もしくは観客の心的状態のなんらかの変化である．しかし，この変化の性質を記述することはおそらく心理学者の仕事であろう．

　②の分類に含まれる個人に作用するサービスの多くが，上の例示からも明らかのように，情報の伝達と密接に関りあっていることは特に注目に値する現象である．例えば，心的状態の深層に潜む琴線に訴えかける音楽(すなわちリクリエーション・サービスの1形態)ですら情報伝達の1型式である．いまある楽曲を調性とピッチの継起によって作られる事象から成るものと考える．情報理論の教えるところに従って，発生の確率の少い事象に含まれる情報量は大であり，逆に発生の確率の大きい事象に含まれる情報量は小である．かくして楽曲の演奏から作り出される聴衆の心的状態の変化はこれらの事象の継起が織り成す情報量の変動に反映されることになる．のみならず，これらの事象の継起によって伝達されるメッセージの内容も"記号"として，および"メタファー"としての情報の伝達を含んでいるからである[4]．従って，個人に作用するサービスの核となるものは知識ないし情報の蓄積と普及を目的とするサービスであると言ってよいであろう．このような知識ないし情報の蓄積と普及に高度に依存する社会が「情報化社会」にほかならない．とするならば，「情報化社

第2章 非市場サービスの生産とその分類　　　35

会」の中で②の分類によって代表される知識ないし情報関連サービスの重要性もさらに増大することが予想される．とくに，最近「情報のネット・ワーク」の機能と構造があらためて注目されるのに伴って教育，研究・開発(R & D)活動と言った知識ないし情報の蓄積に直接的に結びつくサービスの重要性が重視されるのは当然であろう．次節以下の考察において，しばしば教育および研究・開発の活動が例示として参照されるのは「サービス経済」における「情報化社会」の占める重要性を認識するがためである．

　ところで，「情報のネット・ワーク」とは，一般に，情報流通路としての通信回線と情報の送受信およびそれと一体をなす処理を行うためのコンピューター，テレックス，ファクシミリ等のさまざまの情報通信機器によって構成された網状の組織体をなす情報通信システムであると考えられている．そうしてこの「情報のネット・ワーク」に対する人びとの関心は1980年代以降急速な高まりを見せている．とくに最近「情報のネット・ワーク」の機能と構造の特性を"連結の経済性"に認める産業組織論的な研究，および「ネット・ワーク」の組織特性に即し，かつ，その中から社会組織の本質とそれの発展の動向を見ようとするより広い視野に立った研究が現われている[5]．しかし，「情報のネット・ワーク」の構想を含めてこれらのどちらかと言えばアメリカの研究動向の流れに沿った思考との対比において1970年代後半フランスにおいて進められた情報を核とする社会へ向けての知的挑戦にも目を向けるべきであると考える．この新たな研究動向の発展は"テレマティーク"(télématique)の名称で呼ばれる．「"テレマティーク"とはコンピューターと電気通信の結合である」とジスカール・デスタン大統領の諮問に答えた2人の専門家S. ノラ(Simon Nora)とA. マンク(Alain Minc)はそのレポート『社会の中の情報』(以下ノラ/マンク・レポートと略称する)の中で言っている[6]．ノラ/マンク・レポートはコンピューターと電気通信における技術的発展と変貌が必然的に"テレマティーク網"の発展を促進するであろうと予測する．テレマティーク網による「これからの情報処理は，無数の小さな機械に分散して行われ，しかも数多くの分岐を持つ網の裏に姿をかくすので，社会全体がその情報処理の網にかかってしまう

のである」[7]．この"テレマティーク網"の形成が雇用，国際収支および経済成長に及ぼす経済効果はなにか．"テレマティーク網"による情報の集中と管理によって社会における権力の構造はどう変るか．その政治的および社会的含意はなにか．国際的なパワー・ポリティックスになにをもたらすのか．"テレマティーク網"の完成によって将来される社会における技術と文化との対立．ノラ/マンク・リポートが展望する視野は多岐にわたり，洞察は鋭い．がここは同レポートの論点の詳細に立入るべき場所ではない．ただ1点わが国における「情報のネット・ワーク」をめぐる研究動向と比較してこの"テレマティーク"の研究が持つ著しい特徴は，前者が一貫して社会・経済組織の機能と構造にのみ関心を集中するのに対して，後者の関心がすぐれて政治と文化に向けられていることを付言しておくべきであろう[8]．

ここで話を再びサービスの内容に戻す．サービスが財もしくは個人の状態の変化にどう作用するかの検討はサービスの分類に結びついている．以下の2つの標識を考えることができよう．

　i）　サービスによってもたらされる状態の変化が一時的なものか，それとも永続的であるか──サービスの持続性
　ii）　状態の変化を以前の原状に戻すことができるかどうか──サービスの可逆性

例えば，理容店で受ける調髪サービスは一時的なサービスであるが，教育サービスによってもたらされる知識と熟練の増加からは永続的な効果が期待されよう．また，輸送サービスは可逆的であるが，医療サービスはしばしば病巣を除去するために行われるから多くの場合非可逆的である．ところで本節の冒頭に与えられた①と②の分類はサービスを能動（作用）の側から眺めたのであるが，観点を逆にすると，受動の側からの状態の変化（効果）に即して分類することも可能であろう．すなわち，

　（Ⅰ）　サービスによってもたらされる物的状態の変化，
　（Ⅱ）　サービスによってもたらされる心的状態の変化，

がそれである．ここで，①と②および（Ⅰ）と（Ⅱ），すなわちサービスの作用と

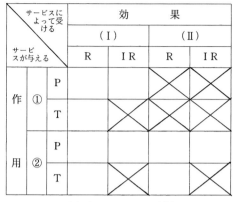

図2.1 サービスの分類

効果,の分類を交差させ,これに前述のi)とii)の標識を組合せて,図2.1のようなクロス分類表を作ると,4×4=16の要素から成る行列の形式に表わされる.この中でさし当り起りえない要素を排除して,図2.1の空白要素である9個の要素によってサービスの分類が与えられることになる.ここで,PとTは前記の標識i)に関してそれぞれ状態の変化が永続的である場合と一時的である場合を識別している.またRとIRは前記の標識ii)に関しそれぞれ可逆的な場合と非可逆的な場合を区別している.排除される7個の要素は以下の可能性のグループのいずれかに属している.すなわち,

　(可能性 A)　①と(Ⅱ)の交差によって作られる4つの要素,
　(可能性 B)　(可能性 A)に属する要素を除いて,TとIRの交差から作られる3つの要素,

がそれである[9].サービスの分類は,サービス生産物の計測の方法と並んで,サービス統計開発のかなめに位置する問題として国際的にも注目を集めつつある問題である.例えば,国連システムに属する各機関の統計部/局長による相互の連絡と調整の場である「国連行政調整委員会(the Administrative Committee on Co-ordination——ACC)統計小委員会」(the ACC Sub-committee on Statistical Activities)の第19回会議(1985年6月)において,このサービス統計の開発の問題がはじめて議題としてとりあげられた.これを承けて同年秋国連統

計局の内部に"サービス統計特別作業グループ"が設けられ，サービス統計に関する国際基準を作成するための研究が始められた．この研究成果を基礎に国連統計局では 1987 年 1 月オランダ中央統計局の協賛を得てサービス統計に関する非公式専門家会議を開催する運びとなった．現在国連統計局は OECD の経済統計部および EC 統計局(EUROSTAT)の協力を得て，引きつづきサービス統計の国際基準作りを目指す研究を進めている[10]．

　ところで本節の冒頭に与えられたサービスの定義によると，個人もしくは財に対してもたらされる状態の変化は個人もしくは財を所有する経済単位の事前の合意に基づく行為の結果もたらされるものとされていた．もし問題の状態の変化が当事者の間の事前の合意を得ることなしに惹き起されるものと考えよう．その際起りうべき状態の変化が"外部性"の名で呼ばれる状況にほかならない．公共経済学の専門家の 1 人であるコルムは言っている．「ある個人の他の個人に対する外部効果とは，影響をもたらす行為が当事者の間で合意の対象となることなく，前者の意思形成が後者にかかわりを持つことを言う」[11]．すなわち，個人もしくは財に対してもたらされる状態の変化に関しサービスと"外部性"の間には密接な関係がある．サービスが当事者間の合意を基礎として個人ないし財の状態の変化と関りを持つのと対照的に，"外部性"はその状態の変化に当事者間の合意を前提とすることなく関与しているのであって，当事者の合意の有無を介してサービスと"外部性"は相互に 2 つの対極の位置におかれていると言ってよいであろう．サービスと"外部性"との間に存在するこの関連は，サービスが単に特定の 1 個人もしくは 1 経済単位の所有する財の状態の変化をもたらすだけでなく，その影響が個人の集団における状態の変化にも及びうるものであることを示唆する．集団の状態の変化に関与するサービスは，個人もしくは単一の主体の所有する財の状態の変化をもたらすサービスと区別されて，"集合サービス"(collective services)と呼ばれる．さきに言及した②の輸送サービスの例は，それが"集合サービス"となりうることを示唆するものであるが，われわれは②の分類に属するサービスの少からぬ部分が"集合サービス"のグルーピングの中に含められるであろうことを理解することは容易である．とく

第2章 非市場サービスの生産とその分類

に義務教育の名で呼ばれる教育サービスの中核部分は"集合サービス"に属するであろう．研究・開発の活動も本来個人的な知的探究の意欲を充足することによって主導されているかもしれないが，社会が共有する知識のストックの増加に貢献することで容易に"集合サービス"の中に含めることができよう．しかし，ここで②のグループに属する特定のサービスを取り上げてそれが"集合サービス"に属するかどうかをあげつらうことはさして意味のあることとは思われない．

　むしろ重要なことは，"集合サービス"には収容能力に限界があるため"集合サービス"の便益を享受しうる個人の数が限定される場合と，サービスの便益にあずかる個人の数が無制限である場合とを区別することができる事実である．後者の"集合サービス"の形態は"純粋公共サービス"(pure public services)と呼ばれる．国防ならびに一般行政は"純粋公共サービス"の典型である．"純粋公共サービス"の特徴はそれがすべての人びとによって無意識的かつ継続的に消費されることである．それが人びとにより歓迎されているところとなっているかどうか，もしくは人びとがそれの消費を気づいているかどうかを問わない．

　それならば，本節の冒頭に与えられたサービスの定義に照らし，"純粋公共サービス"を消費することによって人びとにどのような状態の変化をもたらすのか．一般的に言えば法と秩序の確保である．すなわち，"純粋公共サービス"が提供されなければ起りうるであろうような歓迎されざる事態——盗難，暴力，火災，洪水，外敵の侵略——の展開を抑止することである．このように歓迎されざる事態の展開を抑止している"純粋公共サービス"は必ずしも消費する人びとにとって意識的に状態の変化を自覚させるとは限らない．のみならず，"純粋公共サービス"の提供によって起りうべき歓迎されざる事態を抑止することは人びとをとり巻く社会の便益でもあるが，同様に往々にして，歓迎されないサービスも"外部性"の形をとって人びとに提供されるのである．公共性の名を借りた歓迎されないサービスの提供はしばしば人びとの側からの受入れの拒否を招くことすらある．軍事基地の新設や拡張に対する人びとの反応

は，一般に，"純粋公共サービス"に対する人びとの選好が顕示されるよりも，むしろ隠蔽される傾向にあることを物語っている．

ここで導入された"純粋公共サービス"は公共経済学の研究対象の基礎に置かれる"純粋公共財"と比較されるものであるが，両者の比較において次の2点に注意しておくべきであろう．第1に，"純粋公共財"の理論がしばしばわれわれの"純粋公共サービス"を分析の対象としているにも拘らず，この節で議論した財と区別されたサービスの特性を認識していないことである．"純粋公共財"の議論では財とサービスとは全く性質を同じくする生産と消費の対象物にすぎないのである．第2に，財とサービスを別個の独立の論理的範疇として処理することはしばらく措くとしても，すでに述べたように"純粋公共サービス"に関しては，"純粋公共財"と市場で売買される財との間の限界代替率の個人和が"純粋公共財"と市場で売買される財との限界交換率に等しいとする"純粋公共財"に関する「サミュエルソン条件」は必ずしも実現されない．"純粋公共サービス"ではこれらのサービスに対する人びとの選好が顕示されるよりもむしろ隠蔽される傾向にあるからである．われわれはこの種のサービスの提供に関して消費者がその選好を顕示することを強制されることがないがゆえに，その選好を隠蔽することができることを知るべきであろう．だとするならばここでは詳細な検討に立入るべき場所ではないが，"純粋公共サービス"の需要と供給を決定するメカニズムはこれら消費者の選好を顕示させるためのメカニズム（例えばクラークによる顕示メカニズム）を提示することだけにあるのではなく，一般に非市場サービスの提供の基礎にある政治的および法制的な構造と基盤の解明を求めるべきであるのかもしれない．

「集合サービス」の成立はしばしば「市場の欠落」と結びつけられる．「市場の欠落」は競争市場における「パレート最適状態」の達成を阻むものであり，分権的な価格形成の不可能を含意する．この事実は市場で売買される財と"純粋公共財"を消費する2人の消費者に関する「ナッシュ/クールノー均衡」の場合を考えれば明らかである．ここで，「ナッシュ/クールノー均衡」は「パレート最適状態」を達成しない意味で下位最適状態にあると言える[12]．「集合サ

ービス」を提供する側も生産の効率性の達成が目的ではない．そのような特性を持つ「集合サービス」の生産と消費を国民経済計算の枠組の上にどう表章し，かつ計測するか．以下節を改めて，教育ならびに研究・開発活動を例に挙げながら，これらの問題を考察することにしよう．

2.2 SNA における非市場サービスとその分類

　R＆D が今日の企業の成長にとって死活の重要性を持つことは，例えば前節で言及した"テレマティーク"の発展に象徴されるコンピューター・サイエンスの発展を想起するだけでも十分であろう．しかし，まさに，"テレマティーク"の可能性とその将来が暗示しているように，R＆D の果すべき役割は，企業により市場を通して売買の対象となるサービスの供給に限定されるものではない．むしろ，R＆D は，多くの〈知識〉と呼ばれる専門サービスがそうであるように，特定の企業の利益の増進に奉仕するのではなく，むしろすぐれて社会の知的水準の向上に一般的に貢献する〈知識〉の充足と蓄積に直接的に関りを持つ．すなわち，R＆D のサービスとしての特質は，市場で直接的に売買の対象とされない「非市場サービス」(non-market services)であるところにあると言うことができるであろう．いわゆる「サービス経済」の進行とほぼ併行して，この種の「非市場サービス」の重要性が次第に高まるようになって来ていることは，多くの識者が指摘するように，「脱工業化社会」を目ざす展開の1つの特質でもある[13]．

　この「非市場サービス」の生産と流通に携わる活動は，非市場活動(non-market activities)と総称される．ところで，国民経済計算の枠組の中でこれら「非市場サービス」の重要性に注目し，非市場活動の担い手と機能に注目したのが SNA であることは，周知である．そこで，国民経済計算のシステムにおける非市場活動の位置づけを考察するための準備として，SNA における非市場活動の担い手と機能について要約しておくことにしよう．

　SNA における「非市場サービス」は，関連する非市場活動の機能と担い手

の相違に従って,政府サービスと対家計民間非営利サービスに大別される.これらの「非市場サービス」は,「通常,その生産費用をカバーすることを予定された価格で,市場において販売されることが意図されている財・サービス」(SNA. para. 1. 46)として定義される「商品」(commodities)と対比される実物取引の対象——財・サービス——の2大サブ・クラスの1つを形成することに注意しておこう.

　SNAは,政府サービスを「もし自ら供給することをしなければ,便利にかつ経済的に供給されないような社会に共通のサービス」(SNA, para. 5.24)として特徴づけている.定義からも知られるように,政府サービスに対する「市場の欠落」は自明であるが,この「市場の欠落」が由来する根源の理由は,政府サービスの本質と分ち難く結び合っている.すなわち,前節で見たように政府サービスにおいて,市場が欠落しているのは,個別の経済主体においてこの種のサービスを消費したことの自覚的な認識がなされないことに由来している.個々の経済主体が,この種のサービスの消費行為を自覚しない理由は,これらの経済主体にとってそれが歓迎されないサービス(unsolicited services)として容易に「外部性」(externalities)に転化しうる性質を持っているからである.政府サービスが,しばしば行政や防衛の例を引き合いに出して,歓迎されないサービスとしての消極的な性格づけが与えられる事情の背後には,われわれの社会が,例えば法とか社会秩序の崩壊と言った望ましくない変動の発生を阻止するために不可避の代償として是認せざるをえないこれらのサービスの宿命的機能がある.いわゆる「純粋な公共サービス」(pure public services)は,こうした機能を担うものとして特徴づけられた政府サービスである.

　政府サービスは,特定の経済主体を消費(受益)の対象とするのではなく,不特定多数の経済主体の集りを消費の対象とすることにおいて,この種のサービスの対象範囲は「集合的」(collective)であり,「社会に共通な」性格を持つものである.しかし,消費の対象を不特定多数の経済主体の集りに解放する事実からただちに公共サービスの特性としてしばしば指摘される「非排除性」が導かれるものではないことは,注意しておく価値がある.演奏芸術によって例示さ

第2章 非市場サービスの生産とその分類　　　　43

れるある種の文化サービスは不特定多数の消費者の集りを消費の対象として予想しているのにも拘らず，現実の公演は時間と空間(劇場，コンサートホールなど)の両面から容量が限定されているのであって，あらゆる消費者がこの種の文化サービスを受益する恩恵にあずかるわけではないからである．同じ不特定多数の消費者の集りを消費の対象に想定するとしても，これらの集団に対し「非排除性」と「均霑性」が維持されるサービス(公共サービス)と，必ずしも「非排除性」と「均霑性」が堅持されるとは限らないサービスとは属性的に区別しておくことが政府サービスの生産，流通および消費の計量にとっても有益であろう．ところで，この後者のサービスを公称する用語法は，現在までのところ未だ確定されていないようである．さしあたり，ここでは，その用語が国際機関の文書によって使用されているとの理由によって「集団サービス」(group services)の用語を用いておくことにしよう．あるいは，公共経済学の分析においてコルム(S. -C. Kolm)が重用する「マス・サービス」(le service de masses)と言う用語を利用することができるかもしれない[14]．

　上に定義を与えた「集団サービス」は，SNAによって明示的に分類された「対家計民間非営利サービス」の性質とも密接な関りを持っている．SNAは，この「対家計民間非営利サービス」を利益追求を行うことなく，他の方法をもってしては便利に提供されえない社会サービスないし地域社会サービス(教育，医療，福祉，宗教，文化，リクリエーション，社会的便宜等)」(SNA, para. 5.35)で家計に提供されるものと定義づけている．定義によりこの種のサービスもまた「市場の欠落」が明らかである．そうして，これらの社会サービスもしくは地域社会サービスは，例示からも類推されるように，「純粋な公共サービス」であるよりもむしろ「集団サービス」の性格を持つものが大部分を占めているからである．

　これらの「非市場サービス」の表章と記録に対して，SNAは2つの新しい技法を提示した．生産者概念の拡充と機能分類の開発がそれである．

　SNAにおける生産者は，生産構造の形態に従って，(i)産業，(ii)政府サービスの生産者および対家計民間非営利サービスの生産者，(iii)家計の家事サ

ービスの3つのカテゴリーに分類される.産業は,前述した「商品」を生産することによってその活動が営まれている統計単位(事業所)を核——いわゆる産業の〈核〉——として構成される.これに対して,第(ii)の生産者カテゴリーは,それぞれすでに言及したような生産物としての特性が賦与されている政府サービスおよび対家計民間非営利サービスの生産に携わる統計単位を核として構成される.政府サービスの生産者について言えば,上述の〈核〉を形成する行政上の単位は,本来さまざまの形態の政府サービスの供給の担い手となる事業所型の単位である.その単位の選択には会計法とその施行上の慣行によって制約を受ける可能性が少なくないであろうが,多様な政府サービスの供給の担い手としては,省のレベルに止まることなく時として局および課が均質的な統計単位として選択されることもありうる.これに対して,対家計民間非営利サービスの生産者の場合には,多くの場合単一の法的実体としての民間非営利機関が,その統計単位として選択される.多くの民間非営利機関は,1種類の非市場活動を1個所で営むことが多いからである.専門職能組合,労働組合,教会,学校,病院,財団などがこの例に当る[15].

SNAが第(ii)の生産者のカテゴリーを特定化するのに伴って,それらの生産者が営む「非市場サービス」の生産構造は,当該生産者に関する生産勘定の形式に表章される.これらの生産者に関する生産勘定の設定は,それらの生産者が生産する「非市場サービス」の産出の計測と密接に結びついている.すなわち,これらの生産者によって生産される「非市場サービス」の粗産出は,公理的に(あるいは残差として)経常費用から成るものと規定され,同一の主体の消費支出勘定の支出項目として自己消費に向けられるものと考えるのである.すなわち,これら「非市場サービス」の粗産出が公理的に経常費用に等価であると認定されることの帰結は,これら「非市場サービス」の生産者の営業余剰はゼロとなることである.さらに,こうして公理的に規定された「非市場サービス」の粗産出の(同一主体における)自己消費の過程は,これら「非市場サービス」の目的分類によって特徴づけられる.

政府サービスおよび対家計民間非営利サービスの目的分類が持つ本質的機能

第2章 非市場サービスの生産とその分類

は，取引主体に関する取引者勘定(transaactor account)にもっぱら取引の対象に関するスクリーン勘定(comptes écrans)──もしくは市場勘定(market account)──を挿入し，取引主体の間の直接的連絡を遮断することにある．SNAの「非市場サービス」の場合には，それぞれの「非市場サービス」の目的分類が，それらの生産の対象物として活動種類別(kind-of-activity)の分類の対象となると同時に，消費支出の目的対象を与える．言い換えれば，これら「非市場サービス」の活動分類と，消費支出のための目的分類は1対1に対応している．政府サービスの目的分類に関しては，国連統計局において Manual on Public Sector Statistics の公刊を目指して，一層の徹底が図られる機運にある．また，SNAの表2.1は，スクリーン勘定としてのこれら「非市場サービス」の消費支出勘定の設計を与える[16]．

　上述した「非市場サービス」の目的分類は，これら「非市場サービス」の生産活動種類別の重要性を計量する手がかりをも提供するものであるが，主要な「非市場サービス」の粗産出の計測の実際をめぐる問題については，別個に独立の研究として検討に委ねられるべき多くの論点が残されていることを付言しておこう．

　政府サービスの目的分類，および関連して対家計民間非営利サービスの目的分類は，それぞれ SNA の表5.3と表5.4に示されている．SNAにも指摘されているが(SNA, paras. 5.89-5.90.)，この分類の特徴は SNA の取引主体について述べている第5章に収められ，かつまた同じ章で先行する表5.2の経済活動分類(Classification according to kind of economic activity)と対を為すように考慮されているところにある．すなわち，表5.2, 5.3, 5.4の3つの分類は，後続の第6章で取引のフローに関連して設定された諸分類，例えば，家計の財・サービスの分類，粗固定資本形成および在庫の形態別分類，財・サービスの輸出入の分類など，とは別個に区別されるべき分類システムを構成していると考えられる．活動分類と目的分類が他の分類の形態と区別される理由は，第1にそれらが統計単位の設定と一層密接なつながりを持つからである．そうして，第2にこれらの活動分類および目的分類が取引主体による生産活動の成

果と使途とのつながりを強く意識しているためである．分類の内容を政府サービスの目的分類について見ると，9個の大分類項目と29個の中分類項目から構成される"樹の構造"となっている．前述したように，SNAでは「非市場サービス」に関しては，生産の活動分類と消費支出のための目的分類との間に1対1の対応関係を想定しているから，"スクリーン勘定"としての消費支出勘定の拡大行列上の表章は一層単純化することができる．その例がさきに言及したSNAの表2.1である．いずれにしても，目的分類の設定によってさまざまの形態の"スクリーン勘定"が弾力的に誘導されることになる．

　政府の目的分類の詳細は，その後政府の機能分類の名称のもとに一層の徹底が図られることになった[17]．この目的分類から機能分類への展開において注目すべき論点は3つある．第1は，目的分類から名称を機能分類に変更した理由である．これについて機能分類を提案する国連文書は，機能の用語の方が目的と比較して一層明確だからであると言う．すなわち，「"目的"は長期の政策目標から始まってその目標を達成するために企てられた短期的な対策までのいろいろなことを意味しうる．さらにまた，"機能"は国連において最初に政府支出の分類に用いられたのであり，多くの国の分類でも依然として使用されている」[18]からである．この国連文書が指摘するように，"目的"の用語が多義的であって一縷のあいまいさを宿していることは事実であろう．だがそのあいまいさが"機能"の用語に置き替えることで完全に解消すると考えることも少々楽観的に過ぎるのではないか．ただし，慣行としてアメリカにおけるGNP統計において政府支出の機能分類の方が慣用されて来たことは言えそうである[19]．第2の論点は分類の単位に関連する．前記国連文書は言っている．「少なくとも原則的に，分類の単位は個々の取引である．このことは取引が役立ちを持つ機能に従って機能分類(COFOG)コードがおのおのの購入，賃金支払い，移転，貸出し支出もしくはその他の支出に割り振られることを意味する．この原則は資本および経常移転ならびに金融資産の純取得に対しても厳格に適用されることが望ましい」[20]．言い換えるとこの機能分類の対象は個々の取引にあるのであって，個々の政府機関にあるのではないと言うことである．SNA

の目的分類が取引の主体との関連においてなされたこととの比較において，機能分類の場が個々の取引に関し設定されていることは注目を要する点である．第3に，この機能分類は制度部門である"一般政府"に対して適用されるべく考案されていることである．この主張は前述の第2の論点とも関連して，機能分類の適用範囲が"一般政府"の支出に限定されることを意味するのである．したがって，SNAの目的分類とこの機能分類との間にはその適用範囲に関し明確な相違が存在することになる．すなわち，前にも指摘したおいたように，SNAの目的分類における適用の射程は政府サービスの生産者によって生産される政府サービスの分類に始まり，一般政府によるそれの消費のための使途目的の分類にまで及んでいるからである．これに対して，機能分類がその適用範囲を狭く"一般政府"の支出に限定していることは，同時に機能分類の"スクリーン勘定"への拡張の弾力性をも限定する結果を招くことになるのである．

しかし，われわれはここで政府の目的分類に代って提案された機能分類に対するいくつかの問題点の指摘をこの程度に止めて，新たな機能分類の内容と構造を解説すべきであろう．この機能分類が識別する政府の主要な機能は4つある．すなわち，

(a) 一般政府サービス(01〜03)

この項目は，「対個人もしくは対企業サービスとは結びつけることのできないサービスであって，一国の政府に対して要求される」ものを言う．前述した"純粋公共サービス"はこの典型である．

(b) 地域社会および社会サービス(04〜08)

この項目は，「対社会，対家計および対個人に直接に供給される」サービスとして定義される．教育，保健，社会保障と福祉，住宅，社会開発，衛生，リクリエーション，および文化サービス等がこの項目に含まれる．すなわち，この項目はさきに言及した「集団サービス」の典型的な核を形成する．

(c) 経済サービス(09〜13)

この項目は，「事業の組織化と，さらに効率的な運用に結びついた政府支出」に見合うサービスを包含している．経済サービスの細目の分類は大体ISICの

表2.A 政府支出の機能分類

01　一般公共サービス
　01.1　行政および立法組織，財政および国庫業務，対外援助以外の渉外業務
　01.2　対外援助
　01.3　基礎研究業務とサービス
　01.4　一般サービス
　01.5　他に分類されない一般公共サービス
02　防衛業務とサービス
　02.1　軍隊と民間防衛の行政と軍事行動
　02.2　対外軍事援助
　02.3　防衛関連応用研究と実験開発
　02.4　他に分類されない防衛業務
03　公共秩序と保安業務
　03.1　警察と消防
　03.2　法廷
　03.3　刑務所行政と執行
　03.4　他に分類されない公共秩序と保安業務
04　教育業務とサービス
　04.1　保育園と初等教育業務とサービス
　04.2　中等教育業務とサービス
　04.3　高等教育業務とサービス
　04.4　レベルによって定義できない教育サービス
　04.5　教育に対する補助サービス
　04.6　他に分類されない教育業務とサービス
05　保健業務とサービス
　05.1　病院業務とサービス
　05.2　診療所，医療・歯科開業医と医療補助業務者
　05.3　保健業務とサービス
　05.4　医薬品，人工的補欠物，医療機器および他に規定された保健関連生産物
　05.5　保健および診療に関連する応用研究と実験開発
　05.6　他に分類されない保健業務とサービス
06　社会保障および福祉業務とサービス
　06.1　社会保障業務とサービス
　06.2　福祉業務とサービス
　06.3　他に分類されない社会保障と福祉業務
07　住宅および地域社会環境業務とサービス
　07.1　住宅と地域社会開発
　07.2　水道供給業務とサービス
　07.3　環境汚染の除去を含む衛生業務とサービス
　07.4　道路照明業務とサービス
　07.5　他に分類されない住宅と地域社会環境業務とサービス
08　リクリエーション，文化および宗教業務と

産業分類に対応している．

　(d)　その他の機能(14)

　この項目は，「公債の引受け費用と利払い，他の政府機関に対する一般的性質の移転」に関連するサービスを包含する．上記の(a)，(b)，(c)のいずれにも含まれない残余項目である[21]．

　上に掲げた4つの主要な機能を持つ政府サービスは，COFOG において 14 の大分類，61 の中分類，127 の小分類に順次に分割され，SNA における政府の目的分類の場合と同じように"樹の構造"を形成する．COFOG の分類構造を表示すると，表2.A のようになる．紙幅の制約のためここでこれ以上政府サービスの機能分類に関する詳しいコメントに立入ることはできないが，表

(COFOG)——大分類と中分類

サービス	12.1 道路運送業務とサービス
08.0 リクリエーション，文化および宗教業務とサービス	12.2 水道業務とサービス
	12.3 鉄道業務とサービス
09 燃料およびエネルギー業務とサービス	12.4 航空輸送業務とサービス
09.1 燃料業務とサービス	12.5 パイプライン輸送および他の運輸システム業務とサービス
09.2 電力と他のエネルギー源	
09.3 他に分類されない燃料およびエネルギー業務とサービス	12.6 他に分類されない運輸システム業務とサービス
10 農,林,漁業および狩猟業の業務とサービス	12.7 通信業務とサービス
10.1 農業業務とサービス	12.8 他に分類されない通信業務とサービス
10.2 林業業務とサービス	13 他の経済業務とサービス
10.3 漁業および狩猟業業務とサービス	13.1 保管および倉庫業を含む流通業務とサービス；ホテルおよび飲食店業業務とサービス
10.4 農業研究と他に分類されない実験開発	
10.5 他に分類されない農，林，漁業および狩猟業の業務とサービス	13.2 観光事業業務とサービス
11 燃料を除く鉱業および鉱物資源業務とサービス；製造業業務とサービス；および建設業業務とサービス	13.3 多目的開発プロジェクト業務とサービス
	13.4 一般労務以外の一般経済，商業業務
11.1 鉱業および鉱物資源業務とサービス	13.5 一般労務
11.2 製造業業務とサービス	13.6 他に分類されない他の経済業務とサービス
11.3 建設業業務とサービス	
11.4 他に分類されない鉱業および鉱物資源，製造業および建設業の業務サービス	14 大分類に分類されない支出項目
	14.0 大分類に分類されない支出項目
12 運輸および通信業務とサービス	

(注) 2ケタの分類項目は大分類，3ケタのそれは中分類を表わす．
(出処) United Nations, *Classification of the Functions of Government*, Statistical Papers, Series M No. 70, New York 1980, pp. 11-13.

2. Aの分類には掲げられていない別掲の分類の存在に注意しておこう．その第1は，環境統計を統合する指針として国連統計局によって提案されている"環境統計開発のための枠組"(A Framework for the Development of Environment Statistics, 略してFEDES)を構成する変数の分類を企図する「環境の保護」に関する分類である[22]．第2は，同じく国連統計局の手で開発が進められている"エネルギー勘定とバランス"(Energy Accounts and Balances)を設計するための分類規準を提供するエネルギーの分類である[23]．前者の「環境の保護」に関する分類は，さきにしばしば言及した政府の機能分類に関する国連文書の中においても別掲，例示されている．後者に関しては，ヨーロッパ共同体統計局(EUROSTAT)が中心となって開発を進めている"ヨーロッパ共同体

一般産業分類(Nomenclature general des activités économiques dans les Communautes européennes, 略して NACE)"および"共通工業生産物分類(Common Nomenclature of Industrial Products, 略して NIPRO)"の一環としてさらに研究の蓄積と前進が図られていることを注意しておこう．わが国のエコノミストの間では，総じて，この種のさまざまの分類における国際規準の開発とそれを統合するための研究に対する関心はほとんど皆無であるように見受けられる．こうしたわが国の識者の無関心とは対照的に，国際機関を中心とする各種の分類の体系化を目指す研究は着々と前進しつつあるのである[24]．

2.3 教育の社会会計と SSDS

前節で論及した「非市場サービス」を典型として，しばしば代表的に例示されるサービスに教育サービスがある．すでに，2.1節でも触れておいたように，教育は，R＆Dとともに〈知識〉と言う専門サービスの蓄積と普及の重要な担い手を形成している．したがって，教育サービスの生産，流通および消費，ならびにそれに要する資金の源泉と調達の過程は，前節で述べた SNA における「非市場サービス」の処理についての恰好の応用の場を提供するものであろう．実際，SNA の構想の直截的な拡充の上に経済統計と社会統計の統合システムとしての SSDS を提唱した R. ストーンの報告書(略称，TSSDS)[25]，においても，SNA の構想をそのまま受け継いだ形式で，イングランドとウェールスにおける公共機関に関する「教育の社会勘定」(the educational accounts)の設計と 1965 年における数値例を与えている．これらの数値例の解析は，さしあたり以下の考察にとって必要ではないので，ここでは「教育の社会勘定」の構成のみを要約しておこう(表 2.1)[26]．

表示の「教育の社会勘定」は，3 つの勘定から構成されており，SNA の拡大行列(SNA, 表 2.1)に容易に組み込まれるように設計されている．すなわち，表 2.1 の(a)活動勘定は，拡大行列における政府サービス生産者の目的別分類の生産勘定の 1 つとして特定化することができる．また，(b)目的勘定は，同

表2.1 教育の社会勘定の構造

			一般管理 1	教育機関 2 3 4 5 6 7 8 9	補助サービス 10 11 12 13	計
(a) 活動(生産)勘定	収入	1 2 計				
	支出	3 ⋮ 7 計				
(b) 目的勘定	収入	8 9 計				
	支出	10 ⋮ 20 計				
(c) 資本支出勘定	源泉	21 22 計				
	使途	23 計				

(注) 1. 列の教育機関の分類は以下の通り.
(2) 幼稚園, (3) 小学校, (4) 中学・高校, (5) 特殊学校, (6) 教育専門カレッジ, (7) 大学, (8) その他の専修学校, (9) 成人教育機関
2. 列の補助サービスの分類は以下の通り.
(10) 学校給食, (11) 学校保健, (12) スクールバス, (13) リクリエーションと訓練.
3. 行の分類は以下の通り.
(1) 個人による授業料と負担金, (2) 対応する政府目的からの振替, (3) 商品の購入, (4) 俸給と使用者の分担金:教官, (5) 俸給, 賃銀と使用者の分担金:その他職員, (6) その他の勤労所得, (7) 借入費用, (8) 中央政府からの受取り, (9) 地方公共団体からの受取り, (10) 対応する政府活動への振替, (11) 対応する非営利目的に対する振替, (12) 私立校および助成校における生徒に対する授業料, (13) 特殊教育を受ける生徒に対する授業料, (14) 義務教育年限を超える生徒に関する経費補助, (15) 教員養成奨学金, (16) 大学奨学金, (17) 学位および同等のコース取得のための専修教育奨学金, (18) 他のコースのための専修教育奨学金, (19) その他の奨学金および助成金, (20) 国際分担金, (21) 中央政府からの資金調達, (22) 地方公共団体からの資金調達, (23) 商品の購入

(出処) United Nations, TSSDS, [1975].

じく拡大行列における(受取所得の)制度部門別の所得・支出勘定の一般政府に関するそれを,さらに特定したものと見なすことができるからである.(c)の資本支出勘定が,制度部門別の資本調達勘定の中の一般政府のそれを簡略化した形式となっていることも明らかである.

SNAの拡大行列との関連で「教育の社会勘定」を構成する各勘定が持つ以上の特徴を念頭においた上で,これらの勘定の取引項目を特定する各行について(表2.1の注3参照)若干のコメントを与えておこう.

(1)の個人が負担する授業料は,前節で言及した「政府サービスの生産者」による非商品の販売であると見なされ,「その主たる目的が政府の政策手段として役立つことであり,かつまた強制的ではあるが,それが有用である状況においてのみ不可避なもの」(SNA,表7.1)と認定される経常移転の一部を構成する「強制手数料」とは明確に区別される.容易に想像されるように,金額的に見る限り(1)は収入の会計の中の極めて少ない額を占めるに過ぎない.

(2)は,「政府サービスの生産者」による教育サービスの生産の活動別とその消費の目的別の分類を対応させるための取引項目である.SNAの拡大行列の表章によると,この変換(振替)操作は,前節で述べたスクリーン勘定の構造を持つ政府目的別の消費支出勘定を介して行われることになっている.さらに,拡大行列の場合は,消費支出勘定における政府目的別の最終消費支出が,(受取所得の)制度部門別の一般政府の最終消費支出に借記される仕組になっている.すでに見たように,上記の「教育の社会勘定」では,スクリーン勘定としての政府目的別の消費支出勘定が陽表されていない.したがって,この場合(2)は,(b)の目的勘定の最終消費支出項目の1つを形成する(10)と直結し,政府サービスの生産の活動別とその消費の目的別分類が1対1に対応する(SNA,表2.1)ことの当然の帰結として,(2)の行の記入項目と(10)の行の記入項目とは全く等価となる.

(3)～(7)は,要素所得の支払い項目である.このうち,(7)の主要部分が過去の建物建設プログラムに対する利子支払によって占められる.この記入項目は,前記建物に関する帰属家賃の推定に利用される.

第2章 非市場サービスの生産とその分類 53

(10)〜(20)の各行の記入項目は,一般政府に関する教育サービスに関する消費目的別の所得支出勘定の支出項目を形成する.(10)については,(2)との対応において,すでに説明した.(11)は,(10)と同様の性格を持ち,対家計民間非営利サービスの目的別サービスの最終消費への変換項目である.(12)〜(19)は,注においてそれぞれに定義づけられた一般政府によって個人に対し与えられる経常移転項目である.(20)は,一般政府が海外に対して行う移転項目である.(c)の資本支出勘定の使途項目に指定されている(23)行は,資本取引としての商品購入を表章し,経常購入である(3)とは区別される.

「教育の社会勘定」の構想と設計は,教育サービスの生産,流通および消費に見られる「非市場性」に注目し,その独自的性格の観点からSNAを拡充し,補足する方向の徹底を図ったものと見ることができよう.ただ,前述したように,SSDSを提唱するR.ストーンの考え方の中には,SNAの思想を徹底して行くことによって,経済データと社会データを統合するシステムに到達しようとする意図が潜在していたと考えられる.SSDSは,そうした意図の顕示された姿であるが,問題の経済データと社会データの統合は,統一された全体的システムの次元のみならず,それを構成するサブ・システムの編成の中に徹底することを企図しているのである.SSDSのサブ・システムは,生活の諸断面(life sequences)もしくはプロフィールに即して構成されており,これまで述べた教育サービスの供給は,学習活動(learning activities)と名づけられる生活の一断面に関連する.それゆえ,学習活動との関連で経済データと社会データとの統合を図るシステムを設計するためには,まず学習活動の境界線を設定し,その中で必要なデータと分類のシステムを与えることが要請される.こうしたサブ・システムの1つの雛形として提示されたのが,表2.2に示すような学習活動に関するデータの構造である[27].

学習活動を表現するサブ・システムのデータの構造は,表2.2にほぼつくされており,付加的な説明をほとんど必要としない.表示によっても明らかのように,学習活動は,その担い手である生徒と学生の人口学的特性,教育サービスの供給の社会経済的特性,学習活動の成果の3つの観点から,それぞれ

表 2.2　学習活動に関するデータの構造

	データ項目	主要分類	他の分類	社会指標
A 生徒と学生	(a) 就学者 1. 教育機関別の在籍者 2. 入学者と在学者 3. 卒業者	教育段階，年限，分野，高等教育の履修科目，修得資格，聴講の資格	年齢，性別，地域，都市と農村の別，国籍，人種別，社会経済的階層	就学率 出生時における期待教育年限 義務教育年限に対する平均就学年比
B 教育の投入と産出	(a) 教育活動の投入と産出 1. SNA 型の勘定 2. 物量タームでの本源投入と中間投入 3. 投入価格 4. 生産所得の較差 (b) 教官 1. 就業教官数 2. 教官の増加 3. 教官の減少 (c) 建物と設備 1. 教育用建物と主要施設および設備のキャパシティ 2. 同上キャパシティの純増	同　上 (ただし B(a) では年限および修得資格を除く) 同　上 (ただし教育の修得資格を加える) 同　上 (ただし教育の修得資格を除く)	同　上 (ただし，教育機関については制度別部門，地域，都市と農村の別) 教官については年齢，性別，国籍，人種 教育機関については制度別部門，地域，都市と農村の別	全就学者に対する初等教育就学者比 各教育段階までの期待経過年数 卒業者の平均年齢 教育支出の対 GNP 比 部門別および全投入指数および対応する投入価格指数 教育機関別学生対教官比 部門別および全産出指数および対応する産出価格指数
C 住民の教育成果	(a) 教育成果 1. 文盲者数 2. 年齢別卒業者数 3. 修業年限別学生数 4. 修得資格別卒業者数	 最終教育段階と修得資格	年齢，性別，国籍，人種	10 歳以上人口の文盲率 卒業者の平均年齢 平均修学年限 最終教育段階

(出処)　United Nations, TSSDS [1975], 表 17.1. ただし表章を多少変更した.

A, B, C の 3 つのパネルが構成され，かつそれぞれのパネルに関して，データの項目，主要分類，これに関連して必要とされるそのほかの分類，これらのデータから誘導が期待される社会指標の主要系列がそれぞれ掲示されるように編成されているからである．同様のサブ・システムと対応するデータの構造は，他の社会的関心領域，例えば R & D の社会会計を設計する際にも適用することが可能であろう．

　ここで「教育の社会勘定」の中に表章される学習活動への住民の参加と，そ

第2章 非市場サービスの生産とその分類　　　　　　　55

れによってもたらされる成果の分析は，SNA に記録されるさまざまの集計量とそれらの分類に対しても，概念の基礎と評価の方法をあらためて問い直す格好の契機となっていることに注意すべきである．さしあたり次の2点が注意される．第1，さきの「教育の社会勘定」における政府の目的別消費(表 2.1 の 10〜20 行)は「学習活動に関するデータの構造」(表 2.2)に表章される住民の教育成果の向上(同表パネルC)へ向けられるのであるが，支出された金額がそのまま住民にとっての便益となって具体化するのであろうか．すなわち，ペトルによって注意されたように，所得の移転を介する所得の再分配が相当の重要性を占める現代の経済機構のもとでは，授益を目的としてなされる支出と対応して受益する(財・サービスの)消費の間にはしばしばギャップの発生する可能性が高いのである．さらにまた所得の移転を発生せしめる制度が相違するのに従って，受益グループの間に分配される便益も必ずしも均等ではない．すなわち，家計の所得とそれの支出の分布と，一般政府および対家計民間非営利機関の支出に基づいて家計が取得する便益の分布との間には，それらの分布の構造と特性において，必ずしも相似する保障が存在しない．この間の状況を一層掘り下げて分析するためには消費者に対する授益を目的とする支出と，消費者による受益を表現する消費とを概念的に区別し，これらを組み合わせたデータを開発することが必要であろう．この点を「一般政府」と「家計」の間の所得の移転によって「家計」が受益する便益を国民経済計算体系の上に表章する観点から詳細に考察したのがペトルである[28]．このペトルの構想に基づいて消費者に対する授益を目的とする支出と，消費者によって受益される消費をクロス

受益＼授益	最終支出(支払部門)				合　計
	一般政府	家計	対家計民間非営利機関	企業	
集合的消費家計消費					TCP′
合　　計					TCP

図 2.2　支出と消費の構造

させたデータの構造を図示するならば，図2.2のように表現される.

これまで述べて来た「教育の社会勘定」との関係を考慮して，教育に対する支出と消費に関するデータの構造を考える．表頭(列)は教育に関する最終支出の支払(授益)部門別の構成を示し，表側(行)は対象である教育サービスの消費が社会全般の便益となるかそれとも家計の便益として吸収されるかを識別する．図示から明らかのように授益主体の部門分割はSNAの"制度別"部門の分割に従っている．すなわち，一般政府の最終支出合計はさきに示した表2.1の目的勘定支出計列の合計と対応している．ここで，合計行のTCPに注目することが望ましい．この合計額は教育のために支出された"住民の全消費(total cosumption of the population)"であって，後続の第5章において議論される"福祉"の集計的測度の1つとして重要な役割を演じる概念である．またTCPは消費者(家計)に配分された教育目的の"住民の全消費"を定義する[29].

消費支出を授益する側(支出)と受益される側(消費)との2つの観点に分割する一連の構想は，単に消費支出の視野を拡大するのみならず授益および受益の担い手である制度別部門の間の所得と支出の交流関係に対して新しい視野を開拓するものであろう．なぜならば消費支出の視野を拡大することは，支出の購買力の源泉側に立つ所得概念の視野を拡大する可能性をも示唆するからである．のみならず支出と消費の間に介入する所得の移転が持つ機能を交流関係の中にどう反映させるかの問題も無視することができない[30].

2.4 サテライト勘定の展開とその意義

前節で論及した「教育の社会勘定」の構想の1つの発展に，サテライト勘定(les comptes satellites)がある．このsatellite accounts(以下SAと略称する)は，もともと近年フランスにおいて急速な発展を見たシステムである．一般的に言って，SAとは，社会的関心の対象領域に関する情報を収集するための統計的な枠組であると認識されている．ここで，収集されるべき情報とは，社会的関心領域に関するコスト，支出，資金調達および便益とその生産に関するデータ

第2章　非市場サービスの生産とその分類　　　　　　57

であるが，これらの情報は，monetaryな次元で表章されるデータのみならず，non-monetaryな次元のデータも含まれることが注目される．SAが個別の社会的関心の領域をとりあげていることに照らして，それがSSDSおよびそれと併行的に発展を見つつある「社会指標」の開発から多大の刺戟を受けていることは明らかである．また，包含されるデータと計測の対象範囲をmonetaryな次元のそれのみならずnon-monetaryな次元のそれにまで開放したことの背後には，明瞭にSSDSの開発によって触発された経済データと社会データを統合するシステムに対する関心の高まりを観察することができよう．

　こうしたSAを設計し，推計することの目的としては，次の2点を指摘することができる．第1，特定の社会的関心領域に関する生産と資金調達の枠組の中で家計の最終消費支出および政府の最終消費支出に関して設定せられた「機能分析」の一般化と徹底を図ること．第2は，SAと国民経済計算の体系との緊密な連係を達成することがそれである．第1の目的は，SAの設計と計測の視野の中心を限定するものと考えられよう．SAの設計と計測における焦点の固定を受けて，第2の目的が，SAと国民経済計算体系との緊密な結びつきを認識し，「機能分析」の一般化と徹底を図る方向を打出していることが特に注目される．第1の目的については，後に「教育に関するSA」の具体例に関連してやや立入った考察をすることにし，さしあたり第2の目的に関し若干のコメントを与えておくことにしよう．

　SAの国民経済計算との結びつきの第1点としては，〈関心領域に関する国民支出〉(la dépense nationale dans un domaine)の計測が挙げられる．〈関心領域に関する国民支出〉とは，当該領域の典型的活動(les activités caractéristiques)を調達する経費と，部門に全く特定化されることなくそれに付帯する財・サービスの取得のために関りを持つすべての部門の支出を言う．ここで，それらのサービスの受益者によって直接に負担されない〈国民支出〉部分のことを〈社会支出〉(dépense sociale)と名づける．こうした〈関心領域に関する国民支出〉の計測を媒介として，政府および家計の消費支出に関する機能分析の一般化を企てる方向は，前節でも言及した政府最終消費支出の目的分類を徹底する

のみならず,支出と消費の2分法への拡張をも示唆するものであろう.

SA と国民経済計算体系との緊密な結びつきは,この数年におけるフランスの国民経済計算体系の発展の跡を辿ることによって一層明瞭になる.最近におけるフランスの国民経済計算の展開の詳細を追跡することは,後続する章でもとりあげる話題であるから,ここでは必要な限りでの要約に止めざるをえない.フランスの国民経済計算体系における最近の最も著しい変革は,1976年における全面的改訂である.改訂された国民経済計算の体系は,SECN (le système elargi de comptabilité nationale français) と略称される.この全面的な改訂は,ベナールが予告した「フランスの作業とアングロ=サクソンの作業の収束であり,その最も明確な結果としての国連の『新標準勘定体系』」[31] と,その改訂 SNA を受けて開発された EC の統一勘定 (the European System of Integrated Economic Accounts, 略称 ESA) の開発に触発され,それらの構造と概念との可能な限りでの連係と調整を企図したものである.

SA にはこの SECN の中心体系 (SCCN) を補完し,その計測の視野を拡充するための役割が期待されているのである.SCCN を補完するシステムとしては,別に〈企業の中間勘定〉(le système intermédiaire entreprises) が存在している.SA の機能は,むしろ SCCN の視野の外延の拡大にある.異る社会的関心の諸相に即応して,monetary の次元のみならず non-monetary の次元にまで計測の外延を拡大することは,SSDS 以後の新しい発展であり,これらの SA は,SCCN の機能と密接な連係を保ちながらも,それぞれの目的のもとに SCCN の周辺を回転する人工衛星になぞらえることが許されよう[32].

SA を設計する際に考慮されるべき主要な論点は2つある.1) 関心領域の設定と,2) 統計単位と分類の選択がそれである.1) の関心領域の設定に当っては,まず関心領域を定義づける典型的活動のリストが用意せられねばならないであろう.次いで,その取得を叙述する財・サービスのリストを決定する.この財・サービスのリストの中には,上記の典型的活動からの生産物のみならずそれに付帯する財・サービスをも含む.第3に,典型的活動の移動,経費の調達および付帯的な財・サービスの取得などの費用の形態を調べることが必要であ

ろう.そうして,最後に,これらの活動と費用を負担する組織の究明に進むべきであろう.

2)の統計単位と分類に関しては,原則的には,国民経済計算体系における主体の認定と部門の編成および分類のシステムとの緊密な連係が期待される.事実,後の例示にも見られるように,SA における統計単位の選択が,改訂 SNA における〈実物と金融の2分法〉と共通の思考に立脚していることは,すこぶる興味深い.しかし分析の必要に応じて,SA の統計単位としてさらに詳細な統計単位を導入する可能性が開かれていることは,言うまでもない.分類のシステムについても同様である.

SA に関する以上の概略的な考察を念頭に置いた上で,その具体例を見ておくことは,SA の意義と役割を理解する上で特に有意義であろう.現在までのところフランスにおいて推計が進められている SA は教育に関するものと,医療・保険に関するものの2つであるが,前節の議論および本調査の主題との関連を考慮して,「一般および専門教育に関する SA」(le compté satellite éducation-formation, 略称 CSEF)を例示的にとり上げることにしよう.

CSEF の枠組を図式的に整理して表示するならば図 2.3 のように表わされる.図 2.3 の枠組に基づいて,CSEF の概略を要約すれば,以下のようになる.まず,一般および専門教育サービスの供給を担当する担い手として,それらの資金調達部門(un secteur du financement)と生産部門(un secteur de production)が分離される.ここで,資金調達部門を形成する単位とは,一般および専門教育サービスの生産活動に携わることなく,その経費の調達に当る主体の集りであると定義づけられる.図 2.3 との比較で言えば,教育省が高等教育機関の経費調達に当ることから,教育省は,CSEF における資金調達部門を形成する1つの単位である.図示された資金調達部門の分類からも観察されるように,CSEF における資金調達部門は,改訂 SNA における制度別部門に類似していると言うことができよう.これに対して,生産部門を構成する単位とは,一般および専門教育サービスの生産活動および付帯する活動を営む主体である.上に引用された高等教育機関は,この意味で生産部門に含まれる1つの単位を

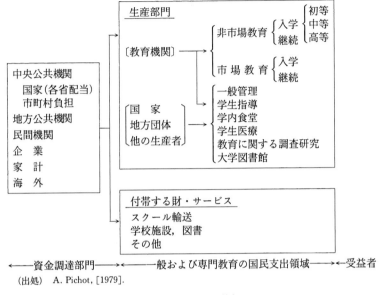

図 2.3　CSEF の枠組

形成する．したがって，改訂 SNA の主体と部門の分類との比較で言うならば，上に例示した生産部門を形成する単位は，政府サービス生産者の事業所型単位に近似していると言うことができよう．

　図示からも明らかのように，これらの教育サービスの受益者の実態と構造に関する分析が，ひとまず，CSEF の枠組の外にあることは特に注意を要することがらである．換言すれば，CSEF が提示する情報は，これら教育サービスの供給に伴う代価の構造とその資金調達の分析であり，これら教育サービスの授益の構造の解明にある．決して受益のそれではない．にも拘らず，CSEF は，次の 2 つの側面から，極めて有益な情報を提供することを可能にしている．すなわち，1) 大局的な観点と 2) 詳細な観点がそれである．まず 1) の大局的な観点に立つならば，CSEF を設計することによって，（一般および専門）教育の国民支出の推計が可能になる．また，2) の詳細な観点からすれば，資本調達の部門別の分布あるいは上記教育活動の形態別の費用構造の詳細を追跡することが

表2.3　教育活動の費用構造

使　　途	源　　泉
活動別経常費用計 　(内)教育 　　補助的活動	資金調達単位別経常資金計 　(内)中央公共機関(各省配当) 　　地方公共機関 　　企業 　　家計
資本費用計	資金調達単位別資本資金計 　(内)中央公共機関 　　地方公共機関
使 途 会 計	源 泉 合 計

(注)　使途側の資本費用の活動別分割はなされていない．
(出処)　A. Pichot, [1979].

できるはずである．この場合上記の図示では，教育活動の形態は，教育サービスの供給が，市場サービスの形態をとるか(市場教育)それとも非市場サービスの形態をとるか(非市場教育)，また一般管理および補助サービスの形態に従って分類されていることを注意しておこう．そうして，教育活動の形態別の費用構造が，教育サービスの供給の担い手となる教育機関別に，表2.3のような生産勘定の形式に要約されることに注目するならば，実態において，CSEFの設計と計測によって提供される情報は，われわれが前節において議論したR. ストーンによる「教育の社会勘定」の構想が提唱するところのものと甚だしく相違していないことが認識されるであろう[33]．

2.1の注

1)　わが国のエコノミストならびに統計専門家の間でこの種の基礎作業に対する関心はおおむねすこぶる低調であるように見受けられる．例えば，文明史の新しい潮流としての「ソフト化社会」のあり方を考えると言う壮大なビジョンのもとに提案されたいわゆる「ソフトノミックス」に関する研究プロジェクトの成果報告書の一環を形成する『ソフト化とGNP統計』においても"経済のソフト化"の核を形成するサービスの本質に対する洞察を全く欠いている．前記報告書によると「ソフト化社会」への展開に対応するためのGNP統計の問題点として以下の3点が指摘されている．すなわち，
　　①サービス生産の質の向上がとらえられにくい(適切なデフレーターの不在)，

②非経済的価値が反映されにくい(NNW の考え方の重要性),

③「地下経済」を含む不分明経済拡大の可能性,

がそれである．③に関連する非合法活動(illegal activities)の計測の困難から派生する「地下経済」の実態把握と計量の問題点をしばらく措くと, GNP 統計との関連において①と②の論点が「サービス経済」の計量の本質的な核を構成するとは考えられない．①について言えば，デフレーターの適切な選択もさることながら，むしろ事態の本質はサービスの生産の特性を明らかにすることであり，この特性がGNP 統計の概念と計測の方法に正確に反映されているかを問うことが先決である．②については国際所得国富学会(International Association for Research in Income and Wealth), 国際統計協会(International Statistical Institute), 国連の統計委員会(Statistical Commission), ヨーロッパ統計専門家会議(Conference of European Statisticians)などの国際的な討議の場で専門家によって集約された見解によると，過度の帰属推計を強いる NNW 流のマクロ集計量を公式統計として受入れることに対する否定的意見が支配的である．併せて同報告書が実査の問題として指摘する i) カバレッジの問題, ii) 指標としての適格性, iii) 調査環境の問題も統計調査一般に共通する問題の表層をなでるのに止っており，サービス統計に固有の核心的問題を掘り下げていない．(ソフトノミックス・フォローアップ研究会報告書『ソフト化と GNP 統計』1985, p. 6 および pp. 92-93 参照)

2) T. P. Hill, "On Goods and Services", *Review of Income and Wealth*, Series 23, December 1977, p. 318. ここで筆者がヒルのこの論文に注目するのはそれが国民経済計算の概念的枠組を基礎に置いて，サービスの特質を解明した最も水準の高い労作と考えられるからである．サービス経済の解明を行ったわが国の多くのエコノミストの間でこのヒルの労作に言及した例はほとんどないと言ってよい．なお, ヒルはこの労作を発表した後，国連統計局のコンサルタントとして United Nations, *Manual on National Accounts at Constant Prices*, Statistical Papers, Series M No. 64, New York 1979, の執筆に当った．この書物の第 5 章はサービス生産物の不変価格表示の概念と方法の検討に宛てられているが，サービスの特性に関する検討ではおおむね上掲論文の論旨を継承している．なおヒルによる後者の書物に関しては後続の第 4 章であらためて検討を行う．本節のサービスに関する考察はヒルの上掲論文によって啓発されたところが少なくない．

3) T. P. Hill, *op. cit.*, *Review of Income and Wealth*, December 1977, p. 324.

4) 筆者は Yoshimasa Kurabayashi and Yoshiro Matsuda, *Economic and Social Aspects of the Performing Arts in Japan, Symphony Orchestras and Opera*, Kinokuniya Company Ltd., Tokyo 1988, の第 2 章において音楽を例としてサービスとしての演奏芸術の特質を明らかにしている．また同書の第 9 章では"メタファー"としての情報の伝達の見地から音楽の持つ意味を考察している．

第2章　非市場サービスの生産とその分類　　　　　　　　　　63

5) その代表例は，前者に関し宮沢健一『業際化と情報化——産業社会へのインパクト』有斐閣，1988. 後者に関しては，今井賢一・金子郁容『ネットワーク組織論』岩波書店，1988. ここは"情報"そのものの原理的考察に立入るべき場所ではないが，シャノン(Claude E. Shannon)の独創にかかわる情報理論の発展を考慮して，ひとまず"情報"をコード化されたメッセージの集りと定義づけることができよう．この種の"情報"を特徴づけるのは多様性の観念である．例えば，いま4つの文字を用いて1つの言語を生成する可能性を考える．生成された言語になんらの制約も付与しないならば，生成の可能性は24通りであろう．しかし，もし生成された言語が意味を持つべきであると言う制約をつけ加えるとすると可能性の数は大幅に減少するであろう．すなわち"情報"は多様性と密接に結びつく．この言語生成のゲームをクロス・ワード・パズルに適用するとただちに明らかのように生成の可能性は"確率"と関連し，その可能性を予測しうる程度は，情報の冗長度(redundancy)の分量と結びついている．宮沢『前掲書』，も第2章において，「不確実性＝情報＝期待」という，行動環境と行動様式のリンクが成立しているとの認識に立って，期待概念にスポットを照射して論点の展望と整理を行っている．その場合これらの"期待"が形成される基礎となる"確率"の概念は必ずしも定量化しえない．むしろ情報理論の立場からすると「確率論の仕事はさまざまの種類の知識をコード化して，それらに確率を付与する方法を発見することにあるべきである」(Jeremy Cambell, *Grammatical Man; Information, entropy, language and life*, Pelican Books, Harmondsworth 1984, p. 64)．この方法の確立に対し重要な役割を演じるのが前述した情報の冗長度の大きさであるが，エコノミストによる期待の分析は，情報理論における"情報"と"確率"の結びつきを的確に把握するに至っていないように思われる．なお，Jacques Attali, *La parole et l'outil*, Presses Universitaires de France, Paris 1975, 平田清明・斉藤日出治訳『情報とエネルギーの人間科学——言語と道具』日本評論社，1983, pp. 78–80, 参照．

6) Simon Nora et Alain Minc, *L'informatisation de la société*, Editions de Seuil, Paris 1978.(與寛次郎監訳『フランス・情報を核とした未来社会への挑戦』産業能率大学出版部，1980), 邦訳 p. 11.

7) ノラ/マンク『前掲書』邦訳 p. 42.

8) "テレマティーク"のその後の発展を含めて，それの技術的問題および社会・経済的含意を概観した成書はあまり多くない．Pierre Mathelot, *La télématique*, Presses Universitaires de France, coll.⟨Que sais-je?⟩No. 1970, 2ᵉ édition, 1985 Paris, はその数少ない概説書の1つである．この中でその後の"テレマティーク網"の発展の実例として MARK III, TYMNET, CISI, ARPANET, EURONET などについて概略の説明を与えている．当然にこの書物の成立はノラ/マンク・レポートの影響のもとにあることは同書の前書きから明らかであるのみならず，随所に同レポートの

引用が見られる．なおノラ/マンク・レポートの衝撃は社会・経済統計情報システムの構築を目指す社会・経済統計改善のための提案にまで及んでいる．Rene Lenoir et Baudouin Prot, *Rapport au President de la Republique sur L'information économique et sociale*, La Documentation Française, Paris 1979, はこの問題に対し同じくジスカール・デスタン大統領の諮問に答えるべく提出されたレポートであって，フランスの社会・経済統計の直面する問題が網羅的かつ的確に指摘されている．わが国の統計専門家ならびにエコノミストの間でこの報告書の意義に注目し，関説した例はほとんど見当らない．ソフトノミックス・フォローアップ研究会報告書『ソフト化と経済統計』1985，も類似の動機からわが国の経済統計に関する改善のための提案を行っているが，上記のレノア/プロー・レポートと比較すると，すこぶる徹底を欠いており，内容的にもまた分量的にも軽薄短小の感をまぬかれ難い．

9) (可能性 A)については財に作用するサービスは心的状態の変化を起すことがないこと，および(可能性 B)に関しては一時的に作用する状態の変化と非可逆的な状態の変化が同時に起ることはないことが仮定されている．

10) 前記の非公式専門家会議において OECD はサービスについて次の(大)分類を提案している．

  (イ)財に関連するサービス
  (ロ)金融サービス
  (ハ)情報サービス
  (ニ)個人に対し提供されるサービス
  (ホ)リクリエーション・サービス
  (ヘ)公共サービス

 (United Nations Statistical Office, Report of the Meeting on Service Statistics, Voorburg, The Netherlands, 6-8 January 1987, p. 8 参照)

11) Serge-Christophe Kolm, *Le service des masses*, Dunod, Paris 1971, p. 44.

12) 例えば，Richard Cornes and Todd Sandler, *The Theory of Externalities, Public Goods, and Club Goods*, Cambridge University Press, Cambridge, London, New York 1986, p. 76.

2.2 の注

13) 「脱工業化社会」の到来に対して根本的な洞察を与えたダニエル・ベル(Daniel Bell)は，この変化の特質について言っている．

 中心的な問題は，最初は進歩的な社会階層とか，インテリ階級および教養のある社会階級に関して，また後には中流階級自身に関して，社会の行動の本流が宗教から現代主義者のカルチュアに変ったと言うことなのである．これに伴って道徳的規則と秩序ある目標の統一体である"人格"から個人的分化を求めて

第2章　非市場サービスの生産とその分類

のやむにやまれぬ探究を通しての自己の高揚である"個性"の重視への変化となった．要するに，仕事ではなく"ライフ・スタイル"が満足の源泉ともまた社会における望ましい行動の規範ともなったのである．(Daniel Bell, *The Cultural Contradictions of Capitalism*, Foreword: 1978 p.xxiv, Harper Colphon Books, Basic Books, Inc., New York 1978.)

「サービス経済」の多様化を見通した注目すべき指摘と言えよう．

14) 「集団サービス」(group servises)の用語を示唆したのは，United Nations, *Manual on National Accounts at Constant Prices*, Statistical Papers, Series M No. 64, New York 1979, p. 41．コルムによると，「マス・サービス」は現代社会の最終消費および中間消費の重要な部分を供給していると言う．「マス・サービス」とは集団として効果を上げるサービスのことであって電気通信，各種の輸送，商業流通，教育，余暇，文化と演芸，行政などが含まれる．コルムが「マス・サービス」の分析において特に注目する現象は同一のマス・サービスを消費する人びとの間の外部効果と結果する"混雑"である．この見地からする"混雑"現象の分析は——例えば，待ち行列の理論が示唆するように——オペレーションズ・リサーチの研究者によって開拓された．これに対するコルムによる分析の基本的な視点は，これらのオペレーションズ・リサーチの研究者によって，この問題に対して与えられた助言は社会にとって有害であると言う意味で誤っており，かれらによって混雑現象が過度に増幅されたと言うことである(Serge-Christophe Kolm, *Le service des masses*, C. N. R. S. et Dunod, Paris 1971, p. 343)．この認識に基づいてコルムは「マス・サービス」の最適供給に関するノーマティヴな理論を前掲書第3部において展開している．そこで展開されている「マス・サービス」の理論はすこぶる示唆に富むものであるが，わが国も含めアングロ゠サクソン系の専門家の間でも必ずしも十分に注意されていない(例えば，その1例として Richard Cornes and Todd Sandler, *The Theory of Externalities, Public Goods, and Club Goods*, Cambridge University Press, Cambridge 1986, を参照)ようである．しかしこのコルムの議論の詳細に立入ることは本書が企図する議論の目的を甚だしく逸脱するものであろう．

15)　ここで SNA において政府サービスの生産者が対象とする"政府サービス"は必ずしも"純粋公共サービス"と同一ではないことに注意せねばならない．両者が相違するのは2つの理由による．第1に，SNA の政府サービスはさきに言及した「もし自ら供給することをしなければ，便利かつ経済的に供給されないような社会に共通のサービス」の中に社会に対する経済政策と社会政策の実行を含めているのであって"純粋公共サービス"よりも広汎なサービスの生産を想定している．第2に，政府サービスの生産者はそのような広汎な"政府サービス"の供給の担い手としての行政上の単位をすべて包含しているからである．いずれにしても政府サービスの生産者の定義範囲は統計データの実査と収集のための統計単位の設定によって

制約されることに注意することが必要であろう．経済の計量的分析において統計データの実査と収集の持つ意義，それを担当する統計専門家(survey statisticians)の機能は，とくにわが国においては，比較的に軽視された研究領域であるように見受けられる．しかし実証研究の分野では計量経済学的分析の方法の彫琢と並んで，むしろそれ以上に，データの実査と収集に対する方法と吟味が重要な意味を持つ．家計調査を例にとって統計データの実査と収集の方法，データ処理の実際について詳細な解説を与えた例としては，United Nations, *Handbook of Household Surveys*, (Revised Edition), Studies in Methods, Series F No. 31, New York 1984, がある．

16) 国民経済計算体系および SNA におけるスクリーン勘定の機能と役立ちについては，前章において言及した．

17) SNA の表 5.3 に示された政府の目的分類をさらに詳細化する計画は 1972 年 11 月ジュネーブで開催された第 17 回国連統計委員会において国連統計局の作業プログラムとして組み入れられることが承認された．これに基づく国連統計局の作業の成果は 1979 年 2 月末ニューヨークで開催された第 20 回国連統計委員会に原案として提案され，承認の結果以下の文書の形で公刊された．United Nations, *Classification of the Functions of Government*, Statistical Papers, Series M No. 70, New York 1980.

専門家の間では政府の機能分類(classification of the functions of government)のことを COFOG と略記することが多い．上記文書によると SNA の表 5.3 における政府の目的分類は以後 COFOG によって代位されるものであるとされている．

18) United Nations, *Classification of the Functions of Government*, p. 1.

19) その一例は，Bruce F. Davie and Bruce F. Duncombe, *Modern Political Arithmetic, The Federal Budget and the Public Sector in National Economic Accounts*, Holt, Rinehart and Winston, Inc., New York 1970, pp. 73-75, に見られる．併せて，Nancy Ruggles and Richard Ruggles, *The Design of Economic Accounts*, National Bureau of Economic Research, New York 1970, p. 90, を参照．

20) United Nations, *Classification of the Functions of Government*, pp. 2-3.

21) 上記(a), (b), (c), (d)における引用は，いずれも United Nations, *Classification of the Functions of Government*, pp.6-7 に依拠している．

22) FEDES の概略に関しては，United Nations, *A Framework for the Development of Environment Statistics*, Statistical Papers, Series M No. 78, New York 1984, を見よ．FEDES の構想に即した世界各国の環境統計の整備の現状については，同じく国連統計局による文書, United Nations, *Survey of Environment Statistics: Frameworks, Approaches and Statistical Publications*, Statistical Papers, Series M No. 73, New York 1982, において要約されている．SNA と FEDES との関連は，Peter Bartelmus, "Beyond GDP-New Approaches to Applied Statistics", *Review of Income and Wealth*,

Series 33 No. 4, December 1987, において議論されている.
23) "エネルギー勘定とバランス"の開発を念頭においたエネルギー統計をめぐる問題点および改善のための提案は, 次の報告書 United Nations, *Concepts and Methods in Energy Statistics, with Special Reference to Energy Accounts and Balances, A technical report*, New York 1982, において与えられている.
24) これらの発展に照らし, われわれはあらためて SNA の構造がいかに深く統計分類の体系とその開発に関り合っているかを確認することができるであろう.

2.3 の注

25) United Nations, *Towards a System of Social and Demographic Statistics*, Studies in Methods, Series F No. 18, New York 1975. 本文にもあるように本書は国連の委嘱によりストーンによって書かれた. 以下この書物は TSSDS の名称で略称される. TSSDS の詳細については第6章を参照.
26) 教育政策と予測に対する「教育の社会勘定」の応用例は Richard Stone, "Mathematical Models in Educational Planning: A view of the Conference", in his *Mathematical Models of the Economy and Other Essays*, Chapman and Hall Ltd., London 1970, に示されている. また John Vaizey, *The Political Economy of Education*, Duckworth, London 1972, pp. 81-90, にはこのストーンの方法に対する教育経済学者による紹介と論評が与えられている.
27) 社会・人口統計を生活の諸断面に投影する SSDS の構造については後続の第6章を参照. "学習活動"の社会・経済的分析では2つの対立する見解が併存しているように思われる. その第1は, 教育と生涯所得の相関の事実を重視しその因果性の解明に注目するエコノミストの立場であり, 他の1つは学習の社会的効果と学習者の心理的発達過程を重視する社会学者および心理学者の立場である (John Vaizey, *The Political Economy of Education*, p. 49). 学習活動の包括的な分析に必要なデータを収集する立場からすると表2.1の構造はエコノミストの立場にやや偏していると言えよう.
28) Jean Pètre, The Treatment in the National Accounts of Goods and Services for Individual Consumption Produced, Contributed, or Paid by Government, Paper presented at 17th IARIW General Conference, Guvieux, France, 1981. 併せて, United Nations, *Concepts and Methods for Integrating Social and Economic Statistics on Health, Education and Housing, A technical report*, Studies in Methods, Series F No. 40, New York 1986, を参照.
29) "住民の全消費"概念については福祉の集計的測度との関連の観点から第5章で議論されるので詳しくは立入らない.
30) この点に関し透徹した考察を行ったのがライクである (Utz-Peter Reich, "Does

Consumption Entail Income? Implications of the Dual Classification of Consumption Expenditure for the Income Side of the Household Sector in the National Accounts", *Review of Income and Wealth*, Series 33 No. 2, June 1987). ライクは限定された所得のフローに関して定義された(それゆえ SNA が記録の対象とするすべての取引を包含しない)『取引主体/取引』原則に従う限り TCP′ への消費支出概念に見合う所得概念の拡充には難点を伴うことを主張している. 筆者も TCP′ を国民経済計算の体系に完全に接合させることは体系の複雑化を招来すると考えるから, TCP もしくは TCP′ の導入は SNA の補完体系にとどめるべきであると判断する. この限りでライクの主張に同調するが, 前章注 17)で言及したようにライクの『取引主体/取引』原則の定義と SNA への適用には同意しない.

2.4 の注

31) Jean Bénard, *Comptabilité nationale et modèles de politique économique*, Presses universitaires de France, Paris 1972, p. 636. ベナールのこの指摘は重要である. フランスの国民経済計算の体系は 1976 年の SECN において SNA との緊密な結びつきを達成したからである.

32) サテライト勘定のまとまった解説はその開発が比較的最近のことであることもあってあまり多くない. その中でピショーによる解説 (Alan Pichot, *Comptabilité nationale, le nouveaux systèmes français et étrangers*, Dunod, Paris 1979)が簡潔で要を得ている. この節の叙述も上掲書が提供する情報に拠っている. さらに技術的な問題は Maryvonne Lemaire et Jean-Louis Weber, L'expérience française d'extension des comptés nationaux, Paper presented at General Conference of the International Statistical Institute, Madrid, Spain, 1983, で扱われている.

33) フランスにおける教育に関するサテライト勘定の実際の計測例が 1980 年の計数を用いてレメールとペアノによって示されている (Maryvonne Lemaire et Serge Peano, "Le compte satellite de l'éducation", in Edith Archambault et Oleg Arkhipoff, (eds.), *Études de comptabilité nationale*, Economica, Paris 1986). 紙幅の制約のためその詳しい内容に立入って論評する余裕を持っていないが, 表 2.3 の構造に従って計数が示されていること, および教育サービスの社会および消費者の受益の構造を明らかにする趣旨から, 表 2.3 に含まれない non-monetary なデータがつけ加えられていることに注意しておこう.

上に説明したサテライト勘定と「教育の社会勘定」との類似はやや別の観点からレメールによっても注意されている (Maryvonne Lemaire, "Satellite Accounts : A Relevant Framework for Analysis in Social Fields", *Review of Income and Wealth*, Series 33 No. 3, September 1987). レメールは, サテライト勘定の設定が SECN の中心的システムである国民勘定の体系(SCCN)に対して提起する 4 つの問題が, 1)社会

第2章　非市場サービスの生産とその分類

的関心領域の分析にとって取引フローに関する"市場対非市場の2分法"が適切であるか，2)所得の受け手とその受益者が必ずしも対応しない，3)記録の時点にずれが生じる，および4)消費者の支出と消費との間に乖離があることであると言う(M. Lemaire, *op. cit*., p. 313)．所得の移転を介して家計の(可処分)所得とそれの支出の分布と，家計が取得する便益との間に必ずしも直接的な対応が存在しないことが前節の「教育の社会勘定」の設定から導かれる問題点であるが，上記2)はこれを所得の移転から派生する可処分所得の形成の側面から指摘するものである．また4)の指摘は，同じくペトルの構想を継承して，消費者による消費支出と消費から受益する便益との間に発生する対応の欠落を認識している．これらの対応の欠落を現象的に顕示する基盤を提供するのが3)に指摘される記録時点のずれである．

これらの欠落の落ち着く先は，取引フローの記録と評価における"市場的処理"と"非市場的処理"の対比に帰着するとレメールは主張する．それが1)の"市場対非市場の2分法"であって，レメールはこの2分法の発想が社会的関心領域の分析に対する概念的枠組の基礎となることの含意について問うているのである．後続の第10章において立入って検討されるように，サテライト勘定が社会的関心領域の分析に対して持つ独自の役割は別として，SCCNとサテライト勘定の関連づけおよびSECNの中でサテライト勘定が果すべき役割についてはさらに掘り下げた検討が必要であろう．

第3章　帰属サービスの類型と処理

3.1　SNAにおける金融サービスの帰属

　前章で見たように市場で売買されない財・サービスはSNAにおいては「非市場サービス」として一括され，記録の対象となるのであるが，擬制された生産の対象物として国民経済計算の体系に登場する「帰属サービス」も市場で売買の対象とはされない意味では「非市場サービス」の1つの形態と見ることができる．ところで，国民経済計算において擬制された生産の対象物となる「帰属サービス」にもさまざまの形態がある．よく知られている典型の1つが所有者占有住宅に関し擬制されるサービスの生産にかかわる「帰属家賃」である．この場合，生産側で擬制される住宅サービスと，派生的に所得側で擬制されている「帰属家賃」との対応は直接的であるが，「帰属サービス」の擬制において生産側と所得側の対応が必ずしも直接的ではない形態も存在しうる．本章ではそのような事例の典型として銀行および類似の金融仲介機関の「帰属サービス」について考察する[1]．

　周知のように銀行および類似の金融仲介機関によるGDPに対する貢献をどのように表章し，いかに計測すべきであるかは国民所得／国民経済計算の研究の初期段階から遭遇し，認識されていた難問の1つである．この問題の解決をめぐって，これまでさまざまの解決の方法が提案され，また研究が集積されて来た．それらの研究の動向を概観し，その学説的な展望と評価を与えることは国民経済計算の研究にとって注目すべき研究課題ではあるが，その詳細に立入ることは本書のために与えられたスペースの制約を遥かに超える．従って本章では考察の範囲を本書の主題である現行SNAにおける問題の処理とその後における研究の展開に限定しなければならない[2]．

第3章 帰属サービスの類型と処理

　はじめに現行 SNA における銀行および類似の金融仲介機関の「帰属サービス」(以下簡単に金融サービスの帰属と名づける)の処理について要約しておこう．ここで金融サービスの帰属が銀行および類似の金融仲介機関の粗産出の計測のためになされる処理方法であることをあらかじめ確認しておくことが事態の解明を容易にするであろう[3]．

　①　銀行および類似の金融仲介機関の付加価値および営業余剰が常にマイナスとなるような処理方法を採らないが，インテマ＝ストーンの方法における帰属利子の考え方は採用しない[4]．

　②　金融サービスの帰属は銀行および類似の金融仲介機関からの粗産出の本質的部分を構成する．帰属される金融サービスの内容は(これらの金融機関を除く)他の経済主体の貯蓄を"産業"に対する貸付に流し込むための中核的サービスが想定される．

　③　帰属サービス料は，原則として，銀行および類似の金融仲介機関がそれらの保有する預金に基づいて行う貸付およびその他の投資に対して受取る財産所得が支払預金利子を超過する大きさに等しいものとされる．自己資金を投資して受取る財産所得は帰属サービス料の推定額の中には含まれない．しかし実際の推定においては，自己資金による投資からの受取りを含めたすべての財産所得の支払預金利子からの超過分として計測することが必要となる場合も起りうる．

　④　帰属された金融サービスは"産業"の中間消費として処理される．すなわち"産業"が貸付に対して支払う代価は，帰属された金融サービスに対して支払われるサービス料と，資金の使用に対する支払いである「純粋利子」とから構成される．

　⑤　ところが，この帰属サービス料をさまざまの産業の中間消費として配分することは実行が容易でないから，1つの名目産業を考えてそれの中間消費として処理する．

　⑥　この名目産業は所得・支出勘定における部門分割としては金融機関の中に分類される．名目産業で(名目的に)発生するマイナスの付加価値は同額のプ

ラスの金融機関における付加価値によって相殺的にバランスする．

　以上が現行 SNA における金融サービスの帰属に対する処理方法の骨子であるが，この処理方法の特徴を理解するためには以下の若干の注釈が必要であろう．第1,①の前半で述べられていることは，銀行および類似の金融機関の固有の生産活動が(為替関係の手数料や保護預りの例に見られるような)市場向けの財・サービスだけに限定されるものではないことを含意している．従って，銀行および類似の金融機関の生産活動を上述の市場で売買の対象となる財・サービスの供給に限定することによって，これらの金融機関の生産勘定におけるマイナスの付加価値もしくは営業余剰の発生を容認した(現行)SNA のための改訂第1次草案(E/CN 3/320)の立場は必然的に排除されることが帰結される．他方，①の後段は旧(1953)SNA あるいは OEEC の標準体系における金融サービスの帰属の方法からの離脱を鮮明にする．すなわち，旧 SNA ないし OEEC の標準体系が金融サービスの帰属の方法として準拠したインテマ゠ストーンの方法によると金融サービスの帰属は2つの側面から成っている．金融面からする帰属と実物面からする帰属がそれである．まず金融面では，金融機関が預金に基づいて行った貸付およびその他の投資から受取る利子，配当などの財産所得が全額預金者に支払われるべきであるとの前提に立って，銀行が預金者に実際に支払う預金利子に加えて，受取財産所得と支払い預金利子の差額として定義される帰属利子も預金者に支払われるものと考えるのである．この処理に対応して実物面では，金融機関は上述の帰属利子と同額の帰属サービスを生産するものと考えて，預金者はこの帰属された金融サービスの代価として上述の帰属利子相当分を支払っていると擬制する．①の後段の主張するところはこの帰属利子の擬制を排除することによって，インテマ゠ストーンの方法からの訣別を闡明にするのである．

　第2,それにも拘らず現行 SNA は銀行および類似の金融仲介機関の粗産出を金融サービスの帰属に基づいて推計する方法を堅持する．それが②において主張されている．ただし金融サービスの内容がインテマ゠ストーンの方法の場合のように資金の貸し手の立場に立つのとは対蹠的に，②によって現行 SNA

において帰属される金融サービスの内容は資金の借り手に対するサービスを対象とする．③は帰属される金融サービスの範囲を実際に指示する．

　第3，④と⑤は金融サービスの帰属によって導かれる銀行および類似の金融仲介機関の粗産出の販売経路に関する擬制的処理の方法を示している．まず④によって(擬制的に)産出された帰属サービスは名目産業の中間投入として消費される．ここで帰属される金融サービスが名目的な設定であるにしても"産業"に対して供給されるものと擬制されていることに注目すべきである．現行SNA の"産業"の定義に従って，それは居住者としての生産単位に限定されるから，④の主張するところによって帰属された金融サービスが非居住者としての生産単位および"産業"以外の生産者および家計に対して提供される可能性は排除される．また⑤によって帰属された金融サービスが中間投入として"産業"間に配分される可能性もまた排除されることになる．

　第4，インテマ゠ストーンの方法における帰属利子と帰属サービスとを対応させる擬制と比較されるのが⑥の想定である．すなわちインテマ゠ストーンの方法では実物面で擬制される帰属サービスは金融面からの擬制の所産である帰属利子に基づいて預金者によって購入される対応が想定されていた．金融サービスの帰属に伴う実物面の擬制と金融面のそれを突き合わせる発想は現行SNA の場合でも同様である．しかし⑥の想定では両者の対応は名目産業内の生産勘定(実物面)と所得・支出勘定(金融面)との間の付加価値の相殺によって達成されることが規定されているのである．われわれは⑥の想定を通して現行SNA における勘定設計における基本的な視点である"実物と金融の2分法"が金融サービスの帰属にも反映されていることを確認することができよう．

　以上が現行 SNA における金融サービスの帰属に対する処理の概略である．旧 SNA および OEEC の標準体系においても，また現行の SNA においても，推計の方法に相違はあるものの，銀行および類似の金融仲介機関の粗産出を金融サービスの帰属計算に委ねる点で軌を一にするものと言ってよい．それならば，銀行および類似の金融仲介機関の粗産出の計測にとって金融サービスの帰属は本質的かつ不可欠の方法なのであろうか．現行 SNA における金融サービ

スの帰属をめぐり，SNA の改訂に関する検討を契機として，専門家の間からさまざまの批判と改善のための提案が提出されている．以下節を改めてそれらの批判の要点について検討しよう．

3.2 帰属計算に対する批判

前節の叙述からも明らかに帰属計算は擬制された活動を仮構の取引に表章することから組立てられている．とするならば考え方の対極として銀行および類似の金融仲介機関の粗産出の計測をそれらが現実に遂行する営業活動に即し実現される取引を記録する方法と想定することも可能であろう．この考え方に立って現行の SNA における金融サービスの帰属の方法を批判する立場の最近における典型が(カナダ中央統計局の)スンガである[5]．

スンガによる SNA における金融サービスの帰属に対する批判の基調を形成する思想は借入れ資金の使用に対して支払われる利子はサービスに対する対価と考えられなければならないとする主張である．その主張の根拠には生産と最終消費支出の資金調達における借入資金の役割があり，また資金調達に当り資金を借り手から貸し手に流入する仲介者としての金融機関が演じる独自の機能がある．まず借入資金の役割に関連して，スンガは生産活動を投入が産出に交換される単純な物的なプロセスではなく，研究・開発によって開拓される市場，資源の確保と生産手段の進歩，労働の管理と質的向上，製品の流通過程などが織り成すもっと複雑な組織と認識するのである．このような複雑な組織を運営する過程においては，例えば景気の動揺，ストライキ，不足と破局，と言った不確実な環境に曝されている．生産の主体である企業者は不確実な環境に対応し，かつそれを克服するために十分な資本のプールを必要とする．これがためには自己資金のみをもってしては足りず，いきおい企業者は借入資金に依存せざるを得なくなる．事態がそうであるならば，借入資金に対して支払われる利子は営業費用の不可欠部分を構成するものと考えなくてはならないのである．

また金融機関の役割についてスンガは利用可能な資金を結集して，借り手の

第3章 帰属サービスの類型と処理

ニーズに応じて支払期日の調整を行うとともに相応の貸付を行うことがその主要な機能であると言っている．すなわち，金融機関は資金のプールを加工し，これを支払期間の異るさまざまの貸付に変換する機能を果す点において原材料と中間投入を加工し最終生産物に変える製造業の事業所となんら異るところはないのである．金融機関が受取る純利子（貸付利子と預金利子の差額）は現実の営業活動（金融サービス）の代価として認識されなければならない．金融機関の生産活動の成果を金融サービスの帰属によって表章しようとする現行 SNA の処理は以下の2点において反論されねばならない．第1，SNA における金融サービスの帰属は，信用供与の役立ちと，資金の利用可能性と競争的利子によって左右される市場の裁定が結果する現実の利子の支払いと受取りを統計的に仮構にすり替えることに他ならない．第2，現行 SNA においては金融サービスの帰属によってもたらされる資金の借り手である"産業"の付加価値は貸し手の利子所得として移転されるのであるが，利子所得を所得の移転として認定するよりもサービスの代価（利子の支払い）およびサービスからの収入（利子の受取）として認知する方がより直接的であり，一層論理的である．

　利子をサービスの代価とする認識は企業が家計と政府に対して支払う利子の処理に対して重要な帰結を導く．なぜならば，貸し手である家計と政府は金融サービスを提供することによって借り手である企業からその代価として相当する利子を受取るのであるから，家計と政府は利子の受取りと同額の生産活動を営むものと認知しなければならないからである．すなわち家計と政府もまた企業と並列的に生産の主体となりうるのであって，この認識に基づいて国民経済計算の体系としては家計と政府についても生産勘定を設定しなければならない．またこの処理の計数的帰結は付加価値の産業別構成の変動を導くであろう．

　銀行および類似の金融仲介機関の粗産出を金融サービスの帰属ではなく，それがどのように認知されるにもせよ，金融サービスの代価として評価する接近の方法は決してスンガの創案ではない．スペースの制約によって研究の学説史的系譜の細部の詮索に立入ることができない小論の主題からすれば，先覚の業績に対する言及はさしあたりごく粗雑なものに止めざるをえないのであるが，

この発想は古くはスピーグル＝シルバーマンおよびわが国の川口弘により主張されて来たところである．また近くはラグルス夫妻によって試みられた"合衆国の統合経済勘定"の推計作業が拠って立つ方法論もスンガの方法と軌を一にしている．これらの人びとに共通する認識は，銀行および類似の金融仲介機関の生産に対する貢献を正しく評価し，この評価をこれら金融機関の粗産出の推計に直接的に反映させることに向けられる．またこれらの論者が金融機関の機能のポイントを資金の借り手に対するサービスの提供に置くこともスンガの方法と共通する[6]．この見地から川口によって提案された方法は，預金者が銀行に提供するサービスと銀行および類似の金融仲介機関が借り手に提供するサービスとを区別し，従って代価として支払われる利子の二重性を導入するのである．川口は言っている[7]．

> いま預金者が家計で借り手が企業である場合について見れば，家計部門では預金用役を企業に売って預金利子所得を得，銀行部門はこれに基づいて貸付資金用役を生産し，その売上げ金として貸出し利子の支払いを受ける．貸出し利子と預金利子の差額は，帰属と言うような擬制を行うことなく，銀行の生産活動による付加価値分とみなされる．

引用からも明らかに認められるように，川口の方法によれば，預金者が銀行等の金融機関に提供するサービスが要素サービスと考えられているのに対し，銀行が借り手に提供するサービス（貸付資金用役）は非要素サービスと認定されているのであって「利子の二重性」の識別が明らかである．

現に進行中の SNA 改訂作業に少なからぬ影響を与えたラグルス夫妻も「取引主体が現実に行った取引を記録する原則」——ラグルス夫妻によって「取引主体/取引」原則もしくは「取引者アプローチ」と名づけられた接近方法——を忠実に実行する見地から現行 SNA における金融サービスの帰属に対して批判的であって，考え方はスピーグル＝シルバーマンないしスンガの方法の系列に属する．ラグルス夫妻の研究が SNA 改訂に及ぼした影響と貢献に関して後の章で改めて詳しく検討することとして，ここでは金融サービスの帰属に限ってラグルス夫妻の所説を見ておくことにしよう．かりに考察の視野を狭く金融

第3章 帰属サービスの類型と処理　　77

サービスの帰属に限定するとしても参照すべき研究は少なくないのであるが，ここでは現行 SNA のアメリカ版——とくにアメリカ版に強調点を置いて——とも言える"合衆国の統合経済勘定"の推計作業の実際に根ざした研究を参考にしながら考察しておこう．ラグルス夫妻によると，利子の受取りと支払いは非要素サービスの賃貸と類推されると言う．すなわち企業によって受取られる利子はサービスの販売と考えられるであろうし，企業が他の企業に対して支払う利子は中間購入と考えられよう．企業部門によって支払われる利子が同部門により受取られる利子を超過する額は家計によって受取られる利子である．これらの利子に関する取引を源泉別の生産物の測度に変えるためには個人に対する利子所得の支払いに先立って貸付に所要の費用を控除しておくことが必要であろう．ラグルス夫妻の言う「取引主体/取引」原則(もしくは「取引者アプローチ」)に基づくこの利子の処理は当然に発生部門別の粗生産物の構成を変動させるであろう．金融サービスの帰属の方法との対比において，貸し手企業の粗生産物は増加するであろうし，逆に借り手企業の生産物は減少することになろう．以上に見たようにラグルス夫妻も利子を非要素サービスの対価として処理し，金融サービスの帰属計算を排除する点でスンガ，スピーグル＝シルバーマンおよび川口の方法と共通しているが，認識と方法の根拠づけは「取引主体/取引」原則(もしくは「取引者アプローチ」)に求められており，利子の二重性を根拠とする論点は見出されない[8]．

　同じく SNA における金融サービスの帰属計算を批判する見地から，その経済理論的根拠が薄弱であることを分析したのがライムスである[9]．ライムスは国民経済計算における利子の支払いと受取りの処理と，金融機関の産出，中間投入および付加価値の計測方法とはそれぞれ別個の問題として考察されるべきであると言っている．とくに，金融機関の投入と産出の計測には中央銀行もしくは通貨当局の機能の理論的な解明が金融機関の果す2つの主要な機能に照らして決定的な要因となる．金融機関の2つの主要な機能とは，法定通貨と当該金融機関の主たる債務が取引と交換のサービスのための法定通貨の代替物であることを保証する多様な小切手振出し特権を提供する銀行機能と，家計・企業

および政府から提供される貨幣を集積して異る家計・企業および家計にさまざまの形で貸付を行うポートフォリオないし仲介機能である．さて上述の金融機関の機能を念頭に置いた上で金融機関が金融サービスの帰属に直面する問題状況——これをライムスは銀行問題(banking problem)と名づけている——が発生するのは純粋な"ポートフォリオ"サービスを提供する金融機関の債務が単に富もしくは延べ払いの保蔵手段としてだけでなく交換手段としても機能しはじめるような事態である．その時の問題とは，要するに，一方において純粋に"銀行"機能を業務とする金融機関がそれの債務の保有者に対し利子を支払わない事態，逆にそれが提供する"銀行"業務に対しサービスの費用を課さない事実をいかに説明するかと言うこと．他方において純粋に"ポートフォリオ"の管理を業務とする金融機関がそれの債務の保有者に対して利子を支払い，またこの"ポートフォリオ"サービスに対して費用を課する理由はなにかと言うことである．ライムスによるとその理由と説明の根底には中央銀行もしくは通貨当局の機能の理論的解明が深くかかわっている．周知のように"中央銀行/通貨当局"の金融調節の機能とメカニズムについてケインジアンと新古典派との間には金融調節の変動と波及の影響と経路において対立する仮説が併存している．従って"中央銀行/通貨当局"の機能に関しライムスによって提示される理論的解明もケインジアンと新古典派の2つの場合が想定されている．

　新古典派の接近から始めよう．新古典派の理論においても金融機関はそれの債務，預金および株式を保有する個人と組織に対して"銀行"と"ポートフォリオ"の双方の業務を競争的に供給するものと想定されているが，さし当りライムスが注目するのはこの2つの中の"銀行"業務である．ここで金融機関は法定通貨もしくは通貨当局への(全部もしくはほとんど利子を生まない)預入金の形で準備金を持つことが要求されるものと仮定される．金融機関は準備金を除くその他の資産に対する現行の競争的実質収益率を稼得し，預金に対してはサービス費用を課するとともに預金利子を支払う．ここで単純化のために，金融機関の準備金と実物資本の価値額がそれの正味資産に等しく，貸し出し額は預金額に等しいものとしよう．もし預金利子率が貸し出しから稼得される競争

的収益率に等しいならば，預金者が銀行預金を保有することに対して課されるサービス費用は銀行業務を提供することに要する費用を回収するのに十分であろう．いま，金融機関が通貨当局の中に保有する準備金に対する利子率が（借り手が金融機関に支払う競争的収益率よりも低率ではあるにしても）増加したとしよう．金融機関の間では準備金を目当ての競争が激化する．ところが金融機関に割り当てられる準備金の量は通貨当局によって決定されるから，金融機関の保有する預金量との関係で弾力的には増加しない．にも拘らず金融機関は保有する預金量を増加させて，準備金を積み増ししようとするから，預金利子率が上昇する．預金利子率の上昇によって金融機関が提供する銀行業務は預金者にとって一層魅力のあるものとなる．また預金者の側では，銀行業務に対する需要の増加が銀行預金を保有することに対する需要の増加の形をとって現われることになる．金融機関における預金者の預金増加を通して提供される銀行業務の価格を預金者がつり上げる結果，預金と結びついているサービス費用も上昇することになるであろう．もし問題の銀行サービスが，一般に，実物的な財市場の一部であるとするならば，銀行業務は財市場の超過供給の一部となって銀行預金に対する超過需要を見合うのであるが，銀行業務に関するサービス費用は利子率の上昇と同じ大きさでは上昇しない．つまり，金融機関の預金と準備金に対する名目的な収益率の上昇は一般物価水準がより低い水準にとどまることによって相殺され，これらの限界実質利回りは減少していることになる．金融機関の預金と準備金に関するポートフォリオ均衡は[10]，

① 銀行準備金に対する純実質限界収益率が（準備金サービスのコストならびに予想インフレ率の調整を行った後の）銀行準備金の実質価値に関する限界実質純利回りに等しいこと，

② 銀行預金に対する純実質限界収益率が（預金サービスのコストならびに予想インフレ率の調整を行った後の）実質銀行預金に関する限界実質純利回りに等しいこと，

によって達成される．なおここで銀行準備金の実質価値に関する限界実質粗利回りは銀行準備金の実質価値と資本ストックの関数，また実質銀行預金に関す

る限界実質粗利回りは実質銀行預金と資本ストックの関数であると仮定する．また一時的均衡においては①と②から導かれる銀行準備金に対する純実質限界収益率と銀行預金に対する純実質限界収益率は等しく，かつまた両者は貸付によって稼得される競争的実質収益率に等しい．新古典派の貨幣理論によると予想インフレ率は所与の実質成長率のもとで金融機関の名目準備金の比例的な増加率によって決定される．また通貨当局は準備金の利子とコストを先決することができるものと想定しうる．従って，所期条件として名目準備金を所定の水準に先決することによって，予想インフレ率および準備金の利子とコストをゼロと想定することが可能であろう．この想定のもとではさきの①と②の均衡条件は，

③ 銀行準備金に対する純実質限界収益率が銀行準備金実質価値に関する限界実質粗利回りに等しいこと，

④ 銀行預金に対する純実質限界収益率が(預金サービスのコストの調整を行った後の)実質銀行預金に関する限界実質利回りに等しいこと，

と書き換えることができよう．なおここで金融サービスの帰属問題は④の均衡条件をめぐる金融機関の行動にかかわっていることに注意しておこう．

いま④に注目して銀行預金に対する純限界収益率が預金利子を上まわるものと想定しよう．すなわち金融機関による受取利子が支払利子よりも大きい状況である．当然に実質銀行預金に関する限界実質粗利回りは預金コストより大きい．換言すれば金融サービスに関する単位費用が当該サービスに対して課しているコストを上まわっている．いわゆる金融サービスの帰属が問題——ライムスの言う"銀行問題"——とされるのはそのような状況なのである．ここで事態を決定づけているのは銀行預金に対する限界収益率，預金利子およびそれのサービス・コストの相互関係であるが，この相互関係は3つの変数の間で独立的に決定されるのではなく限界実質利回りを左右する一般物価水準の決定によって制約されていることを注意しておくべきであろう．すなわち，国民経済計算における金融サービスの帰属問題の本質を解き明かすためには銀行預金に対する限界収益率，預金利子とサービスのコストの相互関係，ならびにそれらと

一般物価水準とのかかわりに関する伝統的な貨幣理論による説明が与えられなくてはならないのである.

ところで新古典派の貨幣理論によると,金融機関の間の競争の結果として銀行預金に関する限界実質利回りが預金サービスのコストと等しくなるような状況,従って銀行預金に対する純限界収益率が預金利子と等しくなるような事態を招来するであろう.そのような状況では金融サービスの帰属は必要ではない.にも拘らず金融サービスの帰属を行うと言う事実は貨幣当局が競争的な金融組織に対してある意味の課税を行っているためと理解せねばならない.つまり,金融機関は通貨当局によって利子を生まない預金の形で現金準備金を持つことが法的に要求される.その結果,

（i） 預金利子は貸付利子を下まわる,

（ii） 銀行預金との比率として表わされたサービス費用は銀行預金に関する限界実質粗利回りを下まわり,かつまた当該サービスの単位費用を下まわる,

状況が設定されることになる.すなわち"銀行問題"の発生である.これを別の面から見るならば,通貨当局が新古典派の貨幣理論の教える最適な貨幣政策を一貫して追い求めることに"失敗"したことの結果が金融サービスの帰属を招いているとも言えよう.だとすれば金融サービスの帰属を必要とする理論的根拠はすでに失われていると言わざるをえない.

新古典派と対立するケインジアンの立場は均衡が必ずしも完全雇用を達成しないことをエッセンスとしているが,この立場を貨幣の側面に拡大するならば貨幣経済が安定性を必ずしも保証する可能性を持つものではないとの主張につながる.すなわち,貨幣および金融理論における新古典派とケインジアンとの対立は前者が不安定性の可能性を否定するのに対し,ケインジアンは安定化政策における鞍点均衡が潜在的に不安定性を持つことを認め,従って貨幣当局による裁量的行動の必要を強調することに要約されよう.前にも述べたように,新古典派の主張するところによれば,通貨当局が銀行準備金に対する実質限界収益率に等しい準備金利子を支払うことができないため銀行準備金に関する限

界実質利回りがサービス費用を上まわることになって，いわゆる"銀行問題"が発生すると説く。"銀行問題"が発生する状況は通貨当局が最適な貨幣政策を一貫して遂行しえなかったことの結果と代償に他ならないのである．これに対して，ケインジアンは貨幣経済の安定性をもたらすことが通貨当局にとって銀行準備金に対するサービス費用によって評価ができるような価値を持つしろものとは考えない．むしろケインジアンの観点からすれば準備金の限界純実質利回りは常に正なのである．すなわち貨幣経済の安定性を維持することは一種の公共財を提供することにほかならないのである．その結果，前述したポートフォリオ均衡の条件①との比較において，準備金に対する利子率は常にそれに対する実質限界純収益率を下まわっていることになる．そのようなケインジアンの状況のもとでは"銀行問題"の存在がむしろ常態である．金融機関は準備金の保有を義務づけられることによって通貨当局の代行者であるがゆえに，国民経済計算にとって周知のこの状況に対し，考察を金融活動によって発生する所得の計測へと導くことになる．

　金融サービスの帰属をめぐって通貨当局と金融機関の機能とそれらの貨幣経済理論的基礎を問う以上のライムスの考察は，新古典派とケインジアンのそれぞれの接近方法を対比させることによって，金融サービスの帰属に対する新たな視点が存在することを示唆している．すなわち，金融サービスの帰属に対する新古典派の立場は通貨当局が最適な貨幣政策を達成することに失敗したことの代償として認知されるのに過ぎない．これに対立するケインジアンの立場は金融サービスの帰属を必要とする状況がむしろ通貨当局の裁量的政策の結果であって，それによってもたらされる貨幣経済の安定性は一種の公共財の供給とみなされる．このようにケインジアンの貨幣経済理論はいわゆる"銀行問題"に対して金融サービスの供給を公共財として認知し，それの評価方法を問う新たな接近方法への途を拓いたと言うことができよう．国民経済計算の分野においても金融サービスを公共財の供給と考え，この観点に立って金融機関の産出の計測に対する接近を提案する試みが存在する．この試みの典型はヘイグに代表されているが，わが国にあっても作間逸雄によって同様の構想が早くから展

開されている．以下これらの試みについてそのあらましを見ておくことにしよう．

「集計産出高に対する銀行企業の貢献を評価する問題の核心は典型的な銀行のサービスが取引先に対し明瞭に認知しうる市場価格のもとで売買されていない事実の中に見出される」とヘイグは指摘する[11]．この認識に基づいてヘイグは金融機関の提供するサービスが公共の便益にかかわる公共財として認知され，かつまたその評価はコストに依存せざるを得ないため，その限りにおいて，任意の評価とならざるを得ないと考える．ここでヘイグが金融機関の提供するサービスを公共の便益にかかわる公共財として認知することはそのサービスの見合いとなる利子の取扱いに関し2つの論点を含んでいる．その第1は，金融機関の提供するサービスが授益する範囲を広く公共の便益に開放し，対照的にそれを特定のグループないし取引の範囲に限定していないことである．ヘイグは前者を"政府モデル"と呼んで，後者の"非営利モデル"と名づけるものと区別している．両者の分類はSNAにおける"政府サービスの生産者"が提供するサービスと"民間非営利サービスの生産者"が提供するサービスの範囲にそれぞれ類推することができよう．その第2は，金融機関が提供するサービスが公共財として認知されることの当然の推論としてサービスの提供に見合う利子をサービスの代価（コスト）あるいは要素所得と考えることはできないこと，従って所得の移転と考えなければならないことが導かれる．

ヘイグの認識と推論の特徴はこれらをオーストラリアにおける国民経済計算体系の変遷と，とくに1970年代から1980年代に発生した金融経済の構造の変化の現実に照らして議論の徹底を図っているところにある．とりわけヘイグは金融サービスを公共財とする認識に対するブラウンの初期的貢献の重要性を強調するのであるが，その後のオーストラリアにおける国民経済計算の体系の変遷を含めて，それらをさし当り当面の考察の外に置くことができよう．むしろ金融サービスの機能と利子の認識にとって1970年代より1980年代にかけて発生したオーストラリアにおける金融経済の構造変化が重要な意味を持っている．まず第1に，小切手の振出しと支払いを主たる業務とする商業銀行(trading banks)の重要性が純管理費用の構成比に照らして低落していることが確められる．これに対して消費者信用を目的とする金融会社(finance companies)と法人資金を原資として証券の売買と金融取引に関する情報提供を業務とするマーチャント・バンクが占める構成比はほぼ一定している．商業銀行の占めるウェイトの低落を補っているのが"その他の金融仲介機関"であって，これらは住宅金融組合(building societies)と信用組合(credit union)から成る．これらの金融仲介機関の預金は当座が主体で，利子率は低い．オーストラリアにおける以上の金融構造の変化は銀行が単純に預金を受入れ，貸付けを行う組織ではないことを示唆する．銀行はその費用の一部を特定の利用者のグループに割りつけることができるであろうが，大部分はそのようなやり方で特定のグループの利用者を確定することはできないのである．この事実は一般に個々の金融機関の正確な機能に関する詳細な分析を徹底するのでなければこれら金融機関のコストを利用者に配分することが極端に困難であることを示唆するものと言えよう．

　第2に，ヘイグは上述の金融機関の形態別に管理費用対利子の比率を比較して，利子率の差が管理費用の差によって説明できるかどうかと言う仮説の検討を行っている．もし管理費用が貸付け先に起因するとするならば管理費用を差引いた利子の散らばりは差引き前のそれと比較して減少するであろう．また，同様に，もし管理費用が借入れ先に対して便益を提供するとするならば管理費用を上乗せした利子の散らばりは上乗せ前のそれと比較して減少するものと期待してよいであろう．がヘイグが提示するオーストラリアのデータによると，利子に管理費用の調整（差引きもしくは上乗せ）を行った数値に関する変動係数が利子そのものの変動係数よりも大きいと言う結果が得られている．すなわち，利子率の差が管理費用の差によって説明しうると言う仮説は支持されないと言うことになる．

　類似の考え方を1968 SNAの解釈に即して展開したのが作間である．作間は言っている[12]．

　　新（1968――筆者注記）SNAでは，財産所得のフローを，（双務的な契約内容をもった，その意味で反対給付のある）経常移転と見ているから，政府

サービスのフローが，（反対給付のない）経常移転によってファイナンスされるのと同様に，帰属された銀行サービスのフローが，経常移転によってファイナンスされると見ることは正当であろう．……このフローは多分に公共財的性格を持っている．なぜならば，帰属サービスの内容規定にもかかわるが，……預金によって獲得した資金を産業間に配分するサービスは必ずしも，資金配分を受けた産業だけが提供されたと見る必然性はないからである．利子が資源配分に果している積極的な役割はよく知られたものだが，価格機構の機能に費用がかかるのと同様に，銀行サービスの機能にも費用がかかるのである．この費用を負担するのは，実際に資金配分を受けた産業であるとしても，その負担はサービスに対する支払のかたちをとるものではなく，移転支払のかたちをとるのだから，住民の全体に便益を与える政府サービスが，住民の一部分への租税によってファイナンスされる可能性があるのと同様と考えればよいであろう．つまり，銀行サービスは公共財的性格をもち，しかも，新 SNA ではその性格を産業の中間消費とみなしていると考えるのである．

引用により作間の主張するところはおのずから明らかであろう．すなわち利子をその一部として含む財産所得が経常移転として特徴づけられていることに注目して，帰属の対象となる金融サービスも経常移転によってファイナンスされたと考え，このサービスの性格を同じく住民の全体に便益をもたらす政府サービスと類推するのである．また作間がこの金融サービスを産業の中間消費と考える場合，ヘイグの以下の指摘が対応して想起されよう[13]．

銀行サービスの価値を帰属すると言うことは政府が提供するサービスの価値を帰属することと同じように誤解を招きやすいものなのである．がいずれにしても，政府の産出と金融サービスの評価が任意的な性質を持つことを承知した上で，両者を同様に扱うなんらかの理由がある．

3.3 国連統計局の改訂案とその評価

　金融サービスの帰属に対するこれらの批判を承けて，国連統計局は1984年5月パリで開催されたOECDの国民経済計算作業部会において金融サービスの帰属をめぐる現行SNAの処理を改善するための新たな方法を提案した[14]．さらに国連統計局は1986年5月開催の同じくOECDの国民経済計算作業部会にこの改訂案に若干の修正を行う提案を行っている．ここでは1984年の国連統計局による改訂案を俎上に金融サービスの帰属をめぐる新たな展開を検討することにしよう．この改訂案において注目すべき論点は3つある．すなわち，1)帰属すべき金融サービスの対象と範囲に関する問題，2)帰属サービスの配分に関する問題，3)帰属された金融サービスに見合う利子の性質と記録をめぐる問題がそれである．これらの論点が明らかに示すように国連統計局の提案は現行SNAにおける金融サービスの帰属を基本的な思考として受入れた上で，これの改善の方法を提案するものであって，例えばスンガおよびラグルス夫妻が唱えるように，利子を(非要素サービスとしての)金融サービスの供給に対する対価と認知し，金融サービスの帰属を排除する立場に同調するものではないことを注意しておかなければならない．

　まず1)の論点に関して，国連統計局の改訂案は，銀行および金融仲介機関における帰属金融サービスの必要(3.1の①と②を参照)を是認した上で，これらの金融機関の(株式を含む)あらゆる負債に基づいてなされる貸付けからの財産所得と(これらの金融機関の固定資産とその他の資産の資金調達のために用いられた借入資金に対し支払われた利子を除く)借入れ金に対する利子の支払額との差をもって金融サービスの帰属を行うことを提案している．ただし例外的な金融機関(銀行持株会社，中央銀行など)の金融サービスについては費用に基づいて金融サービスの帰属を行う特例を認める．また利子を低水準に維持するため政府が金融機関に交付金を供与する場合，これらの交付金は補助金として扱われる．

第3章 帰属サービスの類型と処理　　87

　また2)の論点に関して，帰属された金融サービスはそれを利用すると考えられる産業および最終的な消費者に配分されるものと考える．すなわち，産業によって吸収される帰属金融サービスは産業の中間消費として記録され，一方家計，政府および外国のそれぞれによって利用される帰属金融サービスはそれぞれ家計消費支出，政府消費支出，サービスの輸出もしくは輸入として記録される．産業および最終消費者に対する帰属金融サービスの配分は銀行貸付け残高プラス預金残高の構成比に基づいて行う．この配分原則は資金の貸し手と借り手がともに等しく金融サービスの利用者であると言う考え方に基づいている．この処理方法によると，GDPは現行SNAの処理と比較して(家計，政府および外国に対する)最終消費支出相当部分だけ増加することになるから，他の条件が変わらないと，この変動は金融機関における同額の貯蓄の増加に反映されることになる．この貯蓄への影響の波及を避けるため，金融サービスの帰属額に見合って金融機関はそれの利用者に対して帰属利子を支払うものと考える．

　上記1)と2)の論点に関する国連統計局の提案から3)の論点に関する以下の帰結が導かれる．すなわち，金融機関の貸付けに対し借り手が支払う利子は，①純粋利子(pure interest)と，②金融サービスに対する支払いとから構成される．純粋利子とは貯蓄の主体がその消費を抑制することを促すために支払われるべき対価である．また金融サービスに対する支払いは異った場所また異った時点で積立てられた少額の貯蓄を集積して，これを借り手が必要とする場所と要求する時点において所要の資金に変えることに対し金融機関が借り手に負荷する手数料と定義することができよう．金融機関が現実に授受する貸付利子および預金利子と①および②との関係は，例えば次ページのように図示することができよう．

　1986年5月に開催されたOECDの国民経済計算作業部会において国連統計局は上述の改訂案の基本的骨格を維持したまま，これに若干の修正を施した提案を行った[15]．修正の要点は金融機関が金融サービスの帰属と見合いで利用者に対して支払うものと擬制された帰属利子の反対記入を廃止することである．改訂案がこの反対記入を導入する趣旨は金融サービスの帰属とそれを利用者へ

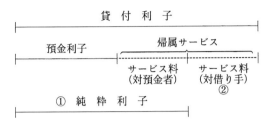

配分することの結果として金融機関と金融サービスを消費する部門の所得・支出勘定の記入項目に著しい変動を与えることを避けるためである．従って，この反対記入を廃止することに代えて，金融サービスの帰属に関係する部門の所得・支出勘定は純粋利子のみを記録することに修正された．すなわち，これを金融機関の所得支出勘定について考えると，所得の受取り側は貸付利子から帰属サービスの借り手に帰属するサービス部分を差引いた額が記録され，これが支払い側の預金利子に帰属サービスの預金者に帰属するサービスを加算した額を記入することで見合いとなって，貯蓄額を動かさない結果をもたらすのである．帰属利子の反対記入に代えて純粋利子を記録の対象とするこの修正は，利子が財産所得の一形態であり，かつ財産所得が「1つの経済主体が別の経済主体が所有する金融資産，土地，無形資産を使用することからもたらされる現実のもしくは帰属された所得の移転」(SNA, para. 7.46)に他ならないことを想起するならば，純粋利子による表章が所得の移転としての財産所得の本質を一層的確に表現しえていると言うことができよう．

それゆえ国連統計局の改訂案の核心は，金融サービスの帰属の対となる純粋利子の性格をどう規定するか，および金融サービスの帰属計算に対応して純粋利子を分離，抽出することが実行可能であるかの2点に絞られるであろう．金融サービスの一般的な考察とのかかわりで純粋利子の機能を分離することを試みたのがママラキスの研究である[16]．ママラキスが提唱する方法は自身によって"個別化による接近"(the unbundled approach)と名づけられている．"個別化による接近"は"一括的接近"(the bundle approach)との対比で提案されたもので，ママラキスによると，"一括的接近"には2つの形態があると言う．

その1つは伝統的方法と名づけられるもので現行 SNA によって代表される．すなわち，あらゆる利子を所得の移転として一括する方法である．他の1つは代替的方法と名づけられ，スンガおよびラグルス夫妻らによって代表される．この方法によると利子は一括して商品タイプの，従って非要素サービスの，提供に対する代価とみなされる．これらの"一括的接近"と対比される"個別化による接近"では利子を一括的に所得の移転としても，また非要素サービスの提供に対する代価とも見ない．むしろ利子を非要素サービスのみならず要素サービスに対する代価をも含め，かつまた所得の移転を抱含する複合的なバスケットとして性格づけるのである．つまり利子の本質と機能を明らかにするためには，利子のバスケットを構成する3つの構成要素が国民勘定の記入項目の推計に対しどのように貢献しているかを個別的に洗い直していかなければならない．例えば，純粋利子は当該の金融資本を使用する部門の付加価値を構成するが，非要素サービスを反映するグロスの利子部分は中間投入の一部を構成するがゆえに付加価値とはなりえないからである．

　ママラキスによると，純粋利子とは家計，企業および政府などの貯蓄の主体が金融資産を借り手である銀行および他の金融仲介機関，家計，企業および政府にその使用を移し変えることに対する対価であると定義される．従って，SNA の叙述(SNA, paras. 7.46, 7.48)との比較において，"利子率"の用語は金融資本を所有し，それを貸出すことから発生する所得を表現することに限定されるべきであると主張される．"利子"は財産が金融資本である場合の財産所得である．すなわち，借り手は金融資本を利用しうることに対し貯蓄の主体に利子を支払うのである．しかし，金融資本の使用に対する代価として定義される利子は借入れ費用ではない．借り手は銀行およびその他の仲介機関が提供する(非要素)金融サービスに対して別に代価を支払うからである．

　現行 SNA が採用する金融サービスの帰属の推計は金融部門において発生する所得を将来の損失に対する準備金に等しい額だけ過大評価しているとママラキスは指摘している．将来の損失に対する準備金は，ママラキスの"個別化による接近"の分類に従うならば，"(一方的な)所得の移転"の範疇に格付けさ

れるべき項目であって，上述の金融仲介機関による付加価値の形成には貢献していない．こうした細部に関する問題点の指摘を別にするならば，ママラキスによる金融仲介機関が提供する(非要素)サービスの類型をめぐる詳細な分析は，これまで述べて来た国連統計局による改訂案の趣旨を充実し，補充することに役立ちうることはありえても，改訂案の骨子に根本的な変更を迫る提案とは考え難い．また，国連当局の改訂案が金融サービスの帰属において資金の貸し手と借り手の双方に対するサービスの提供を想定しているのと比較すると，ママラキスの視点は資金の借り手との関係に偏しているように思われる[17]．

3.4　帰属サービスの計測とその比較

　前節までに金融サービスの帰属に対する現行 SNA の処理と，これをめぐって展開された主要な提案と見解を比較し，国連統計局による改訂案に導かれる経過を説明して来た．これらのさまざまの処理方法が金融仲介機関の産出，付加価値，貯蓄などの推計値にどのような影響をもたらすのか．またこれらの方法を採用することによって GDP とその産業別構成などのマクロ集計量に対してどのような変動を与えるかを具体的な計測例に即して見ておくことにしよう．前節までに見て来た金融サービスの帰属をめぐるさまざまの提案を実際の計測の数値例に即して比較するためには推計過程で必要な詳細なデータに関するアクセスを必要とするであろう．事実わが国の国民経済計算の公表統計のみでは金融サービスの帰属の実態を比較するのに十分な詳細の情報が与えられていない．幸に 1988 年 3 月 "SNA 作業グループ"(「国民経済計算に関する国際機関間作業グループ」)——詳しくは第 10 章(246 ページ以下)を参照——の主催で持たれた SNA 改訂のための「投入産出表と生産勘定に関する専門家会議」のための討議資料として前述した金融サービスの帰属をめぐる主要な提案を西ドイツの国民経済計算の計数に即して比較する論文が西ドイツの連邦統計局によって準備された[18]．われわれはこの計測例の比較数字を用いることによって，枝葉にわたる推計過程の詳細に立入ることなく，さまざまの提案が国民経済計

第3章 帰属サービスの類型と処理

算のマクロ推計量の計測の実態に及ぼす含意の実際を比較することができよう．比較の対象としては大別して2つのグループに分割しうる6つの方法が選択されている．第1のグループに属するのは金融サービスの帰属に関する既存の方法であって，1) 現行 SNA の方法と，2) OEEC の標準体系 1958 年版において採用された方法とによって代表されている．

ここで詳細な議論に立入る余裕はないのであるが，現行 SNA と並んでOEEC の刊行になる国民経済計算の標準体系 1958 年版の方法がなぜ比較の対象とされているかについては若干の補足が必要であろう．OEEC の標準体系は OEEC (当時) 加盟諸国の国民経済計算の開発を促進することを目的として，その統一基準を提供するためその 1952 年版として最初制定された．その開発の中心となったのがストーンである．さらにストーンの指導のもとで OEEC の中に"国民経済計算研究ユニット"が設けられ，1950 年代におけるヨーロッパにおける国民経済計算の研究開発の中心となった．これらの研究の成果を承け，かつ当時の関連体系を代表する国際機関における専門家との協議の後完成を見たのがここで言及している OEEC の標準体系 1958 年版にほかならない[19]．なおこの改訂作業の実行の中心となったのがスツーフェルであったことも記憶されてよいことであろう．OEEC の標準体系 1958 年版は 1950 年代における国民経済計算の体系の最も完成された姿である．これを旧 SNA と比較すると，体系の設計において一層簡素であり，かつまた「国民」概念で統一された構造が美しい．金融サービスの帰属に関してもスツーフェルの透徹した洞察と造詣に裏打ちされた方法が展開されており，現行 SNA に先行する国民経済計算体系における金融サービスの帰属を代表させるのに最もふさわしいからである[20]．のみならず，金融サービスの帰属に関して現行 SNA の方法の改善を提案する国連統計局の改訂案は部分的に OEEC のこの標準体系が採用する方法に影響を受けたとも言いうる．ちなみに，この OEEC の標準体系 1958 年版はわが国の現行の国民経済計算が 1978 年に導入されるに至るまで 1962 年以降ほぼ 15 年あまりそれに先行する体系の基礎に置かれていたことも特記しておくに値することがらであろう[21]．

第2のグループは現行SNAの方法を批判する立場を含めて現行SNAの方法の改善を提案する4つの方法,すなわち3)国連統計局の改訂案,4)スンガの方法,5)ヘイグの方法,6)ライムスの方法,が含められている.そこで前置きはこの程度に止めて,これら金融サービスの帰属をめぐるさまざまの方法と提案が金融仲介機関の産出と付加価値,ならびに関連する所得と支出の取引の推計の実際にどのような効果をもたらすかを見て行くことにしよう.

表3.1は金融サービスの帰属に関するこれらのさまざまの方法が金融仲介機関の産出と付加価値の推計の実際に及ぼす影響を表示したものである.この表において注目すべきポイントは3つある.すなわち,

① 粗産出の形成過程,
② 付加価値に及ぼす影響,
③ 営業余剰の誘導,

がそれである.①の粗産出の形成過程を決定づける要因は金融サービスの帰属である.前節までに議論したように,第2のグループに属する提案の中でスンガの方法は金融サービスを商品タイプの(非要素)サービスと考え,市場を介して実現される取引過程の中で考える.これに対してライムスの方法は金融サービスの帰属を全く認めない立場である.ヘイグは金融サービスの提供を公共財の供給と考えるから,産出は投入の合計として費用面から計測されることに注意しておこう.国連当局の改訂案を含め現行のSNAおよびOEEC 1958年版の方法はいずれも金融サービスの帰属を認める立場において共通している.粗産出の大きさはそれぞれの接近方法の相違を忠実に反映している.現行SNAとOEEC 1958年版および国連統計局の改訂案はこの段階では粗産出の誘導に相違は見られない.予想されるように粗産出の大きさはスンガの方法が最高で$(255.1\times10^9 \text{DM})$,ライムスの方法による推計値が最低$(20.8\times10^9\text{DM})$となっている.②の付加価値の推計では中間購入の大きさが結果を決定的に左右する.スンガの方法は商品タイプの金融サービスの生産を記録する立場であるから対応する中間購入が他の方法と比較して著しく大きい.この結果,付加価値の大きさは伝統的な帰属計算によって誘導される3つの方法(現行SNA, OEEC

表3.1 金融仲介機関の産出，付加価値，営業余剰：西ドイツ 1984年(単位：10億DM)

	現行SNA	OEEC (1958)	UNSO	スンガ	ヘイグ	ライムス
財の販売(仲介料，手数料を含む)	20.8	20.8	20.8	20.8	20.8	20.8
利子の受取り(サービス費用)	−	−	−	234.2	−	−
帰属金融サービス	84.1	84.1	84.1	−	42.7	−
(内訳) 受取り利子	234.2	234.2	234.2	−	−	−
他の財産所得	2.5	2.5	2.5	−	−	−
(控除) 支払い利子	152.6	152.6	152.6	−	−	−
粗産出	104.9	104.9	104.9	255.1	63.5	20.8
(控除) 中間消費支出	26.1	26.1	26.1	178.7	26.1	26.1
粗付加価値	78.8	78.8	78.8	76.3	37.4	−5.3
(控除) 固定資本消費	3.0	3.0	3.0	3.0	3.0	3.0
純付加価値	75.8	75.8	75.8	73.3	34.4	−8.3
(控除) 生産に直結する税	4.8	4.8	4.8	4.8	4.8	4.8
被用者報酬	29.6	29.6	29.6	29.6	29.6	29.6
純営業余剰	41.4	41.4	41.4	38.9	0	−42.7
(調整項目) 帰属金融サービス	−84.1	−	−	−	−	−
(調整後の) 純営業余剰	−42.7	41.4	41.4	38.9	0	−42.7

(出処) FRG Statistisches Bundesamt, [Jan. 1988].

表3.2 金融仲介機関の所得・支出取引：西ドイツ 1984年(単位：10億DM)

	現行SNA	OEEC (1958)	UNSO	スンガ	ヘイグ	ライムス
純営業余剰	−42.7	41.4	41.4	38.9	0	−42.7
財産所得の受取り	238.0	238.0	195.8	3.8	238.0	238.0
(内訳) 利子	234.2	234.2	192.0	−	234.2	234.2
他の財産所得	3.8	3.8	3.8	3.8	3.8	3.8
(控除) 財産所得の支払い	167.4	251.5	209.3	14.8	167.4	167.4
(内訳) 利子	152.6	152.6	194.5	−	152.6	152.6
他の財産所得	14.8	14.8	14.8	14.8	14.8	14.8
帰属利子	−	84.1	−	−	−	−
移転の受取り	1.8	1.8	1.8	1.8	1.8	1.8
(控除) 移転の支払い	9.8	9.8	9.8	9.8	9.8	9.8
可処分所得	19.9	19.9	19.9	19.9	62.6	19.9
金融仲介機関の消費支出	−	−	−	−	42.7	−
貯蓄	19.9	19.9	19.9	19.9	19.9	19.9

(出処) 表3.1参照.

1958年版および国連統計局の改訂案)による推計値が最高であり，僅差でスンガの方法による推計値がこれに次ぎ，ライムスの方法による推計値が最低となる．ここでライムスの方法から誘導された付加価値の推計値がマイナスを記録していることは注目されてよい．この事実は旧SNAから現行SNAへの改訂作業の進行過程で早くから注意された事実だからである．推論の根拠は根本的に相違しているとは言うもののストーンもまた現行SNAを導くための改訂草案(E/CN 3/320)の中でこの可能性を正しく予想している．③の営業余剰の誘導との関連では，現行SNAにおける帰属金融サービスが産業の中間消費として配分される事実に注目せねばならない．営業余剰の段階で帰属金融サービスの相当額の調整を行うと，調整後の純営業余剰はライムスの方法から導かれるのと同じくマイナスに転じる．

表3.2は金融仲介機関の所得支出勘定に関連する取引を要約している．眼目は金融仲介機関の可処分所得と派生する貯蓄の誘導である．まず可処分所得の誘導では財産所得を動かす利子の受取りと支払いの処理方法の相違に注目すべきである．ここで，現行SNA，ヘイグおよびライムスのそれぞれの方法では現実の取引が記録されるのに対して，他の方法を採用する場合にはなんらかの補正的な考慮が付加されている．すなわち，OEEC 1958年版の方法を採用すると利子の支払い側では帰属金融サービスとの見合いで同額の帰属利子が計上される．国連統計局の改訂案の方法によれば，帰属金融サービスは借り手と預金者の双方に配分されるから，その結果記録される取引は現実の取引と比較して銀行からの借り手については低く，預金者に対しては高くなる．スンガの場合利子は商品タイプのサービスの代価と認識されているから，所得の移転としての処理はなされない．結果する可処分所得はヘイグの方法から導かれる数値を除いては同一となる．しかし，ヘイグの方法によると，金融機関は公共財の供給の主体とみなされているから，表3.1で記録された帰属金融サービスの供給に見合う金融機関の消費が可処分所得から差引かれることによって派生する貯蓄の大きさは他の方法から導かれるものと同一になる．

表3.3は前の2表から誘導された金融機関による金融サービスの帰属と関連

表 3.3 GDP および関連マクロ集計量に及ぼす影響：西ドイツ 1984 年(単位：10億DM)

			現行 SNA	OEEC (1958)	UNSO	スンガ	ヘイグ	ライムス
GDP			1755.8	1809.6	1794.1	1834.0	1798.5	1755.8
(現行 SNA = 100 とする指数)				(103.1)	(102.2)	(104.5)	(102.4)	(100.0)
	最終消費支出		1339.7	1393.5	1378.0	1409.2	1382.4	1339.7
	(現行 SNA = 100 とする指数)			(104.0)	(102.9)	(105.2)	(103.2)	(100.0)
(内訳)	(内訳)	家計の最終支出	989.5	1035.4	1015.3	1007.4	989.5	989.5
		政府の最終支出	350.2	358.1	362.6	401.8	350.2	350.2
		金融仲介機関の最終支出	−	−	−	−	42.7	−
	粗資本形成		361.2	361.2	361.2	361.2	361.2	361.2
	輸出と輸入のバランス		54.9	54.9	54.9	63.6	54.9	54.9
	(内訳)	財・サービスの輸出	511.1	518.7	519.3	545.7	511.1	511.1
		(控除) 財・サービスの輸入	456.2	463.8	464.4	482.1	456.2	456.2
資本消費			222.0	222.0	222.0	222.0	222.0	222.0
外国に対する純要素所得と所得移転			18.5	18.5	18.5	27.2	18.5	18.5
粗国民可処分所得			1515.3	1569.1	1553.6	1584.8	1558.0	1515.3
(現行 SNA = 100 とする指数)				(103.6)	(102.5)	(104.6)	(102.8)	(100.0)
貯蓄			175.6	175.6	175.6	175.6	175.6	175.6

(出処) 表 3.1 参照.

する取引の推計が GDP および関連マクロ集計量に及ぼす影響を見たものである．ここでは現行の SNA による推計と比較して提案されたさまざまの方法から導かれる推計値にどの程度の変動をもたらすかに注目すべきであろう．現行の SNA の方法による推計との比較において，スンガの方法による推計は GDP を約 4.5 %，最終消費支出を 5.2 %程度過大に評価する．これに OEEC 1958 年版による推計，ヘイグの方法，国連統計局の改訂案と続く．ライムスの方法による推計値が結果において現行 SNA と同一となっていることも興味深い．注目を要するもう 1 つの点は，財・サービスの輸出と輸入に及ぼす影響である．これを輸出と輸入のバランスに注目する限り，相違はスンガの方法に反映されるのみである．スンガの方法は金融サービスを含めて商品タイプのサービスと対外取引がすべて輸出と輸入に記録される仕組となっているから，この処理が輸出と輸入にそのまま反映されている．しかし，国連統計局の改訂案において

表3.4 付加価値の産業別構成への影響：西ドイツ 1984年(単位：%)

	現行SNA	OEEC(1958)	UNSO	スンガ	ヘイグ	ライムス
農林水産業	2.1	2.0	2.0	1.9	2.1	2.1
電気，ガス，水道，鉱業	4.0	3.8	3.9	3.7	3.9	4.0
製造業	33.7	32.1	32.6	31.5	32.9	33.7
・化学工業，石油精製	5.2	4.9	5.0	4.9	5.0	5.2
・プラスチック，ゴム製品	1.3	1.2	1.2	1.2	1.2	1.3
・採石，陶器，ガラス	1.3	1.3	1.3	1.2	1.3	1.3
・鉄鋼，非鉄金属，鋳物，冷間圧延業	2.4	2.3	2.3	2.2	2.4	2.4
・金属製品，機械製造，輸送用機械製造業	9.4	8.9	9.1	8.8	9.1	9.4
・電気機械，精密機械，光学機械，その他	6.1	5.8	5.9	5.7	5.9	6.1
・木製品，紙パルプ製品，印刷業	2.6	2.5	2.5	2.4	2.5	2.6
・皮革製品，繊維製品製造業	1.5	1.5	1.5	1.4	1.5	1.5
・食料，飲料，たばこ	4.0	3.8	3.8	3.7	3.9	4.0
建設業	6.0	5.7	5.8	5.6	5.9	6.0
卸・小売業	10.2	9.7	9.7	9.0	9.9	10.2
運輸，通信業	6.3	6.0	6.0	5.7	6.1	6.3
通貨，金融機関	4.9	4.7	4.5	4.5	2.3	−0.3
保険機関	1.3	0.8	1.0	1.3	1.2	1.3
住宅	7.2	6.9	6.0	3.7	7.1	7.2
その他のサービス	14.9	14.2	14.2	13.2	14.6	14.9
政府，対家計民間非営利サービスの生産者，家計サービス	14.4	13.9	14.1	19.9	14.1	14.4
合　計	105.2	100	100	100	100	100
(調整) 帰属金融サービス	−5.2	−	−	−	−	−
(調整後) 合計	100	100	100	100	100	100

(出処) 表3.1参照.

も帰属された金融サービスは"外国"との間でも配分されるから，当然に輸出と輸入にも影響を与える．現行 SNA の方法による推計と比較して，国連統計局の改訂案が輸出と輸入をそれぞれ増加させているのはこのためである．帰属された金融サービスの"外国"との配分をも含めて，サービスの国際間取引はサービス統計の開発，および国際収支表との関連からも徹底した分析が必要であることを強調しておこう．

表3.4は金融サービスの帰属に関するさまざまな接近方法が付加価値の産業

別構成にいかなる影響をもたらすかを結果する付加価値の産業別構成比によって比較したものである．総じて帰属の方法の相違が産業別の構成に及ぼす影響は有意的なほど大きくはないと言ってよいであろう．それにも拘らず，次の2点を注意しておくことが必要であろう．まず第1に，ライムスの方法が金融サービスの帰属を認めていないことの当然の帰結として，通貨当局・金融機関が産み出す付加価値の構成比をマイナスにすること．ヘイグの方法が他の方法との比較で同じ構成比をほぼ半ばに低評価する事実に注意しよう．第2に，スンガの方法によると，家計によって受取られた利子は家計の産出とみなされるため，"政府，対家計民間非営利サービスの生産者，家計サービス"部門における付加価値構成比を著しく高めることである．これらの数値例による比較は，とくにスンガの方法において異常値が発生する可能性が高いことを示唆するものと言えよう．

3.1の注

1) SNA では保険会社の粗産出についても「帰属サービス」による推計を行っている．例えば，損害保険の帰属サービス料(粗産出)を受取保険料と支払保険金の差額として定義する．また生命保険の粗産出(帰属保険サービス料)は受取保険料から支払保険金と保険計算上の準備金(actuarial reserves)の純増分(ただし，これらの準備金に対する利子で保険証券保有者に生じたものを除く)の合計を差引いた大きさとして定義される(これら SNA の処理については SNA paras. 6.37-6.38 を参照)．保険会社の粗産出の帰属推計については紙幅の関係で立入らない．しかし保険会社の帰属サービスに関する SNA の処理について最近ラグルス夫妻が綿密に点検している(Nancy D. Ruggles and Richard Ruggles, "The Treatment of Pensions and Insurance in National Accounts", *Review of Income and Wealth*, Series 32 No. 4, December 1986)．これらの論点に関しては後続の第9章で議論する．

2) SNA を中心として金融サービスの帰属をめぐる学説の展開を概観した注目すべき研究としては，作間逸雄「国民経済計算における帰属利子の取扱いについて——その論点の展開と対応」『季刊国民経済計算』1984 年度 3・4 号, No. 65, を参照．

3) 金融活動において銀行に類似する金融仲介機関の機能の特徴は究極の貸し手と究極の借り手の間を後者が発行する本源的証券を金融仲介機関が発行する間接証券に変換することによって融資の仲介を行い，結果として借り手側の所望の資金のプールと貸し手側の危険の分散を促進するところにあるとされている．この金融仲介機関の機能の独自性と重要性はガーリー＝ショーの理論的考察(John G. Gurley and

Edward S. Show, *Money in a Theory of Finance*, Brookings Institution, Washington D. C. 1960)に注目されるところとなり、さらに企業金融の理論的展開(例えば、モディリアーニ＝ミラーの理論)とも結びついて広くエコノミストの認識されるところとなっている。また最近では借り手と金融仲介機関の間の信用情報の不完全性に注目した理論展開によって金融仲介機関の役割に対し新たな視点が照射されつつあるようである(その最近における発展の詳細に関しては、早川英男「金融仲介の経済理論について——「情報の経済学」の視点から」日本銀行金融研究所『金融研究』7巻1号、1988年3月号、を参照)。しかし、以下の考察ではこれらの金融仲介機関の独自の機能をそれ自体として陽表化することなく、銀行とともに一括して考察することにする。以下においては"銀行および類似の金融仲介機関"のことを"金融機関"の名称でしばしば簡略化する。なお SNA ではこの金融仲介機関の持つ機能の独自性に対しては必ずしも十分な注意が与えられていないようである。例えば、SNA 表 5.1 における金融仲介機関を含む"(d)その他の金融機関"について次のように定義しているからである。

> 上に掲げたもの以外の企業であって市場において主として金融取引に従事するものを含む。ここに金融取引とは債務を引受けるとともに他方で金融的請求権を取得することから成っている。(SNA, p. 79)

ここで「上に掲げたもの」とは(a)中央銀行、(b)中央銀行以外の銀行、(c)保険会社および年金基金、である。とくに最近進行しつつある金融と証券業の境界の交錯、クレジットカード、プリペイドカードの普及、金融情報ネットワークの拡大など、金融活動のレストラクチャリングの機運は、金融仲介機関の機能に対する上記SNAの関心に対し根本的な反省をせまる要因と言えよう。

4) インテマ＝ストーンの方法に関して前記注 2)作間逸雄「前掲論文」、に詳しい。原典は Dwight B. Yutema, "National Income Originating in Financial Intermediaries", *Studies in Income and Wealth*, Vol. 10, National Bureau of Economic Research, New York 1947; United Nations, *Measurement of National Income and the Construction of Social Accounts*, Studies and Reports on Statistical Methods, No. 7, Geneva 1947, である。

3.2 の注

5) スンガの諸説の要約は以下の最近論文に拠る。Preetom S. Sunga, "An Alternative to the Current Treatment of Interest as Transfer in the United Nations and Canadian Systems of National Accounts", *Review of Income and Wealth*, Series 30 No. 4, December 1984.

しかしその所説の源流は、P. Sunga, "Treatment of Interest and Net Rents in the National Accounts Framework", *Review of Income and Wealth*, Series 13 No. 1, March

第3章　帰属サービスの類型と処理　　　　　　　　　　　　99

1967, の中に見出すことができる.
6) Richard E. Speagle and Leo Silverman, "The Banking Income Dilemma", *Review of Economics and Statistics*, Vol. 35 No. 2, June 1953. 川口弘「国民経済計算における帰属利子・帰属手数料の取扱いについて」『中央大学80周年記念論文集』1965. Richard Ruggles and Nancy D. Ruggles, "Integrated Economic Accounts for the United States, 1947-80", *Survey of Current Business*, Vol. 62 No. 5 May 1982, とくに pp. 14-16, をそれぞれ参照.
　　なお前節注2)で引用した作間逸雄「前掲論文」, の中でこのスピーグル=シルバーマンの所論についての要を得た解説が与えられている.
7)　川口弘「前掲論文」, p. 49.
8)　Nancy Ruggles and Richard Ruggles, *op. cit.*, p. 15.
9)　T. K. Rymes, "Further Thoughts on the Banking Imputation in the National Accounts", *Review of Income and Wealth*, Series 32 No. 4, December 1986. 金融サービスの帰属の基礎を新古典派の伝統的貨幣理論の上に構築する試みは, ライムスにより端緒的に, T. K. Rymes, "Inflation, Nonoptimal Monetary Arrangements and the Banking Imputation in the National Accounts", *Review of Income and Wealth*, Series 31 No. 1 March 1985, において試みられ, 考察の視野はやがて新古典派とケインジアンの貨幣理論の対比による金融サービスの帰属への含意へと拡大された.
10)　以下の①と②の導出の詳細に関しては, Anthony M. Santomero, "Modeling the Banking Firm: A Survey", *Journal of Money, Credit and Banking*, Vol. 16 No. 4, November 1984, Part 2, p. 587, を参照. 金融機関のポートフォリオ均衡の類似のモデルについては永谷敬三『金融論』マクグロウヒル好学社, 1982, pp. 114-116 に解説されている.
11)　Bryan Haig, "The Treatment of Interest and Financial Intermediaries in the National Accounts of Australia", *Review of Income and Wealth*, Series 32 No. 4, December 1986, p. 412.
12)　作間の構想は, まず作間逸雄「SNAにおける帰属利子と帰属手数料——1つの提案」『国民経済』No. 138, 1977年11月号, において提示され, 後に同上,「国民経済計算における帰属利子の取扱いについて——その論点の展開と対応」『季刊国民経済計算』1984年度3・4号, No. 65, で展開された. 引用は後者, pp. 63-64 による. なお, 作間は最近の研究において, SNAにおける「移転」概念に対する綿密な分析を通して, 利子を資金のサービスに対する代価であるとする説——いわゆる"資金サービス説"に対して批判的な検討を与えている. この研究も上記諸論文における考察の発展と考えることができよう. 詳しくは, 作間逸雄「新SNAにおける「移転」概念の解釈とその擁護」『専修社会科学年報』第23号, 1989年3月, を参照.

13) Bryan Haig, *op. cit.*, *Review of Income and Wealth*, Series 32 No. 4, p. 423.

3.3の注

14) The Treatment of Banks and Similar Financial Intermediaries in the United Nations System of National Accounts, note prepared by the United Nations Statistical Office.
15) Imputations for Financial Services, note prepared by the United Nations Statistical Office.
16) Markos J. Mamalakis, "The Treatment of Interest and Financial Intermediaries in the National Accounts: The Old "Bundle" Versus the New "Unbundle" Approach", *Review of Income and Wealth*, Series 33 No. 2, June 1987.
17) ここで国連統計局の改訂案によると帰属された金融サービスは"外国"との間でも配分されることに注意すべきである。帰属サービスの外国への配分によって当然に輸出と輸入の大きさも影響を受ける。次節において比較される数値実験はこの事実をあらためて確認している。ルクセンブルクやシンガポールのように経済活動が金融に依存することの大きい国にとって金融サービスの帰属はGDPの推計にとって決して無視しうる限界部分とは考えることができないであろう。ルクセンブルクの中央統計局の局長によって書かれた次の論文は、この問題の深刻さを的確に表現している。Georges Als, "The Nightmare of Economic Accounting in a Small Country with a Large International Banking Sector", *Review of Income and Wealth*, Series 34 No. 1, March 1988.

3.4の注

18) Statistisches Bundesamt, Credit Institutions in National Accounts, Wiesbaden, January 1988.
19) OEEC, *A Standardized System of National Accounts*, 1958 edition, Paris 1959. この1958年版の旧版が、OEEC, *A Standardised System of National Accounts*, Paris 1952, であって、これは本文でも言及したOEECの"国民経済計算研究ユニット"が同じくストーンの指導のもとに開発したOEEC, *A Simplified System of National Accounts*, Paris 1950 and 1951, の改訂版の形をとっている。上記1952年版のOEECの標準体系のための改訂作業には下に述べるハンセンのほかにギルバート (Milton Gilbert) とスツーフェルがストーンに協力している。OEEDの"国民経済計算研究ユニット"の活動に関しては、Richard Stone and Kurt Hansen, "Inter-country Comparisons of National Accounts and the Work of the National Accounts Research Unit of the OEEC", *Income and Wealth*, Series III, Bowes and Bowes, Cambridge 1953, が要を得た概観を与えている。

20) 国民経済計算体系の設計における「国内」概念と「国民」概念の相違とこれらが派生する「国内」体系,「国民」体系,および両者を混合する「混合」体系の比較とそれぞれの含意については倉林義正・作間逸雄『国民経済計算』東洋経済新報社, 1980, 第2章, を参照. そこでも指摘したように,「国民」体系の典型がOEEC の標準体系 1958 年版であり,「混合体系」のそれが旧(1952)SNA であった.「国内」体系の例は少ないが, P. A. Ady and M. Courcier, *System of National Accounts in Africa*, OEEC, Paris 1960, の中で提示されている体系は珍しい「国内」体系の具体例である.

21) わが国の経済統計もしくは国民経済計算の解説書がしばしば誤って現行の国民経済計算の体系(いわゆる SNA)に先行する旧体系が旧(1952)SNA に依拠したものであると説いているのは, わが国の旧国民経済計算体系の成立の経緯についての研究を怠った全くの誤解である. 旧体系は 1965 年 3 月経済企画庁に設置された"国民経済計算審議会"による答申である「国民経済計算の改善に関する方策——国民所得勘定の構成の改善を中心として」に基づいて作成されたものである. 国民経済計算の体系, とくに国民勘定の設計においてこの答申の基礎となったものが, "国民経済計算審議会"に先立って同じ経済企画庁によって設置された"国民経済計算調査委員会"(1959〜1962) が 1962 年 3 月に提出した「国民経済計算調査委員会報告」である. この報告書の第 2 部に提示されている国民所得勘定の体系は明らかに「国民」概念で一貫された OEEC の標準体系 1958 年版に従っており, 上記"国民経済計算審議会"の答申も「国民経済計算調査委員会報告」の勘定体系を継承するものだからである(『国民経済計算調査委員会報告』経済企画庁経済研究所, 1962 年 3 月 16 日, pp. 20-23). 上記"国民経済計算審議会"の答申に関する論評としては, 倉林義正「最近の国民経済計算の改善について」『季刊理論経済学』16 巻 1 号, 1965 年 11 月号, を参照.

第4章 国民勘定の不変価格表示と国際比較

4.0 はじめに

　国民勘定集計量,例えば GDP,消費支出,資本形式など,の不変価格表示(あるいは,実質化)問題のエッセンスは,国民勘定の不変価格表示の問題にほかならない.このことは,国民勘定集計量に関する不変価格表示がようやく専門家の真面目な検討の俎上にのせられるようになった 1950 年代の後半から共通し一貫する認識である.以下の本章では,この認識の展開のすがたを,主として国連統計委員会における討議,およびそれらをめぐる国際的な研究の動向に即しながら展望することを目的とする.まず 4.1 において,導入として,50 年代における問題の研究状況を整理する.続く 4.2 では,4.1 における研究の動向が,いわゆる"行列整合性"(matrix consistency)に対する 2 つの異る見解と密接に対応するものであることを明らかにする.転じて 4.3 では,1960 年代における研究の完成として SNA における不変価格系列を取上げる.この節において,二重デフレーション法の採用を主張する SNA の立場は,4.2 で述べた"行列整合性"の一方の極における見解を採用していることが明らかにされよう.4.4 はこの SNA と異る"行列整合性"の確保を主張する立場の典型として,60 年代後半から 70 年代の前半において展開されたクルビース(R. Courbis)と倉林による展開について述べる.4.5 は,70 年代における国連統計委員会を場とするこの問題に対する検討の成果として,2 つの主要著作 Guidelines(本章注 17)参照)と Manual(本章注 4)参照)を取上げ,その展開と問題点を要約し,その意義の評価に及ぶ.最後の 4.6 では,これまでの展望の補論として,国民勘定の時間比較――不変価格表示――との対比において,その空間比較の典型としての国際比較の問題を取上げる.国際比較のための価格お

よび数量測度の計測と"行列整合性"との関りに言及することによって，本章の考察が結ばれる．

4.1 50年代における発展
────Stone, Geary/Stuvel

　国民勘定集計量の不変価格表示の問題を国民勘定の不変価格表示との関連において分析する最初の試みは，ストーンによって先鞭がつけられた．そこで，ストーンが提示した問題とはこうである．いま国民勘定における「商品の流れ」(commodity flow) 記入項目を，その価値額が価格成分と数量成分に分解可能な記入項目であると定義する．この「商品の流れ」に関する基準時と比較時の価格成分と数量成分に関する情報が与えられたとせよ．これらの情報のみから，国民勘定の不変価格表示を誘導することは，一般に可能であるか．この問いに対するストーンの答えは，国民勘定は，上記の「商品の流れ」項目と並んで，価値額を価格成分と数量成分に分解することを可能としない「非商品の流れ」(non-commodity flow) とによって構成されているがゆえに，「一般に，もろもろの勘定が実質値においてもバランスを持続するように1つの勘定体系の中で非商品取引についてデフレートされた価値額の一義的な組を見出すことは困難である」[1]と言うことである．もちろん，特殊の場合として，非商品の流れが不変価格表示の勘定の枠組の中で「商品の流れ」に関する基準時と比較時に関する価格成分と数量成分の情報が与えられるならば一義的に不変価格表示に定義されうる場合もある．ストーンも例示するように，統合生産勘定の不変価格表示を前提とする GDP(もしくは GNP)の不変価格表示と GDP(もしくは GNP)デフレーターの設定がこの特殊な場合に該当する．

　ストーンの意味における国民勘定の不変価格表示の"一般的可能性"を念頭においた上で，この問題に対する新たな展開を試みたのがギアリーである．ギアリーは，1957年オランダのデ・ペーテルスベルクで開催された国際所得国富学会(IARIW)第5回総会に提出した短い論文の中で，海外勘定の不変価格

表示について1つの興味ある解決を与えた[2]. 簡単にギアリーの解決を要約しておこう. いま, 海外勘定の当年価格表示を単純化して

$$X + P_r = M + N \tag{1.1}$$

と表わすことにしよう. ここで, X と M は, それぞれ海外に対する財・サービスの販売(輸出)と海外からの財・サービスの購入(輸入)を表わし, P_r は, 海外からの純要素所得, N は, 経常および資本移転の受け払いを調整した後の海外に対する純貸出である. 明らかに, X と M は, 上に定義した「商品の流れ」であるのに対して, P_r と N は,「非商品の流れ」を形成する. いま, 約束に従って, X と M には, それぞれ対応するデフレーター p_1 と p_2 が与えられたとする. もし, P_r と N になんらかのデフレーターを与え(1.1)の記入項目のそれぞれを不変価格表示に変換するとすれば, これら不変価格表示の記入項目の間には(1.1)に対応する不変価格表示の海外勘定は成立しない.

ギアリーは, その場合, 海外勘定の不変価格表示を保障するバランス項目を導入するとともに, P_r と N のデフレーターを指定するための次のルールを与えることによって, 上述のバランス項目に経済的な意味づけを与えたのである. すなわち,

〈ギアリーのルール〉 もし $X-M>0$ であるならば P_r と N のデフレーターとして p_1 を, またもし $X-M<0$ であるならば P_r と N のデフレーターとして p_2 を採用する.

そのとき, 不変価格表示の海外勘定は,

$$\overline{X} + \overline{P_r} + \overline{T} = \overline{M} + \overline{N} \tag{1.2}$$

と表わすことができて, 各変数の上につけられたバーは, 不変価格表示を, また $\overline{T}$ はバランス項目を表わす. またこの $\overline{T}$ は,

$$\begin{array}{ll}\text{(i)} & \overline{T} = \overline{M}\,[1-(p_2/p_1)] \quad \text{if} \quad X-M>0 \\ \text{(ii)} & \overline{T} = \overline{X}\,[(p_1/p_2)-1] \quad \text{if} \quad X-M<0\end{array} \tag{1.3}$$

のように表現することができる. (1.3)の右辺のカッコ内の数値は, 価格単位当りの交易条件の変動に伴う利得を表現する項となっているから, バランス項目 $\overline{T}$ は, 実は交易条件の変動に伴う利得(マイナスの場合は, 損失)額を表章

第4章 国民勘定の不変価格表示と国際比較　　　　　　　　　　105

していることになる．

　ところで完全接合性を持つ国民勘定の体系では，海外勘定は国内の諸活動を表章する勘定の連結から導かれることに注目するならば，完全接合の国民勘定体系の不変価格表示をバランス項の導入を，「非商品の流れ」に対するデフレーターを採用するための適切なルールの設定によって達成しようとするならば，上述した交易条件変動に伴う利得は，国内諸活動を表わす勘定の不変価格表示の貸方項目，つまりそれぞれの活動のための購買力の流入として吸収されることによって，不変価格表示の国民勘定における完全接合性を維持するものと期待すべきである．交易条件の変動に伴う利得が，国内諸活動を表わす勘定における購買力の流入項目として吸収され，1つのバランス関係を形成すること，これによって不変価格表示の国民勘定の完全接合性が達成されることはスツーフェルとブローデリックとによって，それぞれ多少異った視角から論証されている[3]．これらの試みもまたギアリーの考え方に従った自然な発展といってよいであろう．

　また，ギアリーは50年代の後半，国連統計局の国民勘定部長として旧SNAの普及と発展の中枢にあったのであり，さらに50年代の後半に至って，この国民勘定の不変価格表示が国連統計委員会の議題の1つを占めるに至ったことを考え合わせるならば，ギアリーによる解決の方法は，50年代の後半における国連統計局の関心と国連統計委員会における討議を反映するものと考えることができよう．

4.2　行列整合性に関する2つの視角

　国民勘定集計量の不変価格表示が，国民勘定の不変価格表示の問題として認識された事実は，国民勘定の体系が会計システムとして固有する本質である「バランス」関係と深くかかわっている．国民勘定体系を制約する「バランス」関係の重要性については，事新しく議論する必要はないであろう．完全接合の国民勘定体系もまた「バランス」関係から派生するものであるからである．前

節において言及した国民勘定の不変価格表示をめぐる50年代の展開は，この「バランス」関係を不変価格表示の体系へと拡張するに当って，互いに対極を形成する2つの視角がありうることを示唆する．

　第1は，当年価格表示のバランス関係に関与する記入項目に変更を加えないまま不変価格表示のバランス関係を設定する立場である．この視角に立つ場合，もともとのバランス関係を構成する項目の1つは，会計上のバランス項目もしくは「内部記入」(internal booking)項目であることが必要である．GDPの不変価格表示における統合生産勘定の中に占めるGDPは，このバランス項目に相当する．次節で立入った検討の対象とする付加価値もまたバランス項目にほかならない．このバランス項目の持つ特質は，「ある勘定体系によって設定された理論的枠組の中でのみ定義され，かつ計測可能な会計上の構成概念」[4]であることにある．なお，ここで設定されるバランス関係，とくに不変価格表示のそれ，は「基礎的バランス関係のネットワーク」(Réseau fondamental équilibré)として構成される会計システムを編成するための規約(convention)にほかならないことを強調すべきであろう．それは，会計システムを構成している記入項目を制約する関係なのであって，本来的にそれがバランスすべきであるとか，あるいはバランスすべきではないかを問うべき性質のものではない[5]．

　前節で述べたストーンの著作は，この第1の視角に立って不変価格表示の国民勘定体系を構築し，この理論点枠組の中で国民勘定集計量の不変価格表示に固有する問題——品質変化，季節調整，ウェイトの設定，基準年の設定と変更など——を議論している．ここでは，国民勘定集計量の不変価格表示に固有のこれらの技術的な問題のそれぞれに立入る余裕を持っていないが，ストーンの立場を理解する上で有益と思われる2,3点についてコメントを与えておこう．第1に，国民勘定集計量の不変価格表示を誘導することは，不変価格表示の国民勘定体系の枠組と言う制約の中で，これら集計量に関する価格指数と数量指数を定式化することにほかならない．それゆえに，伝統的な指数問題に固有の技術的な問題がここでも同様な重要性を持つのである．第2に，こうした技術的問題の1例として，基準年の設定と変更がいわゆる「固有性」(characteristicity)と結びつけられて考慮されていることを注意しておこう.「固有性」と言う性質は,4.6 で論及する GDP の国際比較に関連してドレクスラーによって指摘された国際比較のための数量測度が満すべき1つの重要な規準とされている[6]. これを時間比較の問題に翻案するならば,「基準時の代表性(representativeness)」もしくは,その up-to-dateness を維持することに帰着するからである[7].

これと対極にある第2の視角は,前節のギアリーとスツーフェルの展開に代表されるように,不変価格表示の国民勘定体系の設定に対して,当年価格表示の国民勘定体系を構成する記入項目に加えて,積極的に新たな調整項目を導入して,不変価格表示のバランス関係の維持を図ろうとする立場である.そうして,ギアリーとスツーフェルの努力が明らかにするように,この調整項目の経済的な意味づけは,非商品の流れの項目に適切なデフレーターを賦与するルールに依存するのである.不変価格表示の国民勘定体系にこの種の調整項目を導入することは,完全接合性を維持するために,調整項目間のバランス関係の追加的導入が要請されるが,この拡張は2つの点で SNA の自然な論理的展開と考えることもできる.第1に,当年価格表示の国民勘定体系において,SNA は,類似の調整項目の存在を許容している.SNA は,むしろストック勘定の記入項目との関係で,この種の調整項目を導入するのであるが——例えば「価格変化による再評価」,同様に不変価格表示の勘定の記入項目との関連で調整項目を導入することも考えうるからである.第2に,同様の趣旨に基づいて,SNA ではストック勘定との関連で,調整項目の間を結ぶ調整勘定を導入しているが,これと対応して,不変価格表示の国民勘定においても,それの新たな記入項目を形成する調整項目相互間のバランス関係を導入することは,決して不自然ではないであろう.

これらのいずれの視角に立つにしても,バランス関係の維持は,不変価格表示の国民勘定体系の設定,従ってまた国民勘定集計量に関する物価指数と数量指数の定式化を制約する条件もしくは規約である.その後の研究の展開の中で,このバランス関係を維持する制約は,例えば後述の Guidelines の例に見られ

るように「加法的整合性」(the additive consistency) の名称で呼ばれた．しかし，再度時間比較と国際比較との類推が許されるとするならば，以下の国連国際比較プロジェクト (United Nations International Comparison Project——単に ICP と略称する) が与える定義との脈絡，すなわち

　　行が GDP の各構成項目，列が各国を表わす 1 つの "加法的行列" の中で，
　　金額表示の GDP を提示できることである[8]．

との関連で，上記の列の各国を各時点と読み替えることによって，「加法的整合性」は，ここでは広義に「行列整合性」(the matrix consistency) の呼称の中に統一することができるであろう．

　行列整合性は，すでに見たように，不変価格表示の国民勘定の設定における本質的制約であるから，また，その枠組の中で定式化される国民勘定集計量に関する物価指数と数量指数の形式を拘束する．この事実の認識は重要である．国民勘定集計量に関する物価指数もしくは数量指数が任意に指数形式を選択しえないのは，この「加法的整合性」の拘束を受けているがためである．伝統的な指数理論にあっては，指数の満すべき規準として，行列整合性は，例えば「理想」算式におけるフィッシャーのテストに見られるように，必ずしも必須の本質的なテスト規準とは認められていない[9]．「加法的整合性」によって拘束を受けている国民勘定集計量に関する価格指数と数量指数は，伝統的な指数理論の立場からするならば，形式と構造の両面において変則的な性格を持つことを認識しておくべきである．

4.3　SNA における不変価格系列

　前節で解説した不変価格表示の国民勘定体系の設定に対する第 1 の視角に立って，国民勘定集計量の不変価格表示の定式化を試みたのが SNA の第Ⅳ章である．ここでは，ほぼストーンの展開の線に即して，不変価格表示の国民勘定の記入項目を「内部記入」項目を別にすれば，「商品の流れ」に限定し，投入・産出表の枠組の中に設定する．従って，最終需要の不変価格表示との対比

において，産業別の付加価値の不変価格系列がいわゆる二重デフレーション法に基づいて誘導される．二重デフレーション法の適用の基礎にあるのが，不変価格表示の産業別生産勘定のバランス関係にほかならない．また，この誘導過程において，付加価値は，「内部記入」項目として認知されているから，その不変価格表示は，産出の不変価格表示と中間投入の合計の不変価格表示から誘導されるのであって，前節で述べた第1の視角の立場が徹底されていると言うことができる．

　二重デフレーション法そのものに関するさまざまの問題については，改めて4.5において取上げるので，ここでは詳しくは立入らない．SNA における二重デフレーション法の基礎的枠組は，IO 表であるが，周知の技術仮説と並んで，SNA の IO 表を特徴づけているのが代替的な評価方法である．いずれの評価方法によって IO 表を設計するかによって，二重デフレーション法の構造と内容が変化する．また，これに伴って"商業・輸送マージン"あるいは"商品税"の不変価格表示と言った固有な技術的問題も発生する[10]．SNA による二重デフレーション法の提案は，例示的な解説の域を出るものではないにしても，こうした重要な技術的問題の存在と位置づけを明示した功績は，大きいと言わなければならない．

　SNA における二重デフレーション法の提案を契機として，経済理論の側からの二重デフレーション法に対する意味づけの検討が進められたことも SNA のもたらしたインパクトの1つである．佐藤和夫による2つの展開は，こうした試みの1つの頂点を形成するが，スペースの制約によって，その貢献の詳細な論評には立入りえない[11]．単に注目すべきいくつかのポイントを摘記するならば，まず第1に，二重デフレーション法によって誘導される付加価値の不変価格系列を成立させるための生産関数と，マクロおよび産業の行動様式の結びつきが明らかにされたこと．第2に，それによって「行列整合性」を持つ Divisia 指数型の付加価値の不変価格系列が誘導されていること．第3に，付加価値の中の資本投入が貢献する部分を分離する「実質準賃貸料」(real quasi-rents) を提案していること等である．この「実質準賃貸料」の概念は，「行列

整合性」の第2の視角の立場からも興味ある示唆を与えるものである．次節において，それを検討しよう．

4.4 Courbis/倉林による展開

4.2で述べた不変価格表示の国民勘定体系の設定に対する第2の視角は，60年代の後半から70年代のはじめにかけて，ほぼ時期を同じにして，クルビースと倉林とによって取上げられた．いずれも，すでにギアリーによって指摘されていた交易条件変動に伴う利得を表章する調整項，$\overline{T}$，の導出（(1.3)式）に見られる非対称性，すなわち(1.3)式における(ⅰ)と(ⅱ)のいずれかに帰着せざるをえないこと，の解消と，交易条件変動効果の一般化を企図したものであって，上述の第2の視角の直截的な発展となっている．4.1の海外勘定の枠組をそのままに維持した上で，両者の議論は，以下のように要約される．

クルビースは，P_r と N のデフレーターの選択に関して次のルールを与えた[12]．

〈クルビースのルール〉　P_r と N のデフレーター p_n を p_1 と p_2 の線形凸一次結合として，次のように定める．

$$p_n = \alpha p_1 + (1-\alpha) p_2, \quad \alpha = \overline{X}/(\overline{X}+\overline{M}) \tag{4.1}$$

この場合，不変価格表示の外国勘定の成立を保障する調整項は，交易条件の変動を輸出と輸入の両面から補正する効果として，以下のように表現することができる．すなわち，$\overline{T}(C)$によってこの調整項を表わすならば，

$$\overline{T}(C) = \overline{X}\left[\frac{1}{\alpha+(1-\alpha)(p_2/p_1)}-1\right] - \overline{M}\left[\frac{1}{(1-\alpha)+\alpha(p_1/p_2)}-1\right] \tag{4.2}$$

である．このように，クルビースは，P_r と N のデフレーターとして(4.1)を与えることによって，交易条件の変動に伴う調整項が，ギアリーの解決に見られるように，輸出か輸入の一方に偏することなく，その両面からの効果として統合することに成功したのである．

この非対称性の解消を一層徹底した形で推し進めたのが倉林の方法であ

第4章 国民勘定の不変価格表示と国際比較　　　　　　　　111

る[13]．倉林は，P_r と N のデフレーターとして，次のルールを設定する．

〈倉林のルール〉　　P_r と N のデフレーター p_n を p_1 と p_2 の加重調和平均として，次の形式で与える．

$$p_n = 1/[\alpha(1/p_1) + (1-\alpha)(1/p_2)], \quad \alpha = X/(X+M) \tag{4.3}$$

この場合，不変価格表示の外国勘定の成立を保障する調整項を $\overline{T}(K)$ と書くならば，$\overline{T}(K)$ は，

$$\overline{T}(K) = \overline{X}(1-\alpha)(\frac{p_1}{p_2}-1) + \overline{M}\alpha(1-\frac{p_2}{p_1}) \tag{4.4}$$

と書くことができて，かつ

$$\overline{T}(K) = \overline{T}(C) \tag{4.5}$$

である．すなわち倉林のルールを採用するならば，不変価格表示の外国勘定の設定が可能であって，調整項 $\overline{T}(K)$ は，ギアリーの導入した2つの調整項（i）と（ii）と加重平均として表わされること，および，この調整項 $\overline{T}(K)$ は，クルビースの誘導した調整項と一致することが証明されたのである．

さらに，クルビースと倉林は，それぞれ多少異る方法を用いているとは言うものの，前述の交易条件の変動に伴う利得が国内の諸活動を表わす勘定の不変価格表示の資金源泉項目として配分しつくされること，かつまたこれらの項目と $\overline{T}(C)$ もしくは $\overline{T}(K)$ の間にバランス関係が設定されることを論証している．しかし，この論証は，すでにスツーフェルおよびブローデリックの展開を通して予想されるところであって，オリジナルな貢献であるとは言い難い[14]．

交易条件の変動効果の一般化に関するクルビースと倉林の貢献は，さらにそれを不変価格表示の生産勘定の場に拡充して生産性の変動との関連を明らかにしたところにある．この着想は，はじめクルビースによってとり上げられ，倉林による展開へと引き継がれた[15]．また，倉林の展開をめぐって，クルビースとの間に議論があったが，これらの議論を含めたクルビースと倉林の方法を要約しておこう．議論は，次の不変価格表示の生産勘定の枠組を前提とする．

この不変価格表示の生産勘定は，3種の不変価格表示の組から構成されている．すなわち，（i）生産性を一定とする不変価格表示，（ii）生産性の変動を補正した不変価格表示，（iii）交易条件の変動を補正した不変価格表示，がそれで

表4.1 不変価格, 生産性を一定, の国民勘定

勘定と指数 記入項目	基準時価値額 (当年価格) 1	比較時不変価額 (生産性一定) 2	2の数量指数 (L形式) 3	比較時不変価額 (生産性補正) 4	4の数量指数 (L形式) 5	比較時不変価額 (交易条件補正) 6	6の数量指数 (L形式) 7	比較時価値額 (当年価格) 8
産 出	X_0	$\overline{X}$	q	$\overline{X}$	q	$\overline{X}$	q	X_1
中間投入	U_0	$\tilde{U}$	q	$\overline{U}$	q_u	$\overline{U}$	q_u	U_1
被用者所得	W_0	$\tilde{W}$	q	$\overline{W}$	q_w	W^*	q_y	W_1
営業余剰	Y_0	$\tilde{Y}$	q	$\tilde{Y}$	q	Y^*	q_y	Y_1
交易条件変動の効果						T		
生産性の変動の効果				G				
合 計	X_0	$\overline{X}$		$\overline{X}+G$		$\overline{X}+T$		X_1

ある. ここで交易条件の変動とは, 産出と中間投入の相対価格の変動に由来する交易条件の変動を指す. また, これらの不変価格表示の生産勘定の設定においては,「非商品の流れ」を極端に限定して, この枠組の中では, 営業余剰のみに制限してある. また, q_y は, Y^*/Y_0 によって陰伏的に定義される数量指数であって, Y^* と W^* は,

$$Y^* = Y_1/p_y \ ; \ W^* = W_1/p_y \tag{4.6}$$

から導かれる. 2, 4, 6 の数量指数はラスパイレス形式(L形式)が想定される. ところで Y^* と W^* を誘導するためのデフレーターである p_y は, 次のように定義される.

$$p_y = 1/[\eta(1/p) + (1-\eta)(1/p_u)], \quad \eta = X/(X+U) \tag{4.7}$$

ただし, p と p_u は, それぞれ産出と中間投入のデフレーターである.

以上の概念構成のもとで, 不変価格表示の生産勘定のバランス関係は,

(ⅰ) $\overline{X} = \tilde{U} + \tilde{W} + \tilde{Y}$
(ⅱ) $\overline{X} + G = \overline{U} + \overline{W} + \tilde{Y}$ 　　　　　　　　　　(4.8)

第4章　国民勘定の不変価格表示と国際比較

(iii)　$\overline{X}+T=\overline{U}+W^*+Y^*$

と表わすことができる．G と T は表示の枠組が示すように，それぞれ生産性の変動と交易条件の変動を表わす調整項である．ところで，(4.7)における p_y の定義と(i)～(iii)を成立させる価格および数量指数の体系を前提にすると，

$$G = (1-q/q_u)\overline{U} + (1-q/q_w)\overline{W} \tag{4.9}$$

$$\begin{aligned} T &= \eta\,(p/p_u-1)\overline{X} - (1-\eta)\,(p_u/p-1)\overline{U} \\ T+\overline{R} &= \overline{W}(q_y/q_w-1) + \tilde{Y}(q_y/q-1) \end{aligned} \tag{4.10}$$

である．ここで，$\overline{R}$ は，「実質準賃貸料」であって，

$$\overline{R} = \overline{X} - (\overline{U}+\overline{W}) = \tilde{Y} - G \tag{4.11}$$

によって定義される．すなわち，この場合，交易条件変動効果は，生産性の変動を反映する項と，「実質準賃貸料」から誘導される部分とに分解されることがわかる[16]．

4.5　Guidelines から Manual へ

4.3 で述べたように，SNA の第Ⅳ章で展開された「二重デフレーション」法を根幹とする国民勘定の不変価格表示と，それに基づいて誘導される価格指数と数量指数の体系の構想は，多分に例示的なものであって上述の価格指数と数量指数の体系の設計と計測の実行上の問題を掘り下げたものではなかった．そこで，国連統計委員会は，これらの問題に対処するため，異る目的のために作成されたさまざまの価格，数量統計と指数を相互に関連づけるとともに，それらの整合性を確保するガイドラインの作成に着手した．クレービス(I. B. Kravis)を議長とする専門家グループ，およびヨーロッパ統計専門家会議の討議を経て公刊されたのが以下 Guidelines と略称する文書である[17]．

Guidelines の第1章に明記されているように，公刊の目的は，「根底にある経済の相互依存の関係の真の反映であり，整序されかつ整合的な……価格および数量統計の体系の開発」(Guidelines, para. 6)にある．この価格および数量統計の体系の開発に対して決定的な影響と刺激を与えたのが SNA を頂点とする

国民勘定体系の発展にほかならない．すなわち，Guidelines は言う．「……指数理論に関する長い関心の歴史にも拘らず，20世紀に変った直後アービング・フィッシャーによって到達した段階を超えて指数理論の経済分析への応用が発展したのはごく最近のことである．……あらゆる利用可能な価格を，それら相互の関係に多くの注意を払うことなく，収集することについての惰性的な関心は，多くの国の卸売物価において特に色濃く見られる．在来の指数とは多くの点で異る新しい指数の集りの性質に対する配慮に関心が集ったのは，国民経済勘定とバランスの整合的な集りについての展開がなされて以来はじめてのことであった」(Guidelines, para. 6)．Guidelines が言う"国民経済勘定とバランス"と言う表現によって含意する国民勘定体系は，SNA とそれの中央計画経済体制における対応システムである MPS にほかならないのであって，言うところの"整合的な価格および数量統計の体系"は，明瞭に SNA および MPS の上に基礎づけられていると言うことができる．

Guidelines において，価格と数量統計の体系から価格指数および数量指数をシステムとして誘導するのに当って，特に重視されている枠組は，投入＝産出表のバランス関係である．システムとしての価格および数量指数において重視される性質は，さまざまの指数が連結された体系を作ることを意味する．ここで，「連結と言う事実は，あらゆる指数の数値が独立ではないと言うことである．……ここで意図していることは，体系の相互関連性を指摘することにつきる」(Guidelines, para. 19)．連結性の名のもとに指数の集りに加えられる本質的な制約が，この報告書では「内部(構造)的整合性」(internal or structural consistency)の名で呼ばれる「行列整合性」のヴァリアントにほかならない．

Guidelines における「内部的整合性」の具体的表現は，2つのカテゴリーの問題に分割される．「1つは，ある産業の産出合計を対応する価格指数と関連づけることである．第2は，最終生産物に対する産業の貢献をその産業の行動が価格に与える影響と関連づけることである」(Guidelines, para. 21)．二重デフレーション法は，この第2のカテゴリーの問題に対する解決として要請される．すなわち，「このようにして得られる付加価値の不変価格表示は，一層広

第4章 国民勘定の不変価格表示と国際比較

汎な産業グループもしくは経済全体に関して単に合計することによって集計量が得られる意味において，加法的」(Guidelines, para. 23) なのである．換言すれば，Guidelines が構想する「価格指数と数量指数の体系」は，上述の産出側に加えて，最終生産物の使用（支出）側が含まれている．したがって，われわれがこれまで見て来たさまざまの理由に基づいて，Guidelines もまた「非商品の流れ」に対する不変価格表示を提案していない(Guidelines, para. 28)．結論的には，「行列整合性」に関する第1の視角に立って，国民勘定の不変価格表示を構想したと言うことができよう．

Guidelines は，報告書の後段において，データの収集，指数の編成，データ・ベースの枠組と言った指数作成上の実際問題を取り上げている．ここでは，小論の目的にとって最も直接に関係する指数の編成に限定してコメントを与えるに止めておこう．Guidelines は，当面する「価格指数と数量指数の体系」を誘導するための指数算式とウェイトが具備すべき制約および性質として次の4点を指摘する．すなわち，(イ)ウェイトの「固有性」，(ロ)バイアス，(ハ)推移性，(ニ)内部（構造）的整合性，(ホ)要素関係，である．しかし，Guidelines も注意しているように，また別にアイヒホルンとフェラーが「不整合性定理」(inconsistency theorem)によって論証を与えているように，いかなる単一の指数もこれらすべての指数に関する制約——あるいはテストの条件——を満すような指数形式を作ることはできない[18]．「国民経済計算の目的にとって，必要なことは，集計量の異時点間における不変価格および当年価格における変化を表章することである．したがって，数量指数と不変価格集計量は，加法性と推移性の条件を満さなければならない．また対応する価格指数は，要素逆転テストを満さなければならない」(Guidelines, para. 136) と言うことになる．問題となるのは，ウェイトに関する「固有性」の確保である．この点に関し Guidelines の提案は，建設的なものとして評価されるであろう．「……，固有性は（短期分析目的のための）利用にとって非常に重要であるから，できうる限り頻繁にウェイトの変更を伴う連鎖指数についての利点に対し次第に関心が増大して来ている．ここでも，最新のウェイトを要求する短期分析と，加法性および推移性を要求

する長期分析との間には避けることのできない対立が存在している．もし余裕があるならば，ありうべき解決は2つの指数を揃えることである．1つは，短期の比較のための変動ウェイトの指数であり，またもう1つは，長期の期間にわたる比較のための固定ウェイトを持つそれである」(Guidelines, para. 135)．

以上見て来たように，Guidelines は，言うところの"価格および数量統計の体系"に関する包括的かつ原理的な指針の提供を目的とするものであって，さらに個別の実践的な論点は，続編が予想されている一連のマニュアルによって補完されることが期待されていた．この期待に基づいて，不変価格表示の国民勘定および当年価格表示の勘定との関連において価格デフレーターの整合的なセットを構築することを試みたのが Manual である[19]．そこで，われわれは，行列整合性の確保を目指す第1の視角に立脚するストーン＝SNA の思考の自然な発展である Guidelines の拡充として Manual の主張へと目を転じるべきであろう．よく知られているように，この Manual は，当時イースト・アングリア大学(英国)の教授であった T. P. ヒルが国連のコンサルタントの委嘱を受け，その資格においてとりまとめた著作である．ヒルは，60年代の後半 OECD の協同のもとに，OECD 加盟主要国の産業別付加価値の比較の実際に携った経験を持つのみならず，近くは EUROSTAT と OECD の委嘱を受けて，実質生産物の国際比較に関するレポートをも作成した英国における国民経済計算の代表的な専門家であって，この種のマニュアルの作成にとって最適任者の1人と言うことができる[20]．

Manual において取上げられる問題は，多岐にわたり，かつ著者であるヒル自身の研究成果を反映し(例えば，第Ⅴ章と第Ⅹ章)，それぞれに詳しい検討に値する内容と含蓄に富むものであるが，小論は，これら個別の問題に立入る余裕を持ち合わせていない．これまでの議論と関連する限りにおいて，この Manual において取上げられた問題を要約するとすれば，次の3点にまとめることができよう．すなわち，

（ⅰ）不変価格表示の国民勘定の範囲
（ⅱ）指数としての不変価格系列

第4章　国民勘定の不変価格表示と国際比較　　　　　　117

(iii)　付加価値の不変価格表示

がそれである．以下，順次にこれらの問題を見ておくことにしよう．

　まず，不変価格表示の国民勘定の範囲に関しては，「このマニュアルでは，文字通りの狭い意味に理解され，それらの成分が価格と数量に分解され従って問題となっている数量が他の期間に記録される価格によって再評価することのできる財・サービスのフローから構成される勘定に関連づけられる」(Manual, para. 1.5)とされている．すなわち，この Manual は，明瞭に「行列整合性」に関して，4.2 で述べた第1の視角に立つのである．すなわち，前節においてやや立入って議論したギアリーによって開拓され，クルビース/倉林により展開された "trading gains or losses" を根拠とする「行列整合性」に関する第2の視角は，考慮の外に置かれる．従って，「実際のところ，不変価格表示の整合的な勘定の集りを構成する問題は，個々の商品および産業に関する行和と列和との間のバランス関係を保存しながら，投入産出表のあらゆる記入項目をある基準年価格で組織的に再評価する問題に帰着する」(Manual, para. 1.9)ことになる．「行列整合性」に関する第1の視角に立つ限り，不変価格表示の生産勘定の設定に関し，「非商品の流れ」の範囲を狭めて行く試みもまた問題とはならない．4.2 でも注意したように，例えば，「純営業余剰は，バランス項目である．それは，到底価格と数量成分に分解できる取引の集りから成る価値額を表章するものではない．それゆえ，数量単位を詮議立てることは徒労というものである」(Manual, para. 1.17)．明らかに，ここでもまた，「行列整合性」に関する第1の視角が，すなわち(当年価格表示の)バランス関係の設定が，「内部記入項目」と分ち難く結びついている事情を観察することができる．なお，ここでは詳しく議論しえないが，SNA における投入産出表における交代的な評価方法との関連で，不変価格表示の付加価値額を"近似的基本価値額"で評価すること(Manual, para. 1.19)が提案されていることは，注意しておいてよいことであろう．

　この Manual も明瞭に指摘するように，「不変価格表示の財・サービスのフローを計測することは，数量指数を構成することに同じである」(Manual, para.

3.1).「しかし,勘定の体系の中にあっては,数量測度は,勘定の枠組の中のさまざまの財とサービスのフローの多くのものから作り上げられるから,それらが相互に整合的であるべきであることが本質的である」(Manual, para. 3.4). 言うまでもなくそこで要請される整合性は「加法的整合性」である.また「加法的整合性」の要求に基づいて,連鎖指数に対する次の評価が出て来る.「連鎖指数が,とくに利用者が主として最近の短期の動向に関心を持つ時,多くの魅力を持っていることは疑いがない.しかし,その指数は加法的整合性を持たないから,不変価格表示の国民勘定に対する利用は,適切でない」(Manual, para. 3.5). ここで,連鎖指数は,Divisia 指数の近似とも見なされうるものであるから,一般的に言って,不変価格表示の国民勘定の設定にとって,Divisia 指数がなぜ適切を欠くかを明らかにすべきであろう.しばしば指摘されるように,Manual ではこれ以上の叙述はなされていない.しかし,この点に関してT. P. ヒルは倉林の英文著作(注 15)参照)に対する書評(*Economic Journal*, September 1978)の中において,その根拠を述べている.すなわち,Divisia 指数は,それ自体として「加法的整合性」を持ちえず,「加法的整合性」を保存するための均衡条件の導入は,必ず Divisia 指数の持つ「経路依存性」を制約することにならざるをえないと.佐藤和夫〔1976, 1980〕によってすでに明らかにされているように,Divisia 指数が一義に定まるためには背後にあるマクロ生産関数に特殊の制約——ある種の分離可能性条件——を付加しなければならない.これらの制約が資本の "malleability" やヴィンテージ効果に及ぼす含意にまで及ぶことは,両ケンブリッジの資本論争や生産関数の理論の根幹を問うことであり,小論の取り扱いうる能力をはるかに超える[21]. 第 2 の論点についてもう 1 つ付言すべきことは,「固有性」と「加法的整合性」に見られるtrade-off である.「それゆえ,かなり頻繁に基準年の変更を伴うところの,無理のない程度に最新の基準年を維持したいと言う欲求と,できうる限り長い期間にわたって加法的整合性を維持したいと言う欲求(従って,付随的に,基準を規則的に動かすことによって生ずるコストを減少したいと言う欲求)との間には明らかな trade-off がある」(Manual, para. 3.7)ことは,指数理論におけ

る「理想算式」に関する「不整合性定理」の存在にも拘らず,指数が持つ現実として甘受すべき性質のものであろう.

ここで,われわれは,前述した第3の論点である(iii)付加価値の不変価格表示の問題に目を転じるべきであろう.すでに 4.2 においても注意しておいたように,付加価値は,「内部記入」ないしバランス項目であり,したがって,会計上の構成概念である.そのことのゆえに,「実質付加価値の変化は,価格のある固定された集りで評価された付加価値の変化を意味しうるものでしかない.したがって,また現実世界でなんの物的な対応物を持つものではない」(Manual, para. 7.6)との理解が導かれるのである.Manual もまた二重デフレーション法の実行を説くのであるが,実行の前提として,不変価格表示の付加価値が"会計上の構成概念"であることから派生するものであることを認識しておくことが重要である.不変価格表示の付加価値が,二重デフレーション法の実行によって,しばしばマイナスの値をとりうる事実も,この"会計上の構成概念"であることの本質と密接に結びついている.すなわち,「それは,無意味なもしくはナンセンスな結果ではなく,むしろあらゆる不変価格推計値につきものの矛盾の厄介な徴候」(Manual, para. 7.12)と見るべき性質のものである.そうして,Manual は,二重デフレーション法から誘導される不変価格表示の付加価値がマイナスの値をとりうる可能性として,①相対価格変動の影響,②中間投入の産出に占める比率が高いこと,③1つの技術から他の技術への転換,を挙げている(Manual, para. 7.10).この中の①および②は,4.3 のわれわれの推論を裏付けるものと言うことができる.なぜならば,二重デフレーション法から誘導される不変価格表示の付加価値は,「行列整合性」に関して第1の視角に立つがゆえに,われわれの言う交易条件の変動効果を吸収しているのであり,かつまた,(4.10)式の示すところにより,η および $1-\eta$ と密接に関りを持つからである.ただし,Manual では,この交易条件の変動効果を,われわれのように中間投入と産出の間の相対価格の変動だけでなく,中間投入相互間の相対価格変動を含めていることは注意されてよいことであろう.したがって,以上の認識と注意を念頭に置く限り,不変価格表示の付加価値概

念が持つ"複雑さ"(Manual, para. 7.9)を避け難いものとして甘受すべきであるであろうし，したがって「また付加価値は，注意深く用いられる必要のある手の込んだ概念でもある」(Manual, para. 7.6)とする主張の持つ深刻な含意も，「行列整合性」の第1の立場を容認する限り当然の論理的帰結として受けとめざるをえないのである．

　この観点から，不変価格表示の付加価値が二重デフレーション法の実行によってマイナスの値をとりうる事実は，上にも指摘したように「無意味もしくはナンセンスな結果ではなく，むしろあらゆる不変価格推計値につきものの矛盾の厄介な徴候」(Manual, para. 7.12)にほかならないのである．要約するならば，「実質生産物の測度と言うものは，それが目指したもの，すなわち，各産業の産出物を生産する過程で中間投入が消費される比率の変化を調整したこれら産業の実質産出物の動きを示すこと，に成功するだろう．国民勘定において見出される細分のレベルと，不変価格系列の比較が及ぶ期間においては，例えば，10年を超えない期間かつ2ケタの産業分類のレベルでは，不変価格表示の付加価値の計測が，分析目的に役立たないと見なされるような結論を果して生じるかどうかは疑わしい」(Manual. para. 7.14)とする結論は，4.3で言及したマクロとミクロのレベルの生産関数の構造から誘導される付加価値の意味づけの問題を別にすれば，行列整合性の第1の立場に立つ，1つの実践的帰結と見なすべきである．

4.6　国際比較と不変価格系列

　最後にこの考察の主題とは直接的なつながりを持たないとは言うものの，互いに関連する重要な問題としての"国際比較"の観点に補足的に言及しておく．その理由は，第1に，国際比較の問題が，"時間比較"と"空間比較"の対において，類推的な議論がなされることが多いこと，および，第2に，最近の傾向として，国際的な比較の場においても，「行列整合性」が重視される傾向が存在するからである．ところで，国民勘定集計量(正確には，GDEとそれの構

第4章　国民勘定の不変価格表示と国際比較

成項目および 153 品目別)の国際比較は,国連統計局を中心として世界銀行およびペンシルバニア大学の協力のもとに 1970 年代のはじめから精力的な研究が進められている研究領域である．上記三者による研究組織は,「国連国際比較プロジェクト」(United Nations International Comparison Project, 略してICP) と名づけられ, 1968 年と 1970 年の世界 10 ヶ国を対象とする第Ⅰフェーズ, 1973 年の世界 16 ヶ国を対象とする第Ⅱフェーズ, 1975 年の 34 ヶ国を対象とする第Ⅲフェーズ, 1980 年の 65 ヶ国を対象とする第Ⅳフェーズ, 1985 年のほぼ同数の国を対象とする第Ⅴフェーズも終結に近づきつつある．ここはこれら各フェーズの計測の詳細に立入るべき場所ではない[22]．むしろこれまでの議論との関連で注意しておきたい特徴は, (1)ICP における国際比較の方法論が, 2 国間比較ではなく,多国間比較の立場に立つこと, (2)国際比較における望ましい性質として,「行列整合性」を重視していることである．

ICP における「行列整合性」の重視については,すでにその定義に関連して, 4.2 において論及した．国際比較において ICP が持つ注目すべき特徴の 1 つは, この「行列整合性」によって制約された数量測度(不変価格表示の価値額に相当する)と購買力比価(価格指数に相当する)の計測の方法が展開されていることである．ICP が採用する G-K (Geary-Khamis)法は,その典型であるが,最近, 倉林と作間は,「行列整合性」を数量測度と購買力比価のそれぞれのベクトルの間を結ぶ線形変換の形式に定式化することによって,多数国比較の新しい方法論の展開が可能であることを明らかにした．この「行列整合性」概念の拡張は, 特殊の場合として第 1 の視角に立つ「行列整合性」を含むものであり, 併せて第 2 の視角への展開の可能性を秘めていると言える[23]．

2 国間比較から多国間比較への展開も ICP の方法論の重要な特徴にほかならないのであるが, それが数量測度および購買力比価の持つ望ましい性質に重大な影響を与えていることに注目すべきである．国際比較の場における 2 国間比較と多国間比較の方法上の対立は,なお結着がつけられていない．ICP が G-K 法を提げて着々と国際比較の実績を展示するのに対して, EUROSTAT (Statistical Office of the European Community)は, 基礎品目の比較においては

2国間比較の観点に立つ EKS (Eltetö, Köves-Szulc) 法を一貫して推賞するからである．この対立の根本には，「真の意味の要素逆転テスト」の充足を数量測度および購買力比価の成立要件とするかどうかの認識の対立がある[24]．それにも拘らず，この2国間比較と多国間比較の方法上の対立は，われわれが当面問題としている不変価格系列による時間比較にとっても検討に値する問題であろう．われわれの不変表示による時間比較は，本質的に"2時点間"の比較である．これを"多時点間"比較の新しい観点に立って再構成することは，果して不可能であるのか．その場合，時間比較の場における「指数連」の構想，およびそれを継承するタイルによる"最良線形指数"(the best linear index) の提案は，"多時点間"比較の可能性に対して希望と展望を開拓するものと言ってよいであろう．のみならず倉林／作間らの検討によると，"最良線形指数"が前述の拡張された形式において「行列整合性」を満すことも知られている．ここでその構想の詳細に立入る紙幅を持ち合わせていないが，"多時点間"比較の方法に立つ不変価格系列の構造もまた，われわれの検討を待つもう1つのフロンティアと言ってよいであろう[25]．

4.1の注

1) J. R. N. Stone, *Price and Quantity Indexes in National Accounts*, OEEC, Paris 1956, p. 93.
2) R. C. Geary, "Problems in the Deflation of National Accounts: Introduction", *Income and Wealth*, Series IX, Bowes and Bowes, London 1961. 実質国民所得は名目国民所得の購買力を表章するとの観点に立って，ニコルソンも交易条件の変動効果を表現するための類似の定式化を行っている (J. L. Nicholson, "The Effects of International Trade on the Measurement of Real National Income", *Economic Journal*, Vol. 70 No. 3, September 1960).
3) スツーフェルによる交易条件変動効果の分析にはいくつかのヴァリアントがあるがここで主として関説するのは，G. Stuvel, "Asset Revaluation and Terms of Trade Effects in the Framework of National Accounts", *Economic Journal*, Vol. 69 No. 2, June 1959, である．そこでスツーフェルが誘導する交易条件変動効果は，下記の近著の中で「価格・構造効果」(Price-structure effects) と呼ぶものにほかならない．それゆえスツーフェルが近著において交易条件変動効果の望ましい尺度としてクルービスのルールから導かれる $T(C)$ の変形を指示していること (G. Stuvel, *National*

第4章 国民勘定の不変価格表示と国際比較 123

Accounts Analysis, The Macmillan Press, London 1986, 能勢信子訳『国民経済計算』p. 91) は当然の成り行きと言えよう. ブローデリックの方法は, J. B. Broderick, "National Accounts at Constant Prices", *Review of Income and Wealth*, Series 13 No. 3, September 1967, に述べられている.

4.2の注
4) United Nations, *Manual on National Accounts at Constant Prices*, Statistical Papers, Series M No. 64, New York 1977, para. 7.5. 以下本書を Manual と略記し, 参照の個所をパラグラフ番号で示す.
5) 国民経済計算の体系におけるバランス項目の持つ特質は, それが1.1で述べた「垂直的複式記入の体系」に関することにある. 取引が「勘定」の形式の上に記録される場合, (SA-2)によって取引の対象に関しては対応項目が同調し, 取引の対象に関し源泉と使途のバランス関係を導くが, 取引の主体に関する垂直的記入の場では同様のバランス関係の成立は必ずしも自明のことではない. バランス項目が「会計上の構成概念」として「垂直的記入の体系」の中に持ち込まれるゆえんである.「垂直記入の体系」におけるバランス項目の導入はアルキポフ(1.1の注5)参照)によっても注意されており, バランス項目のことを"結果バランス"(un solde-résultat)と名づけている(Oleg Arkhipoff, "Formalisme comptable: de la comptabilité d'enterprise a la comptabilité nationale", *Journal de la Société de Statistique de Paris*, No. 3 Tome 125, 1984, p. 178). 「内部記入」項目の名称はスツーフェルの命名によるものであって, この項目は「個々の取引主体が会計期間の終りに勘定を閉じるためにこの勘定の上に構成される概念上の集計量である」と定義されている. またスツーフェルは, 「内部取引」項目が"3勘定モデル"の行列形式による表示においてしばしば主対角線上の要素として表章される事実に注意している(G. Stuvel, *Systems of Social Accounts*, Clarendon Press, Oxford 1965, p. 43).
6) 国際比較に関し"固有性"とは価格比較の対象品目のサンプルと集計に用いられるウェイトがどの程度まで比較される国の品目とウェイトを代表するかの程度に関連している(Laszlo Drechsler, "Weighting of Index Numbers in Multilateral International Comparisons", *Review of Income and Wealth*, Series 19 No. 1, March 1973).
7) Richard Stone, *Price and Quantity Indexes in National Accounts*, OEEC, Paris 1956, p. 106.
8) Irving B. Kravis, Zoltan Kenessey, Alan Heston, Robert Summers, *A System of International Comparisons of Gross Product and Purchasing Power*, The Johns Hopkins University Press, Baltimore and London 1975, p. 5.
9) R. G. D. Allen, Index Numbers in Theory and Practice, The Macmillan Press Ltd., London 1975, 溝口敏行・寺崎康博訳『指数の理論と実際』pp. 65-66.

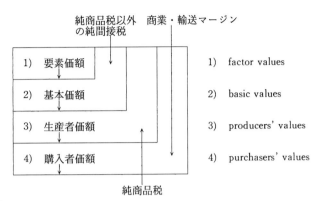

4.3 の注

10) SNA における代替的評価方法を簡略化して図示すれば上図のようになる.

　ここで簡略化と言ったのは SNA の第Ⅳ章および数学付録によると要素価額と基本価額にはそれぞれ近似的なそれと真のそれとが区別され，従って6個の代替的な評価方法が分類されているためである．しかし真の要素価額と真の基本価額評価は困難とされ，実際に用いられるのは表記の4つとされる．(近似的)要素価額を基礎とするならば，図示からも明らかのように，商品税を除く間接税，商品税，商業・輸送マージンの処理にそれぞれ対応する 2), 3), 4) の評価方法が代替的評価の核を形成すると言うことができる．ここで，2) と 3) は生産者がその生産物に対し現実に請求する価額と考えることができ，それは理論上の表章よりも統計上の評価を考慮した概念である．最近わが国における税制改革論議を賑わしている VAT (付加価値税) の処理は 2) の大きさと主として関連しているが，国民経済計算における VAT の処理方法自体が，基本価額(ないし近似的基本価額)の概念は理論上の概念であるよりも，すぐれて統計上の概念であることを示唆するものと言えよう．ところで，国民経済計算の専門家で VAT 導入の国民経済計算，とくに GDP 推計上の処理を論じた文献としては，Günter Hamer, "Die Behandlung der Umsatz- (Mehrwert-) -steuer in den Volkswirtschaftlichen Gesamtrechnungen", *Wirtschaft und Statistik*, September 1968, SS. 439-443, がまとまった考察を与えている．ここではその詳細に立入る余裕はないが，VAT 導入の典型的な表章形式としては"ネットシステム"(das Nettosystem) が"グロスシステム"(das Bruttosystem) と対比されている．前者は要素価額の評価と整合し，後者は購入者価額の評価とつながっている．それゆえ代替的評価方法の中でひとまず理論上の概念とみなされるのは国民所得の評価をめぐって伝統的に用いられ来た 1) と 4) ということになる．しかし 1) の概念的確定には"要素サービス"の定義をめぐる困難 (T. P. Hill, "On Goods and Services", *Review of Income and Wealth*, Series 23 No. 4, December 1977, pp. 325-328)

がある.

11) Kazuo Sato, "The Meaning and Measurement of the Real Value Added", *Review of Economics and Statistics*, Vol. 58 No. 4, November 1976; Kazuo Sato, "Theoretical Issues in Production Accounting" in Kazushi Ohkawa and Bernard Key, ed. by, *Asian Socioeconomic Development, A national accounts approach*, University of Tokyo Press, Tokyo 1980.

4.4 の注

12) M. R. Courbis, "Comptes économiques nationaux a prix constants", *Etudes et Conjoncture*, Juillet 1964.
13) Y. Kurabayashi, "The Impact of Changes in Terms of Trade on a System of National Accounts: An Attempted Synthesis" *Review of Income and Wealth*, Series 17 No. 3, September 1971.
14) 4.2で述べたギアリーとスツーフェルによる接近を含めクルビース(1964)の業績まで不変価格表示の国民勘定における交易条件の変動効果に関する解説は, Jean Bénard, *Comptabilité nationale et modèles de politique économique*, Presses universitaires de France, Paris 1972, pp. 311-324, に与えられている. また4.1の注3)で言及したスツーフェルの著作(G. Stuvel, National Accounts Analysis, The Macmillan Press, London 1986)も著者自身の業績を中心としてこの問題を解説している. OECD 加盟国を対象とした交易条件変動効果を計測した研究としては, Pierre Gutmann, "The Measurement of Terms of Trade Effects", *Review of Income and Wealth*, Series 27 No. 4, December 1981, を参照.
15) M. R. Courbis, "Comptabilité nationale à prix constants et à productivité constante", *Review of Income and Wealth*, Series 15 No. 1, March 1969. および, Yoshimasa Kurabayashi, *Studies in National Economic Accounting*, Kinokuniya-Bookstore Co. Ltd., Tokyo 1977, Chapter 2, を参照.

生産性の変動の分析を国民勘定の場に持ち込む研究には2つの接近を区別することができるように思われる. その第1の接近は, 国民勘定の不変価格表示における"行列整合性"の制約を重視する立場であって本章は主としてこの思考の系列に拠っている. SNA 第Ⅳ章数学所録で展開されている粗産出および中間投入合計の指数表示による体系(SNA, paras. 4.130-4.138)もこの第1の接近に従う生産性の分析のための興味ある結果を導いている(その点に関し, 作間逸雄「GNP デフレーターについて」『専修大学社会科学研究所月報』No. 271, 1986年2月号, に興味深い指摘がなされている). 第2の接近方法はケンドリックおよびデニソンの一連の研究に端を発する「経済成長会計」の研究の系列である. M. I. Nadiri, "Some Approaches to the Theory of Measurement of Total Factor Productivity: A Survey",

Journal of Economic Literature, Vol. 8, December 1970, は比較的初期のこの分野の研究の動向を展望している。わが国における同様の試みとしては，石渡茂「ソース・アプローチの展望」『経済研究』22 巻 1 号，1971 年 1 月号，を参照．また Charles Kennedy and A. P. Thirlwall, "Technical Progress", in The Royal Economic Society and The Social Science Research Council, ed. by, *Surveys of Applied Economics*, Vol. 1, Macmillan, London 1973, も経済理論の応用の観点に立って第 2 の接近方法について言及している．前節で注意した佐藤和夫の研究もこの系列への貢献として位置づけられる．また Dale Jorgenson, Frank Gollop, Barbara Fraumeni, *Productivity and U. S. Economic Growth*, Harvard University Press, Cambridge, Mass. 1987, は最近のこの分野の研究で最大の貢献として注目すべきである．

16) Kazuo Sato, "Theoretical Issues in Production Accounting" in *Asian Socioeconomic Development, a national accounts approach*, p. 87. (4.11)からも明らかのように「実質準賃貸料」は労働以外の本源的生産要素の生産活動に対する貢献を表現している．佐藤は「実質準賃貸料」の誘導には Divisia の指数形式が不可欠であると言っているが(Kazuo Sato, *op. cit.*, p. 87)，表 4.1 の枠組を考えるならば伝統的指数の形式を用いて「実質準賃貸料」を定義することができる．

4.5 の注

17) United Nations, *Guidelines on Principles of a System of Price and Quantity Statistics*, Statistical Papers, Series M No. 59, New York 1977. 以下本書を Guidelines と略記し，この文書からの引用はパラグラフ番号によって指示する．

18) W. Eichhorn and J. Voeller, *Theory of the Price Index: Fisher's Test Approach and Generalizations*, Springer-Verlag, Berlin, Heidelberg, New York 1976. なおこの「不整合性定理」の証明に関しては，別に，Wolfgang Eichhorn, *Functional Equations in Economics*, Addison-Wesley Publishing Company, Reading, Massachusetts 1978, pp. 170-171, を参照．なお「不整合性定理」の対象となっているテストの条件は ⅰ）比例性テスト，ⅱ）循環テスト，ⅲ）同一性テスト，ⅳ）単位無差別テスト，およびⅴ）要素逆転テスト，であるが，ⅰ）とⅱ）の条件は若干ゆるめることができる．

19) United Nations, *Manual on National Accounts at Constant Prices*, Statistical Papers, Series M No. 64, New York 1979. この文書からの引用は，同じくパラグラフ番号による．

20) T. P. ヒルは 1979 年以降 OECD の経済統計および国民経済計算部長として勤務する傍ら 1985-1987 年には国際所得国富学会(IARIW)の会長を歴任した．また後続の第 10 章において述べる国連統計局が中心となって進めている 1968 SNA の改訂作業を推進する「SNA 作業グループ」の中心メンバーである．また同グループの委嘱によって，改訂 SNA(いわゆる Blue Book)の原稿の作成に当ることが決

第4章 国民勘定の不変価格表示と国際比較　127

っている．産業別付加価値および実質生産物の研究分野におけるヒルの業績としては，以下の著作を挙げるべきであろう．

T. P. Hill and J. McGibbon, "Growth of Sector Real Product, Measures and Methods in Selected O.E.C.D. Countries", *Review of Income and Wealth*, Series 12 No. 1, March 1966. T. P. Hill, *The Measurement of Real Product*, OECD, Paris 1971.

また，実質生産物の国際比較に関する研究としては，EUROSTAT, *Multilateral Measurements of Purchasing Power and Real GDP*, European Communities, Luxembourg 1982, を挙げておく．

21) 両ケンブリッジの資本論争の経済理論的な吟味と評価に関する要を得たサーベイは，G. C. Harcourt, *Some Cambridge Controversies in the Theory of Capital*, Macmillan, London 1972, に与えられているが，これらの資本論争の含意はたとえ考察の視野を「経済成長会計」の領域にのみ限定するとしても主要な文献を限られたスペースの中に網羅することは難しい．ここではこれまでの議論との比較的に密接に関連する文献のみを指摘するに止める．

Thomas K. Rymes, *On Concepts of Capital and Technical Change*, Cambrige University Press, Cambridge 1971. Dan Usher, *The Measurement of Economic Growth*, Columbia University Press, New York 1980.

また，T. K. Rymes, "More on the Measurement of Total Factor Productivity", *Review of Income and Wealth*, Series 29 No. 3, September 1983, は全要素生産性の計測を念頭に置きながら技術進歩の HRR (Harrod-Robinson-Read) 測度の経済理論的含意を問う比較的最近の注目すべき研究である．

4.6 の注

22) 第IVフェーズの計測結果の詳細を述べるとともに ICP の方法論の概略を説明した書物が，Irving B. Kravis, Alan Heston, Robert Summers, *World Product and Income, International comparisons of real product*, The Johns Hopkins University Press, Baltimore and London 1982, である．ICP の計測の方法論と問題の簡明な解説は，EUROSTAT, *Multilateral Measurements of Purchasing Power and Real GDP*, European Communities, Luxembourg 1982, によって与えられている．この書物は EUROSTAT のコンサルタントとして委嘱された T. P. ヒルの執筆によるものである．GDP とその購買力の国際比較に関する優れたサーベイは，その分野の最高権威の手になる次の論文で与えられている．必読の文献である．Irving B. Kravis, "Comparative Studies of National Incomes and Prices", *Journal of Economic Literature*, Vol. 22 No. 1, March 1984.

ICP 初期フェーズの研究を解説した邦語文献は，行政管理庁統計主管『GDP 購買

力の国際比較に関する調査研究——国連国際比較プロジェクト研究会報告書』,1979, である. 第Ⅰフェーズより第Ⅴフェーズに至る ICP の計測結果の要約は, Robert Summers and Alan Heston, "A New Set of International Comparisons of Real Product and Prices: Estimates for 130 Countries, 1950-1985", *Review of Income and Wealth*, Series 34 No. 1, March 1988, の中に報告されている. なお, 倉林義正「GDP 購買力の国際比較をめぐる国連プロジェクトの展開」逸見謙三編『経済発展と金融 理論・政策・歴史(朝倉孝吉先生還暦記念論文集)』創文社, 1982, 同上「GDP の国際比較の研究をめぐる最近の動向」総理府統計局『昭和 57 年度 物価指数研究会報告』1983 年, にはそれぞれ ICP の方法および前記 T. P. ヒルの報告書に対する論評を含めた第Ⅲフェーズ以降の発展に対する解説がある.

23) 以下のデータおよび変数の配置を考える.

	国				
		1 …… j …… n		$\overline{p_1}$	$\overline{q_1}$
品	1			⋮	⋮
	i	(p_{ij}, q_{ij})		$\overline{p_i}$	$\overline{q_i}$
目	⋮			⋮	⋮
	m			$\overline{p_m}$	$\overline{q_m}$
		p_1 …… p_j …… p_n			
		q_1 …… q_j …… q_n			

ここで, p_{ij} は i 商品の j 国通貨単位で表示された価格,

q_{ij} は i 商品の j 国における数量,

$\overline{p_i}$ は i 商品の世界価格,

$\overline{q_i}$ は $\overline{q_i} = \sum_{j=1}^{n} q_{ij}$ で定義される i 商品の世界数量,

p_j は j 国の購買力平価(PPP—purchasing power parity の略記)

q_j は j 国の GDP 数量に対する測度,

$v_{ij} = p_{ij} \cdot q_{ij}$, すなわち i 商品 j 国通貨単位の価額,

と定める. また,

$P = (p_{ij})$, p_{ij} によって作られる $m \times n$ 行列,

$Q = (q_{ij})$, q_{ij} によって作られる $m \times n$ 行列,

$\overline{p} = (\overline{p_i})$, $\overline{p_i}$ によって作られる $m \times 1$ 列ベクトル,

$p = (p_j)$, p_j によって作られる $n \times 1$ 列ベクトル,

$\overline{q} = (\overline{q_i})$, $\overline{q_i}$ によって作られる $m \times 1$ 列ベクトル,

$q = (q_j)$, q_j によって作られる $n \times 1$ 列ベクトル,

第4章　国民勘定の不変価格表示と国際比較　　　　129

$V = (v_{ij})$, v_{ij} によって作られる $m \times n$ 行列,
とする. 倉林と作間による一般化された「行列整合性」は,

$$Q' \overline{p} = \alpha q \tag{N.1}$$

によって表わされる. ここで α は正のスカーラーである. いま $\alpha = 1$ とすると GDP の不変価格表示を世界価格表示に表示するバランス関係を表わすから, 第1の視角に立つ「行列整合性」の国際比較への応用例になっている. すなわち α を動かすことによって「行列整合性」のより一般的な表現を考えることができるわけであって, (N.1)で表章された拡張された「行列整合性」は第2の視角への拡張の可能性を内蔵している. ただし Q' は Q の転置行列である.

倉林と作間は世界価格を次の(N.2)式で定式化する.

$$\overline{p} = \beta P^s q \tag{N.2}$$

ここで, β は正のスカーラー, P^s はシンプレックス表示された価格行列, すなわち P^s の (i, j) 要素は $p_{ij}/\sum_{i}^{m} p_{ij}$ である. 言い換えると P^s の第 j 列はシンプレックスの中で基準化された第 j 国の相対価格体系を表現する. (N.2)式は世界価格の体系がシンプレックス表示の各国の価格体系の1次結合として定義され, かつ1次結合の係数(ウェイト)が各国の数量測度であることを意味している. (N.1)と(N.2)を連立させると

$$Q' P^s q = (\alpha/\beta) q \tag{N.3}$$

となって, 各国の GDP 数量測度は $Q' P^s$ の固有ベクトルとして決定される. 倉林と作間は(N.1)と(N.2)を用いて $\overline{p}$ と q を決定する方法を KS-S 法と名づけている.

ICP が $\overline{p}$ と q の決定に用いたのが Geary-Khamis の方法(G-K 法)である. KS-S 法との比較において G-K 法は次のように表現される. まず(N.1)において $\alpha = 1$ として,

$$Q' \overline{p} = q \tag{N.1}'$$

(N.1)′の意味についてはすでに述べた, G-K 法の特徴は世界価格の間接的誘導にある. すなわち $\overline{p}$ の決定は次のように定式化される.

$$\overline{p} = (\hat{q})^{-1} V^s q \tag{N.2}'$$

(N.2)′において世界価格は数量測度をウェイトとする価額シェアの1次結合を作り, これを世界数量で割ることによって間接的に誘導される定式化となっている. ここで V^s はシンプレックス表示の V 行列である. すなわち KS-S 法と G-K 法との間には

$$(\hat{q})^{-1} V^s \to P^s$$

の対応がある. ここで $\hat{q}$ は $\overline{q}$ を要素に持つ対角行列である.「行列整合性」をめぐる KS-S 法と G-K 法の比較に関しては, 倉林義正・作間逸雄「GDP 国際比較における世界価格の概念について」『一橋論叢』97巻5号, 1982年5月号, を参照.

24) EKS 法はエルテトとケーブス(ハンガリー)およびシュルツ(ポーランド, 現在

はカナダ)によってそれぞれ独立に発見された国際比較の方法であってフィッシャー指数の国際比較への応用となっている．f_{ij}でi国対j国価格のフィッシャー指数を表わすならば，i国対j国の PPP を PPP(i, j)で表わして，対象国の数をnとすると，EKS 法による PPP(i, j)をe_{ij}として，

$$e_{ij} = [f_{ij}{}^2 \cdot \prod_{l=1}^{n}(f_{il}/f_{jl})]^{1/n}, \quad l \neq i, j \qquad (*)$$

で表わされる．(*)のe_{ij}については以下の性質が知られている．

(イ) e_{ij}は要素逆転テストを満す．
(ロ) e_{ij}は推移性を満すという条件のもとで

$$\sum_i \sum_j (\log e_{ij} - \log f_{ij})^2 \quad i, j = 1, 2, \cdots\cdots, n$$

を最小にする．すなわちe_{ij}はf_{ij}との相対比の2乗和を最小する測度となっている．

e_{ij}を含めてさまざまの形式の PPP(i, j)を指数形式の統一理論の観点から統一し，分類する試みがジェラルディによってなされている (Dino Gerardi, "Selected Problems of Inter-Country Comparisons on the Basis of the Experience of the EEC", *Review of Income and Wealth*, Series 28 No. 4, December 1982). ここではジェラルディによる PPP(i, j)の分類体系の詳細に立入る余裕を持っていない．のみならず PPP(i, j)の分類を通してジェラルディの主張するところは基礎品目の PPP(i, j)の導出に関しては EKS 法を推賞し，基礎品目の PPP(i, j)の集計に関しては個々の国の相対価格の構造から等距離な ("equi-distant") の価格体系 (世界価格) を選好することにあるのであって，ICP に対する1つの批判となっている．従って，ジェラルディの考察を ICP の方法との比較において掘り下げることは GDP とその PPP の国際比較を主題とする別の書物に委ねるべきであろう．なお，倉林と作間は，L^*をi国とj国のラスパイレス数量指数，すなわち$(\sum_{k=1}^{m} p_{kj} q_{ki})/(\sum_{k=1}^{m} p_{kj} q_{kj})$を$(j, i)$要素とする行列，$G$を国別のウェイト$g_i$を対角要素に持つ対角行列として，前記注23)で用いた記号とともに，

$$\{\widehat{(L^*)' i}\}^{-1} L^* q^{(2)} = q^{(2)} \qquad (**)$$

から求められるqを考える．ここで，iはすべて1を要素とする$n \times 1$ベクトル，$q^{(2)}$はqの各要素の2乗を要素とする$n \times 1$ベクトルである．これを

$$(\hat{p})^{-1} L G \hat{p} i = \hat{p} L' G (\hat{p})^{-1} i \qquad (***)$$

から求められる PPP ベクトルpとを比較する．ただしLはi国対j国のラスパイレス形式の PPP，すなわち$(\sum_{k=1}^{m} p_{ki} q_{ki})/(\sum_{k=1}^{m} p_{kj} q_{ki})$を$(i, j)$要素とする行列である．(**)から求められた$q$と(***)から求められた$p$との積は$\sum_{k=1}^{m} v_{ki} / \sum_{k=1}^{m} v_{kj}$と等しくなる．この方法は不動点ウェイトのバランス法(後述)の1つの変種である (倉林義正・作間逸雄「GDP 国際比較の一方法——van Yzeren 法の再評価」『経済研究』33巻4号，October 1982，参照)．なお(**)によってqを決定する方法は倉林と作間によって QYKS 法 (van Yzeren-Kurabayashi-Sakuma の方法の数量バージ

ョン)と名づけられた方法である.また(＊＊＊)による p の決定はファン・イツェルンのバランス法の定式化となっている(ファン・イツェルンの方法は J. van Yzeren, *Three Methods of Comparing the Purchasing Power of Currencies*, Statistical Studies, No. 7, The Netherlands Central Bureau of Statistics, Zeist 1957, で展開されているが,その解説としては,作間逸雄「GDP 国際比較の方法と購買力平価——van Yzeren 法の再検討」『季刊国民経済計算』No. 56, 1982 年度第 1 号, を参照).

25) 筆者は,倉林義正「"行列整合的"多時点間価格及び数量比較の一方法」総理府統計局『昭和 56 年度物価指数研究会報告』1982, において「行列整合性」を満す多時点間比較の方法を提案するとともに,この方法に基づいて産業別付加価値の不変価格系列とデフレーターを計測し,公表の二重デフレーション法に基づく計測値との比較を試みた.その方法は生産物と PPP の国際比較に関し倉林と作間によって開発された KS-S 法を時間比較に応用したものである.すなわち本章注 23)の表示のデータ構造の表側の品目を産業,表頭の国を時間と読み換えるならば,q と p はそれぞれ産業別付加価値の合計としての GDP の数量指数およびそれのデフレーターの時間的変化を表わすベクトルとなる.すなわちこれらのベクトルはある種の「指数連」の形に表現される.このようにして計算された p と q は「行列整合性」を満すとともに「推移性」を満足する.換言すると基準年の変動によって時間的変化の経路が変ることはない.この事実は p ないし q 系列を公表の二重デフレーション法の結果と比較すると明らかであって,公表の不変価格系列が持つ固有の"パーシェ効果"からの影響を全く受けないことが確かめられる.なお「行列整合性」を空間(国際)比較と時間(実質)比較の 2 つの次元の場で綜合する試みはなお未解決である.比較の対象である価格指数と数量指数に関する制約を"推移性"に設定して,空間比較と時間比較の綜合を達成する試みは,H. Krijnse Locker and H. D. Faerber, "Space and Time Comparisons of Purchasing Power Parities and Real Values", *Review of Income and Wealth*, Series 30 No. 1, March 1984, においてなされている.当然にこの試みにおいては「行列整合性」を満すことは困難である(H. Krijnse Locker and H. D. Faerber, *op. cit.*, p. 65).

第5章　SNAと福祉の測度

5.1　GNPとNNW

　1973年3月,経済企画庁経済審議会の下部組織の1つであるNNW開発委員会は約2年にわたるその研究の成果をまとめて『NNW開発委員会報告——新しい福祉指標』(以下,「NNW報告」と略して引用する)として公表した.同委員会は,当時経済企画庁経済研究所の所長であった篠原三代平教授を委員長とし,関連する分野の専門家6名から構成されている[1].

　同委員会は国民の福祉の総括的な指標を開発することの必要を痛感した経済審議会企画委員会の要請にもとづいて,これまでのGNPないし国民所得概念に修正を加えて国民の福祉を表示するのに適切な「貨幣的」指標を開発する接近の方法を採用した.その努力の結実がNNWにほかならない.

　「NNW報告」が「貨幣的」指標の開発に努力を集中した理由は,同報告によると,2つある.第1は,分析上の客観主義への徹底である.これによって,国民の意識調査などに基礎をおくGNS(gross national satisfaction)やいくつかの代表的指標の主観的な加重と総合の結果である社会指標などの接近方法が排除される.また第2は,計測過程における客観主義への徹底である.その結果,余暇時間の増大に伴って生れる「機会所得」の喪失や主婦の家事労働を典型とする「市場外活動」に対する擬制的な評価の事例を別にするならば,客観的なスケールの1つとしての貨幣額表示の枠内にNNWの計測が収められることになる.

　ここで特に注意をしておくべき点は,「NNW報告」も言っているように,「NNWがGNPにとって代るものとして検討されている見方が一部でなされているが,これは全く誤りであって,NNWは,あくまで「補完的」に国民所

第5章 SNAと福祉の測度

得概念と併用されるべき性質のもの」[2]であることである。この点の誤解は本来識者であるべき経済学者の間でも絶無とは言えない[3].

いずれにしても，この「NNW報告」は国民の福祉指標の計量化に対して新たな可能性を開拓したものとして，国の内外から注目せられたし，また高く評価せられるべき性質の研究である．とりわけ，「NNW報告」がGNP推計の歴史的な経過における問題点の批判的な検討の上に新しい国民の福祉概念を構築しようとした接近の方法は，SNAの1つの発展として経済統計と社会統計の結合を考える観点からしても，看過しえない重要性を持つものである．ところで，「NNW報告」は大別して，NNWの本質をGNP推計上の問題点と対比させながら考察するNNW方法論(第1部)と，この考察に基づいてその計数を推計するNNW推計(第2部)とから構成されている．以下この節では第1の方法論の部分に即してNNWの特質とそれの社会統計との結合に対する示唆を見て行くことにしよう．

「NNW報告」はGNP推計の歴史的経過を跡づけることによって，推計の初期の段階ではGNPを福祉の指標と見る視角が支配的であったが，次第にそれは有効需要の指標であるとする立場にとって代られたと主張する．しかし，この推論はいささか強引である．まず第1に，GNPの推計過程とその結果GNPをいかなる指標として利用するかということの間に必ず一義的な対応が存在しなければならない論理的な保障はなんら存在していない．オールソンの古典的な整理の方法に倣うならば，GNPの推計過程は，「勘定の設計と経済取引に結びつく問題」と考えられているNA-問題の一環を形成するものであり，GNPをなんらかの指標として利用することはGNPを含めさまざまの集計量によって記述される「経済的な結果の叙述」を表わすR-叙述の一部である[4]．NA-問題とR-叙述との間に一義的な対応を見出すことはもともと不可能だからである．「NNW報告」の主張する立場は，このNA-問題とR-叙述の間を一義的に結ぶことができるとする論拠に帰着するのであり，この一義的な結びつきを保障する根拠は全く示されていない．

第2に，「NNW報告」がしばしば「GNP推計史の流れ」として言及してい

る内容は，アメリカの NBER (National Bureau of Economic Research) における 1930 年代のなかばから 1950 年代の初頭に至るまでの GNP 推計過程の歴史的な変遷，一層限定的に言えば，その間におけるクズネッツの貢献に限られるのであって，たとえ視野を GNP の推計に限るとしても，その期間の国民所得研究の主たる潮流を代表すると断言することはできない．もちろん，この期間において NBER を拠点として GNP と関連分野の実証研究を推進した諸学者（ファブリカント，ショー，コープランド，コルム等）の業績は無視しえない．また，これらの諸学者をリードしてアメリカにおける GNP 推計に金字塔的な成果を残したクズネッツの貢献は銘記せらるべきものである．しかし，国民所得研究はほぼ時を同じくして西ヨーロッパのいくつかの国においても理論と実証の両面において独自の発達を遂げつつあったのである．ケインズの強力な支援のもとに緒についたストーンとミードによるイギリスの国民所得青書の研究．リンダールを中心とするスウェーデンにおける国民所得の推計作業．さらには，フリッシュとその門下であるビエルベおよびオークルストによる経済循環体系 (økosirk-system) の開発．この展開を承けたオークルストによるノールウェイの国民勘定の設計とその計測などはこれらの発達を例証するいくつかの事例である．のみならずこれらの西および北ヨーロッパにおける国民所得研究には，筆者がかつて注意したように，NBER の研究には見出すことのできない独自のかつ重要な方法上の特徴が存在しているのであって，NBER，さらにはクズネッツに代表される GNP 推計過程の歴史的変遷だけに基づいて「GNP 推計史の流れ」を代表させるこの「NNW 報告」の主張は，明らかに一面に偏向した考察から引き出されたものと考えざるをえないのである[5]．

　第 3 に，R-叙述として GNP に対し代替的に「福祉指標」か「有効需要の指標」かに選択を限定することも恣意的である．その反例としては，かつてヒックスとクズネッツの間で「エコノミカ」誌上で争われた社会所得の評価をめぐる論争を想起すれば足りる．この論争は，もともと国民所得は購買力の次元で評価する際の 2 つの表示基準，すなわち市場価格表示と要素費用表示，の相違に従って，経済福祉の指標（市場価格表示の国民所得）と生産力の指標（要素費

第5章 SNAと福祉の測度　　135

用表示の国民所得)のいずれとも考えられるとするヒックスの主張を出発点としている．ここは，ヒックス対クズネッツの論争の経過の詳細に立入る場所ではない．それにも拘らず，やや早急に議論の対照を急ぐとするならば，ヒックスが国民所得を経済活動の成果を多面的に表現する指標として多元的に理解するのに対して，クズネッツは国民所得を(表示基準における相違を調整して)経済福祉の指標として一元的にとらえる立場を主張したものと言える．そうして，クズネッツの議論では，表示基準の調整において本質的な役割を演じるのが政府サービスの存在，それの生産促進的サービスと消費促進的部分のそれへの分割であった[6]．

　このヒックス対クズネッツ論争に関して付言すべきもう1つの論点は，上述の争点だけがヒックスの提出した設問ではなかったと言うことである．ヒックスは前述した主張と併行して，国民所得の循環過程の中で政府活動をいかに位置づけられるべきであるかとの問題を提出しているからである．今日の表現をもってするならば，国民勘定の体系における政府勘定の設計とそれによって含意される政府活動の評価の問題である．ヒックスとクズネッツの論争の経過に照らして考えると，この問題点はほとんどクズネッツの関心を引くところとならなかったようである．GNP推計過程における政府活動の評価の問題はクズネッツにおけるGNP推計の研究をめぐる主要な問題点となっていることは，「NNW報告」の中で説かれている通りである．それにも拘らず，経済のマクロ的な循環の枠組の中で政府活動の位置と役割を定め，それとGNPもしくは国民所得の関連を明らかにする接近の方法はもっぱら西および北ヨーロッパの専門家たちを中心とする国民勘定の開発によって大きな発展を遂げたのであり，クズネッツの研究と関心は次第にこうした潮流からの乖離を拡げるに至る．この意味で1950年代以後の国民所得研究の主たる潮流は次第に脱クズネッツの色合いを濃くしていくのであり，諸国際機関(例えば，UN, OEEC)による国民勘定の標準体系の研究開発，研究組織の国際協力などによって，国民勘定の拡充を核とする国民経済計算体系の整備と統合が1960年代以降の国民所得研究の中心に据えられることになるのである．「NNW報告」があえてこのような

動向に背を向けて，もっぱらクズネッツと同様の指向のもとに GNP 推計過程の旧套に固執して政府活動の大きさを推計しようとすることも1つの主張である．しかし同報告がなぜ上述の主たる潮流を無視しうると考えたのか．この疑問に「NNW 報告」は全く答えていない．

「NNW 報告」における政府支出に関する議論もまた一面的である．この論点に対し前述したヒックスの設問は政府活動を経済循環の枠組の中でどのように位置づけるかと言う見地からの多面的な接近の必要を示唆するものであったと言える．「NNW 報告」が1つの拠りどころとしているクズネッツの推論はこのような多面的な接近には成功していないと言ってよい．同報告も指摘するように，クズネッツの接近は政府支出のどの部分が政府の生産物として GNP の中に含められるかと言う角度からなされている．経済循環を形成する対象として政府の生産物が，他の財・サービスと比較してどのような特徴と特異性を持っているのか．また経済循環に参加する主体としてここで政府と呼ばれる主体の範囲をどこまでに限定するのか．またこれらの対象(の集り)と主体(の集り)の交錯によって織りなされる経済循環の全体とそれを構成する部分とのつながりをどのように表現するか．経済循環の枠組の中に位置づけられるべき政府活動は，およそこのような多面的な検討の中で明らかにされる性質と重要性を持つものである．クズネッツの接近は，このような多面的検討の必要に対する認識と準備を全く欠くものである．むしろ，1950年代の後半から国民所得研究の新しい発展の担い手となった国民勘定の開発が，この多面的な検討に対して数多くの示唆と豊富な経験を提供して来た．例えば，旧 SNA (United Nations, A System of National Accounts and Supporting Tables, New York, 1st. ed. 1953, 3rd ed. 1964)における一般政府の定義と一般政府勘定の設計は，こうした多面的な検討の要請に応えようとする企てと考えることができる．

旧 SNA は，政府の本来的な活動(オールソンの言う純粋な政府活動)を一般政府の機能に要約するのである．それによると,「一般政府の機能は，社会に対して経済的にもまた便宜の上でも他の方法をもってしては供給することのできない共通サービスを社会に販売するのではなく組織する」(旧 SNA, para. 88)

ものとされている.この叙述には若干の不徹底な論点が残されていると言うものの,純粋な政府活動の本質を正しく言いあてている.政府が経済を構成する主体として担うべき機能は,まず第1に,社会の安全と秩序の維持もしくは社会福祉の増進のために提供されるサービスなどに象徴されるように,営利を目的とする売買の対象とならないサービスの提供にあること(これらのサービスの非市場性).第2に,これらのサービスが社会を構成する人びとの利害に共通する性質を持つサービスを提供すること(これらのサービスの均霑性)にある.旧 SNA における一般政府の機能に対する本質的な洞察に比較するならば,「NNW 報告」にも詳しく引用されているクズネッツの基準は純粋な政府活動の本質を全く理解しない性質のものと考えざるをえない.GNP に貢献する政府の生産物に関するクズネッツの推計は,このような政府活動に関する誤った認識から生み出されたものなのである[7].

旧 SNA の展開の持つ他の1つの重要な意義は,この一般政府の機能を経済を構成する他の主体の活動との関連において,それらを結ぶ整合的な統一体——システム——に組み上げる一環として一般政府の勘定を設計していることである.またこの整合的な統一体の役割を担うべく開発が進められて来たのが国民勘定の体系にほかならなかったのである.一般政府の勘定は固有の政府活動を表現するための完結した体系を作るものであるが,同時にそれは経済循環を全体として表現する統一体に対しては開かれた部分として機能するのである.一般政府の勘定に要約される一般政府の機能は,ケストラーの適切な表現を借りて,Holon の構造として特徴づけることができると思われる.政府活動を GNP に対する貢献としてだけ評価するにすぎないクズネッツの接近と,基本的な考え方においてそれを踏襲した「NNW 報告」は政府活動の中に代表される Holon としての構造と特質を全く見落している[8].

それにも拘らず旧 SNA における一般政府の定義と一般政府の勘定の設計にはなお不徹底な点と開発の余地を残すものであった.さきに引用した旧 SNA 第88節において「共通サービスを社会に対して販売するのではなく組織する」と言われるとき,この共通サービスがどのような生産のプロセスを経て「組織

される」のかについての解明はなされないままに終っているからである．旧SNAに根本的な改良を加えたSNAの構想は，この分野においても大きな前進を遂げた．例示的な行列(SNA，第Ⅱ章，表2.1)に要約されるSNAの考え方に従うならば，旧SNAにおける一般政府機能は，ⅰ)公共サービスの生産者としての機能と，ⅱ)公共サービスの消費者としての機能，とに分割される．その性質によって公共サービスは市場において売買の対象とはならない．財・サービスの生産と消費の循環のシステムは，その対象に即して大別するならば，市場において売買される財・サービス(これを商品と言う)と，市場において売買の対象とならない集合サービスとから織りなされる網の目になぞらえることができるであろう．政府の活動と機能は，このような経済循環のシステムの中で集合サービスの生産者としての機能を持つ主体(SNAの言う政府サービスの生産者)と集合サービスの消費者としての機能を持つ主体(SNAの言う一般政府)とによって担われるのである．SNAに表現される政府活動はこのような特質を持つ対象物件の生産から消費に至るフローを，その担い手である主体と関連づけることによって表現される開かれた部分システム(Holon)を形成する．

　このようなSNAの構想と展開にも拘らず，集合サービスの生産のプロセスの理論的解明と計量的分析はなお今後の展開をまつべき分野であり，SNAの示す解決(SNA, paras. 6.41, 6.64)はなおこのような集合サービスの生産のプロセスの解明にあたって十分に満足するべきものとは言い難い．そのことは，特に集合サービスの生産額の推計において痛感される．その改善はSNAに残された今後の課題である．政府活動の分析に対するSNAの見落すことのできないもう1つの貢献は集合サービスの目的分類の持つ役割である．前述したSNAの行列による表現によると，この目的別分類は，集合サービスの生産者と一般政府を結ぶ"スクリーン勘定"を構成する本質的構成要素を形成している．言い換えると，この目的分類は集合サービスの生産者にとって生産の対象である．と同時に，その消費者である一般政府の側から見るならばその支出の目的物ともなっている．集合サービスの生産と消費の過程がこのような目的分類を仲介として結ばれていることは，この目的分類の重要性を物語るものであ

って，このような目的分類の展開にとって特に意義が深い[9]．

政府支出の目的分類はわが国においてもその重要性が次第に認識されるようになって来ており，とくに中央政府の予算決算統計において目的分類が与えられている．しかしこの予算決算統計の目的別に関する大蔵省分類には，筆者が別の機会に指摘したように，第2章におけるSNAの目的分類と比較して本質的な問題点が存在している．この(政府支出の)目的別に関する大蔵省分類は「NNW報告」の政府消費支出の推計においても利用されているのであるが，同報告もこの問題点の存在を無視しているようである．この問題点と言うのは，各省の本省予算はすべて大蔵省分類の言う「一般行政費」の中に含まれており，本来の意味における集合サービスの目的分類とはなっていないからである．「NNW報告」の推計編においてもこのための特別な調整は施されていない．こうした事実は，「NNW報告」が集合サービスの目的分類を単に支出の再分類としてのみ把え，その背後に在る"スクリーン勘定"の本質的構成要素としての集合サービスの生産と消費の過程を連結する機能を全く無視しているためと思われる．そうして，こうした事態の根底には同報告が政府活動をHolonの構造として認識する最近の国民経済計算体系の発展をあえて無視した接近方法の一面性と偏向があると言えよう[10]．

5.2 SNAにおける福祉の測度

前節でも見たように1970年代の初頭は集計量としての福祉の尺度の意義とそれの計測に対する関心が高まった時期に当っている．現行(1968)SNAの公刊によって旧SNAの改訂を達成した国連統計委員会の活動もまたこの潮流から外れてはいない．その活動は，具体的に，2つの方向に沿って展開される．その第1が，SNAの対象領域と視野の外延を拡大する方向である．後続の第6章で立入って検討されるように，ストーンが構想するSSDS(社会人口統計体系)の開発は，考察の対象領域の視野を広く経済統計から社会統計に拡大する試みであると位置づけることができる．第2の方向は，SNAの内容の充実

と深化を企図する方向であって,中でも2つの試みが注目される.その1つは,次の5.3で考察することを予定しているSNAを補完する体系の開発である.第2が,本節で議論される福祉の集計的な測度に関する検討である.1974年10月ジュネーブで開催された第18回統計委員会は「福祉とその配分のさまざまの側面を考察するため」の専門家会議を開催することを提案した.この会議で検討が要請されたのが「生活水準の指標のみならずこれまでの国民勘定を補完するなんらかの福祉の測度」であった.この専門家会議による検討に対して,統計委員会が「国民経済計算および国民経済バランスは,現在考えられる限りにおいて,個々の国にとってもまた国際的にも最高度に重要なものであって,福祉の測度が開発されることのために修正されることがあってはならない」ことが強調されたことに注意しておくべきであろう[11].この要請に答えるべく「福祉の貨幣的測度の概念,方法および経験的応用の批判的な検討」[12]を目的とする文書が当時サセックス大学(イギリス)の教授であったサンダース(Christopher T. Saunders)によってまとめられ,1976年11月インドのニューデリーで開催された第19回統計委員会の議案の1つとして提出された.ところで集計量としての福祉の測度を計測するこれまでの代表的な試みとしては,ノードハウス(William D. Nordhaus)とトービン(James Tobin)によるMEW (measures of economic welfare),わが国の経済審議会が篠原三代平の指導のもとにNNW開発委員会において計測を試みているNNW(純国民福祉 net national welfare)の開発がある.両者の概念と計測の方法は相互にきわめて類似するが,NNWの場合を例にとると,NNP(国民純生産──要素費用表示のNNPは一般に国民所得の名でよばれる.ただし改訂SNAにおいては,市場価格表示のNNPを国民所得と定義している)の構成要素に適切な修正を加えることによって,福祉の集計量としての指標を表示することを試みている.

NNWが擬制的な評価の項目として列挙しているものは,(1)社会資本と耐久消費財の貯蓄から享受されるサービス,(2)余暇時間の増大にともなって生まれる「機会所得」,および主婦の家事労働によって典型的に象徴される「市場外活動」から派生する「機会所得」,(3)環境の悪化にともなう福祉の喪失

第5章 SNAと福祉の測度

(マイナス項目)のそれぞれの項目である．NNWは，これらの擬制的に評価された項目の合計((3)はマイナス項目であることに注意)と消費支出の和として定義される．ここで消費支出は，政府消費支出と個人消費支出の合計であるが，前者においては，教育文化，社会福祉，保険衛生に対する支出に限定され，後者においては，耐久消費財の購入と通勤費ならびに個人的事業費が除外されている．

こうした集計量としての福祉の測度の計測に対するサンダース報告の基本的な立場は，次の5つの点に要約することができる (United Nations, *Feasibility of Welfare Oriented Measures*, para. 5)．

(1) SNAの構造が，その目的および限界とに関して容認しうる．

(2) SNAの目的は〈市場内〉の活動の計測にある．

(3) したがって，この目的に照らし，国民経済計算の視野は市場取引に集中される．また，非市場活動に関する擬制的評価——帰属計算 imputation ——を最小限に限定することは正しい．

(4) SNAには事実上若干の帰属計算が含まれるが，これらは「市場」の境界のいっそう厳格な解釈との間の妥協の要素を体現している．

(5) 政策および分析の見地からもSNAの一般原則を支持する強い理由がある．

これらの基本的な立場に立つかぎり，「社会の福祉を測る直接の測度は，貨幣もしくはその他の尺度をもってしても実行可能ではない」(United Nations, *Feasibility of Welfare Oriented Measures*, para. 23)のが一般の認識とされる．すなわち，社会の福祉を測る測度のなかになにを盛り込むべきか，またいかなる方法により推定すべきであるかについて，国際的な合意に到達することは著しく困難である．明らかにこうした認識は，MEWやNNWが指向する方向とはまったく対立する観点に立つものである．事実，サンダースも，この文書において，MEWやNNWの〈研究〉としての重要性を認めながらも，「多くの場合において，帰属計算は〈公的の〉統計サービスとしては適切ではないと考えるのが正しい」(United Nations, *Feasibility of Welfare Oriented Measures*, para. 211)

と主張していることに注意すべきである．また別の論者によって，社会の福祉を評価する測度の設定が論理的な整合性をもたないことを理由に，NNWの計測を否定する議論もなされているが，ここでは立入らない[13]．

こうした基本的立場を維持しながらも，サンダースは社会の福祉に特別の意義をもつ主要な活動をとりあげて，それぞれに内在する問題点の指摘を行っている．それらの活動と問題点としては，(a)家計をめぐる非市場活動——主婦の家事サービス，セルフサービスおよび余暇活動——の評価，(b)一般政府の支出における「最終」支出と「中間」支出の境界線，支出の「目的別」分類の利用，ならびに福祉の測度としての「住民の最終消費支出」(final consumption of the population)——消費者の財・サービスに対する支出，家計に帰着する一般政府の財・サービスに対する経常支出，家計に帰着する一般政府の補助金，家計に帰着する企業および非営利団体の財・サービスに対する経常支出，の合計——の役立ち，(c)環境条件と環境汚染の測度，(d)福祉の観点からみた資産の評価，(e)生活必需的な財・サービスおよび生活水準の国際比較，があげられている．

福祉の集計的測度の概念と計測の見地からこのサンダースの報告書が"住民の全消費"(total consumption of the population)の導入を積極的に推賞していること(United Nations, *Feasibility of Welfare Oriented Measures*, para. 124)は特に注目を要する事実である．別の論文でサンダースはこの点を敷衍している[14]．

多くの目的にとって，集合消費と個人消費を一緒にした全消費，もしくは若干の著者によって"拡張された消費"(consommation élargie)と命名された概念が個人消費自体よりもはるかに意味のある測度であることに多くのエコノミストが同意するだろうと確信する．事実，このことは社会主義経済で用いられている国民経済計算に関する物財生産の体系(MPS)では認識されている．そこでは，"住民の全消費"は(ある場合には物財生産と関連するサービスにまざって)主要集計量の1つとして扱われている．もちろん，これらの経済では——おそらく途方もなく大きいということはない

第 5 章 SNA と福祉の測度　　　　　　143

にしても——集合消費の割合は多くの市場経済の場合よりも大きい．にも拘らずこの重要な指標は西側の国民経済計算にはめったに見出されないし，国際機関による西側の推計にも現われてこない．

サンダースは，西側の国民経済計算の体系で"住民の全消費"概念が重視されなかったのは西側の国民経済計算の専門家にも責任があると言っている．とくに，西側の国民経済計算の体系における制度部門別の分割が政府部門の財・サービスの支出の分析にのみ注意を集中する結果を招来して，それらの支出がもたらす便益が社会と消費者にいかに配分されるかの分析，つまり"住民の全消費"の構造，に及ばなかったことに起因すると指摘している[15]．併せて，サンダース報告が"住民の全消費"概念の国連国際比較プロジェクト(ICP)への利用を高く評価していることも注目すべき指摘と言えるであろう[16]．

5.3　SNA の補完体系と所得分布統計

SNA はその刊行において，将来の研究と討議に委ねられるべき 8 個の問題群を指示していた(SNA, paras. 1.83-1.98)．大別して，これらの問題群は 3 つのグループに整理することができよう．第 1 のグループは，SNA の内容の充実に直結する問題群であって，a)国民貸借対照表および部門別貸借対照表の作成と，b)不変価格系列の推計がこのグループに含まれる．a)の問題をめぐる SNA 公刊以後の研究の発展についてはここで立入る余裕を持っていないが，すでに若干のガイドラインが国連統計局によって公けにされている[17]．b)に関連する問題については本書の第 4 章において考察した．第 2 のグループは，SNA を補完する体系の拡充に関連する問題群を含む．これらの問題群とは，c)所得，消費，および富の分布に関する統計の開発，d)国連各専門機関(FAO, WHO, ユネスコ等)が関与する統計体系との調整および彫琢に関連する問題，e)地域勘定，f)人的資本のフローとストックの分析である．第 3 のグループは新たな観点から研究と開発を必要とする問題領域であって，g)投入の機能分類および h)経常支出と資本支出の境界問題がこの中に含まれる．第 3 のグルー

プに属する問題群における問題の所在とそれらの意義を考察することはすこぶる興味ある問題であるが，その詳細に立入る余裕はない[18]．

　さしあたり SNA を補完する体系への拡充を企図する第1着手として SNA 自体が所得，消費と富の分布に関する統計体系の開発を示唆したことは注目すべき事実である．マクロ集計量の活動別と制度部門別の構造を実物的対象と金融的対象の取引が織り成す生産から所得，消費，蓄積へと変換，還流する「網の目」の中に映し出すことが SNA の主たる目標であるとするならば，所得，消費と富の分布の統計体系は分布の構造の生成と変転の動態的な発展への基礎的な統計的枠組とそれのデータ・ベースを提供するものとしてユニークな意義と機能を認めなくてはならないであろう．

　この所得，消費と富の分布統計の体系が国連統計局の活動プログラムの中に取り入れられたのは 1966 年 10 月ジュネーブで開催された第 14 回統計委員会の討議にさかのぼる．国連統計局は SNA と MPS にリンクする分布統計の体系の開発を進めるとともに，この活動を促進するためにハンガリーにおける国民経済計算の専門家であるモッド女史 (Margaret Mod) を議長とする専門家会議を別に設置した．この分布統計の体系の最終案は 1972 年 11 月同じくジュネーブで開催された第 17 回の国連統計委員会に提出され，採択された．ここで統計委員会はそれに先立って開催された専門家会議における討議を参考として開発途上国を対象とする分布統計の体系の簡素化の検討を要請している．この要請に答えて分布統計の簡素化された体系の原案は 1974 年 10 月ジュネーブで開催された第 18 回の統計委員会の議案として提出された．統計委員会は討議の後条件づきでこの簡素化された体系を採択した．これらの経緯を踏まえて，国連統計局の手で 1972 年に採択された分布統計の体系と 1974 年の簡素化された体系を1つにまとめる作業が進められ，「分布統計ガイドライン」が公刊される運びとなった[19]．以下その概略について論評しよう．

　まず，この「分布統計ガイドライン」が公けにされる目的は3つある．第1は，家計を対象とする所得，支出および蓄積の分布を叙述するための整合的かつ接合的な体系についての指針を提供することである．第2は，この分布統計

の体系を SNA および MPS とリンクさせることである.そうして,第3に,分布統計の体系を住民を形成するさまざまのグループの社会・経済的条件と行動の分析のために役立てることである (United Nations, *Guidelines on Statistics of the Distribution*, paras. 1.16-1.18).

「分布統計ガイドライン」によると,所得の形成と分配および消費の過程は以下の5つの段階によって特徴づけられている.第1の段階は,経済活動から発生する第一次所得——雇用所得と営業余剰——を消費者に分配する段階である.第2の段階は,このように分配された第一次所得をさまざまの形態の所得の移転を仲介として「利用可能な所得」(available income)に転換する段階である.「利用可能な所得」はふつう可処分所得と呼ばれている概念と同一であって,最終消費支出と貯蓄の源泉となる所得を言う.第3の段階は,「利用可能な所得」を最終消費支出と貯蓄に分割する段階である.第4の段階は,貯蓄の資金源泉として富の形成が行われる段階である.第5の段階は,最終消費支出に対する資金源泉とその構成を示す段階である.これらの段階に対応して,分布統計ガイドラインは必要な分類を与えている.それらは,(i)各形態の所得の大きさ,(ii)貯蓄の大きさ,(iii)年齢と性別構成,(iv)社会階級,(v)経済活動と職業の分類,(vi)教育段階,(vii)稼得者数,(viii)世帯人員数に関する分類である[20].

所得の形成と分配ならびに消費の過程は,これらの5つの段階と分類とを組み合わせることによって,個人もしくは家計を対象とするミクロの勘定体系——あるいはミクロの経済計算の体系——によって表現されることになる.

後続の第7章でも重ねて議論されるように,所得あるいは富の分布の不平等に代表される不平等と機会の不均等は豊かな社会に潜在する固有の問題となりつつあるところであり,効率に代えて公正の観点から解決に対処すべき性質の問題である.ところで効率から公正への観点の転換は,経済的要因と並んで社会生活の制度的要因を考察の視野の中にとり入れることを示唆する.所得分布の不平等の原因をこれらの社会生活の制度的要因に求めようとする試みはかなり以前からくり返し企てられて来たこと,そうして現在においてもこの試みは

無視すべからざる影響力を持っている事実は，これら社会生活の制度的要因の重要性を裏書きするものと言える[21]．したがって，SNAを補完する体系としての所得，消費と富の分布に関する体系にとって，このような社会生活の制度的特性を表章することが不可欠である．さきに述べた所得の形成と分配および消費の過程における各段階に対応する分類図式は，そうした表章の試みの1つである．SNAを補完し拡充する体系が経済的要因のみならず，これらの社会生活を形作る制度的特性によっても構成されていることは，SNAと分布統計の体系のリンクにとっても興味ある解決の方向を示唆するものである．なぜならば，SNAを補完する体系が社会生活の制度的特性として重視するもののほとんどが後述のSSDSにおける社会生活の諸過程を決定する特性として採用されるところとなっているからである．

　所得，消費と富の分布の統計体系がSNAの拡充に対して与えるもう1つの示唆は，それが経済の循環を巨視的な水準においてでなく，個人もしくは家計と言った個別の行動主体(もしくは統計単位)に即してその経済循環を叙述しようと企図している点にある．個別の行動主体(もしくは統計単位)に即した経済循環の過程を叙述する意味において，所得，消費と富の分布の体系はミクロの経済計算の体系であると言ってよいであろう．SNAは経済循環の各過程の詳細な分類を徹底することのゆえに巨視的に経済循環を叙述するシステムとしてマクロの経済計算の要求を越えるものであるが，その意図は一貫してマクロの経済計算の体系としての完成にあったと言える．ところが，所得，消費と富の分布の体系はこのようなマクロの経済計算の体系に対し，全く新しい経済計算の体系を提案するものである．この新しい経済計算の体系の出現はSNAの拡充だけでなく，広く国民経済計算の体系の今後の動向とその発展の地平とに対し大きな衝撃と影響を与えるものであることにも注意せねばならない[22]．

　SNAと分布統計の体系のリンクを推し進めるに当ってその重要性に注目せねばならない要因の1つに公共サービスの目的分類がある．なぜ公共サービスの分類がSSDSと関連を持つのか．すでに第2章で考察し，また後続の第6章におけるSSDSの構造において指摘するように，SSDSにおける社会生活の

第5章　SNAと福祉の測度

諸過程の一連の連鎖の基礎となる社会的な枠組と秩序は公共サービスの提供によって公共的に保障されていると言ってよい．公共秩序の維持の過程は明らかにそうであり，社会保障や医療サービスはそのほとんどまたはかなりの部分を公共サービスの提供に依存している．公共サービスの目的分類の根源とするところを明らかにすることは，これらのサービスの供給を確保するための人的資源の配分と構造の決定にとっても少なからぬ重要性を持つものである．

第2章において注意しておいたように，もともと公共サービスの目的分類は政府支出の目的分類にその発想の源泉を置くものである．ところが，公共サービスの生産と消費のプロセスに認められる特殊性のゆえに，この目的分類は公共サービスの消費のみならず生産のプロセスの分類にも役立ちうるはずである．SNAにおけるスクリーン勘定はこの関係を示唆するものであるが，さらに公共サービスの生産者の統計単位に関するSNAの定義によるならば，政府の機関は公共サービスの目的に従って分類されたサービスの生産の担い手である事業所の集りとして分類されなければならないであろう．したがって，公共サービスの目的分類は単にその消費の構成を明らかにするに止まらず，むしろその生産のプロセスの構造的な特性の分析にとっても重要である．もちろん，公共サービスの目的分類が生産プロセスの分析に役立ちうるためには，その生産のプロセスの理論的解明が併行して進められなければならない．しかし，現在われわれが知りえている生産の理論はもっぱら有形の財を対象とする理論である．第2章で言及した無形のサービスの生産を対象とする理論ではない．しかし，いわゆるサービス経済の進行を背景に置いてサービスの生産に関する理論的な分析の必要が高まりつつある．情報あるいは知識の生産に関する若干の先駆的分析が示唆するように，サービスわけても公共サービスの生産の理論的展開は後続の第6章で議論されるSSDSが特に直接的な関心の対象とする社会生活の特性との一層強い結びつきを示唆することになるであろう．このような新しい理論展開はSSDSの将来に対しても新たな展望を与える[23]．

SNAと分布統計の体系とのリンクを実行する過程において重視すべき概念としては，「利用可能な全家計所得」と「住民の全消費」に注目すべきであろ

う.「利用可能な全家計所得」(total available household income)は,「全家計所得」(total household income)から「直接税」と「社会保障および年金基金への拠出金」を差引いた大きさとして定義される.一方,「全家計所得」は,さきに言及した「第一次所得」に「財産所得」と「経常移転およびその他の給付金の受取り」とを加算した大きさである(United Nations, *Guidelines on Statistics of the Distribution*, paras. 2.19-2.20). これに対して,「住民の全消費」は,家計の経常支出に「政府および非営利団体および企業が無償で,もしくは低価において,かつまた消費者である家計に対する便益であることを明瞭かつ第一義的な目的として提供される財・サービスの価値」(United Nations, *Guidelines on Statistics of the Distribution*, paras. 5.7)を加えた大きさとして定義されている. すなわち,消費者の便益を目的として無償もしくは低価でこれらの政府および非営利団体によって供給される財・サービスは「住民の全消費」の中に含まれるから,前述した政府支出の目的分類が不可欠のデータ・ベースを形成することは重ねて強調されなければならない.のみならず,「分布統計ガイドライン」によると同じく企業によって消費者の便益を目的として無償もしくは低価で提供される財・サービスの価値額も「住民の全消費」に含まれなければならない.この企業によって提供される財・サービスの価値は後続の第9章で議論される"企業による最終消費支出"概念に対応する.同様にSNAの改訂作業の文脈において,ペトルが提出した"個人消費"と区別される"集合消費"の概念もまたSNAと分布統計の体系のリンクを徹底させる研究の展開線上においてのみそれらの意義と重要性の十全な理解に到達しうるものと言うべきであろう.

5.1の注
1) 類似の試みは,アメリカにおいてトービンとノードハウスの手により,次の著書 W. Nordhaus and J. Tobin, "Is Growth Obsolete?", *Economic Growth*, National Bureau of Economic Research, Princeton 1972, において企てられている. MEW (measures of economic welfare)の名で呼ばれる指標がそれであるが,MEWの考え方はNNWと多分に共通している.したがって,本節での議論は,主として「NNW報告」の検討に限定し,トービンとノードハウスの研究については,補足的に

言及するのに止める.
2) 経済企画庁経済審議会 NNW 開発委員会「開発委員会報告」, 昭和 48 年, p. 3 参照.
3) *Saturday Review World* 誌によると (H. Henderson, "Report from Tokyo," December 18, 1973, p. 69), わが国の「指導的な経済学者の1人」は同記者に対し, 日本では NNW の名で呼ばれる新しいマクロ経済指標が間もなく標準的な GNP にとって代るだろうと説明したと伝えている. この「指導的経済学者」の見通しが全く誤りであったことは, その後の事実経過が証明している.
4) Ingvar Ohlsson, *On National Accounting*, Stockholm 1953. オールソンによると, GNP などマクロ集計量の利用目的として, 上述の R-叙述のほかに, 所得のビヘイヴィア分析と構造分析, および国民経済予算の編成を挙げている. ここでは「NNW 報告」の叙述に即して, 主として R-叙述の観点から GNP の利用を見て行くのに止める.

NA-問題については, I. Ohlsson, *op. cit.*, ch. I, para. 15 また R-叙述に関しては, ibid., *op. cit.*, ch. I, para. 35 を参照.
5) 1930 年代のなかばから 1950 年代に至る国民所得研究の発展に主眼を置きながら, 広い歴史的な視野の中で国民所得研究の発達を展望する試みは, かつてステュデンスキイによって試みられたことがある (P. Studenski, *The Income of Nations*, New York University Press, New York 1958). ここは, 国民所得研究の学説史的展開の詳細に立入るべき場所ではないので, 本文で言及した諸学者の代表的著作を引用することは避ける. その多くは前記ステュデンスキイの書物に言及されているからである. また北ヨーロッパにおける国民所得研究の発展は前記オールソンの著作の中で手際のよい要約がなされている. 本文では触れなかったが, フランスも, 特に第2次大戦後において, 国民所得研究の分野において独自の発展を遂げた国の1つである. その発展の過程は, フランスにおける国民所得研究の権威の1人であるマルシェフスキイの著作から知ることができる (Jean Marczewski, *Comptabilité nationale*, Dalloz, Paris 1965, ch. VI).

筆者は, 倉林義正「国民勘定の視野と方法」『思想』1963 年 4 月号, において西および北ヨーロッパにおける第 2 次大戦後の国民所得研究が接近方法において NBER のそれと相違する独自の展開をなし遂げたことを早くから指摘している.
6) ヒックスとクズネッツの論争について筆者は別の機会に論評を加えたことがある (高橋長太郎・倉林義正「国民所得計算と政府勘定」『経済研究』1961 年 10 月号. 倉林義正「国民経済計算における移転概念」『経済研究』1967 年 7 月号) ので, その内容の詳細に立入らない. しかし論争の経過の詳細はしばらく措くとしても, 国民所得を経済福祉の指標とみるか, それとも生産力の指標とみるかの対比は, GNP ないし国民所得概念の評価と認識の基本的なパターンを形成したことは注意すべき

点である．1950年代のはじめサミュエルソン，リトルらによって展開された「実質国民所得の比較」をめぐる議論も，この基本的な認識から出発するものであったと言える．国民所得を経済福祉の指標と考える立場に立つならば消費者の選好状態が，また生産力の指標とする認識に対しては生産のフロンティアが実質国民所得を比較する理論の基礎に置かれることになったからである．ところが，「NNW報告」はこうした基本的な認識のパターンとは全く別に，GNPを経済福祉の指標と見るか，もしくは有効需要の指標と見るかの二分法をとっている．この場合，有効需要の指標とみなされる実質GNPの状態比較がどのような理論の支持の上になされるか疑わしい．前述のノードハウスとトービンによるMEWでは伝統的な認識のパターンの上で議論を進めている．

7) 「NNW報告」がGNPに含められるべき政府生産物に関するクズネッツの基準として引用しているのは次の3つである．(1)政府サービスに対して個人は完全に，あるいは僅かしか対価を支払わないこと，(2)個人の明瞭な発意によってそれをうけいれるものであること，(3)民間市場に相当大きなスケールの相似のサービスの提供が存在していること，がそれである．のみならず，クズネッツはこれら3つの基準の合併が政府生産物を特徴づける要件としているから，旧SNAの言う「共通サービス」のかなりの部分が排除される結果となる．

旧SNAにおける一般政府の供給する「共通サービス」は，最近の経済理論において注目を集めている「公共財」と類似する性質を持っている．とくに注目を要する点は，この一般政府の機能に関する叙述は公共財の理論の展開に先立って，すでに，旧SNA第一版でなされていたことである．現行SNAにおける政府サービスの機能と分類については第2章で詳しく検討した．

8) Holonの用語はシステムの中に開かれた部分，あるいは全体の中に位置づけられた部分としての統一体を表わすためケストラーによって作られた用語である．全体を表わすHolosから取られ，それに接尾語としてonをつけたものである．このHolonの持つ意味については，Arthur Koestler, *The Ghost in the Machine*, London 1967, III, において議論されている．

9) 集合サービスの目的分類の持つ意義と重要性はすでに第2章，とくに2.2，において分析した．

10) (政府支出の)目的別に関する大蔵省分類が本来の集合サービスの目的別分類となっていないこと，およびその問題点の指摘は，倉林義正「予算・決算統計と経済統計の体系」『経済研究』1972年10月号，になされている．

「NNW報告」における政府消費支出の推計過程については，同報告，第2部II NNW推計資料，pp. 104-109，を参照．その説明に従う限り，一般行政費の中に含まれる本省予算分の調整は行われていないようである．なお政府支出の目的(機能)分類は，後述する"住民の全消費支出"の推計にとっても重要な役割を演じる．

第5章　SNAと福祉の測度　　　　151

第2章の表2.Aに示された政府支出の機能分類では基礎研究業務が一般公共サービスの中分類項目として一括されているが，これは現行SNAの政府の目的分類(表5.3)とは相違している．

5.2の注

11) 上記の引用はいずれも，United Nations, *Official Records of Economic and Social Council, Fifty-eighth Session, Supplement* No. 2, para. 137, による．

12) United Nations, *The Feasibility of Welfare-oriented Measures to Supplement the National Accounts and Balances: A Technical Report*, Studies in Methods, series F No. 22, New York 1977, para. 1. 以下本書からの引用は文中 United Nations, *Feasibility of Welfare-oriented Measures*, とパラグラフ番号で略記する．また本書を"サンダース報告"の名称でしばしば言及する．

13) Oleg Arkhipoff, *Peut-on mesurer le bien-être à national?*, *Les Collections de l'I.N.S.E.E.*, serie C No. 41, 1976 Paris. この著作はわが国におけるNNW推計を直接的な関説の対象として批判の俎上にのせているから(O. Arkhipoff, *op. cit.*, pp. 17-21)，ここでこのアルキポフの論考に対し若干の論評を必要とするであろう．社会の福祉を評価する測度の設定における論理的整合性を確保する観点からアルキポフが指摘するNNW推計の最大の難点は，個人の福祉状態を社会状態に移し変える手続きと論理の困難さを無視していることにある．困難の第1は，NNWに代表される社会福祉の指標を集団的な選好順序を数値的に表現する実数値関数と考えるとき，当該集団を構成するもろもろの個人の選好を集計して集団的な選好順序を導く「合理的」手続きが一般に存在しないという周知の難問である．例えば，集計手続きとして単純多数決を考えれば，周知の「投票のパラドックス」が発生してしまう．さらに一般的に，アロウの一般可能性定理は，社会的決定の集団的合理性，社会的決定の民主性，社会的決定の情報的効率性を満足する一般的な通用性を持つ集計手続きは論理的に存在しえないことを論証してしまっているからである(O. Arkhipoff, *op. cit.*, pp. 43-47. また，社会的選択の理論の要を得た解説としては，鈴村興太郎『経済計画理論』筑摩書房，1982，を参照）．上に引用したアルキポフの著作の後半の部分は，この個人の選好関係から集団的選好関係を導く集計の困難を解消する試みであるが，必ずしも成功的とは言い難い．その点はアルキポフ自身によっても自覚されており，同じ著者による最近の研究(O. Arkhipoff, "Pour une theorie générale de l'aggrégation, 1re partie", *Journal de la Société de Statistique de Paris*, Tome 126 No. 4, 1985; ditto, "Pour une theorie générale de l'aggregation, 2me partie", *Journal de la Societe de Statistique de Paris*, Tome 127 No. 1, 1986, pp. 27-30)はこの問題の解決を目指す新たな挑戦であるが，前掲の著作の関連部分をも含めて，その所論の詳細に言及する余裕はない．

アルキポフが NNW 推計ならびに類似の福祉指標に対する論理的困難の第 2 点として指摘するのは，集団的選好関係が論理的に設定されえたとして，この選好関係を基数的な集団的効用関数に変換する操作に関連する困難である．この変換がなされない限り社会の福祉をスカラー量として表示することの論理的な根拠を失うからである．アルキポフは集団的選好関係を基数的な集団的効用関数に変換しうるための最低限の要求が集団的選好関係が全順序であることを主張し，したがって集団的選好関係として甚だしく制約であって，一般可能性定理からの直撃を避け難いものにすると説いている (O. Arkhipoff, *op. cit.*, p. 41). アルキポフの指摘する論点は社会の福祉を評価する集計的な測度の論理的基礎に対する根源的な問いかけとして無視すべからざる重要性を持つものと言えよう．

14) Christopher Saunders, "Measures of Total Household Consumption", *Review of Income and Wealth*, Series 26 No. 4, December 1980, p. 352.

15) Christopher Saunders, *op. cit.*, *Review of Income and Wealth*, December 1980, p. 352.

なお，福祉の集計的測度として"住民の全消費"を重視する立場は，同じくサンダースの起草に成る次の著作においても一貫している．United Nations, *Concepts and Methods for Integrating Social and Economic Statistics on Health, Education and Housing, A Technical Report*, Studies in Methods, Series F No. 40, New York 1986.

16) NNW 測度の国際比較の困難がこの測度の国際的な受け入れを困難にしている最大の理由である．「NNW 報告」は，この国際比較の問題に全く関心を示していない．

5.3 の注

17) United Nations, *Provisional International Guidelines on the National and Sectoral Ballance-Sheet and Reconciliation Accounts of the System of National Accounts*, Studies in Methods, Series M No. 60, New York 1977. United Nations, *Guidelines on Statistics of Tangible Assets*, Studies in Methods, Series M No. 68, New York 1980. 前者についての解説は，倉林義正・作間逸雄『国民経済計算』東洋経済新報社，1980, の第 6 章において与えられている．

18) 投入の機能分類に関連する問題については，後続の第 9 章で言及される．本書 237 ページ以下を参照．

19) United Nations, *Provisional Guidelines on Statistics of the Distribution of Income, Consumption and Accumulation of Households*, Studies in Methods, Series M No. 61, New York 1977. 以下の引用では United Nations, *Guidelines on Statistics of the Distribution* と略称してパラグラフ番号で示すことにする．なお「分布統計ガイドライン」の略称で言及することもある．

20) 筆者も別の機会に「分布統計ガイドライン」と同様の構想を「所得と富の形成と分配の体系」の名でフロー・チャートの形式に表示することを試みたことがある．倉林義正「わが国における所得と富の階層別分布」東洋経済近代経済学シリーズ『日本の所得分配』1973年10月4日号，参照．なお，この論文の後半では消費者実態調査(1971)を用いた職業別所得分布の特性に関する計量的分析が試みられている．また，この「分布統計ガイドライン」を所得の再分配のための統計的枠組として拡張し，それを所得の不平等測度の理論的基礎づけと直結する試みが，Yoshimasa Kurabayashi, *Studies in National Economic Accounting*, Kinokuniya Book-Store Co., Ltd., Tokyo 1977, Ch. 4., において与えられている．参照を乞いたい．

21) 著名な社会学者による不平等の分析の古典的な著作としては，Raymond Aron, *Dix-huit leçon sur la société industrielle*, Gallimard, Paris 1962; Raymond Aron, *La lutte de classes, nouvelles leçon sur la société industrielles*, Gallimard, Paris 1964, が有益な洞察を与える．1970年代のわが国の経済学者による公正と平等に対する関心の高まりは，村上雅子『最適分配の経済学』新評論社，1972.，青木昌彦『ラディカル・エコノミックス』中央公論社，1973.，西部邁『ソシオ・エコノミックス』中央公論社，1975，らの著作に反映されている．しかし，富永健一(編)『日本の階層構造』東京大学出版会，1979.，村上泰亮『新中間大衆の時代』中央公論社，中公文庫版，1986，で指摘されるように，1980年代の前半までわが国における所得の不平等は他の先進国との比較においてより低いようである．この点は，次の所得分布の不平等の計量分析からも裏付けされている．Toshiyuki Mizoguchi and Noriyuki Takayama, *Equity and Poverty under Rapid Economic Growth*, *The Japanese Experience*, Kinokuniya Company Ltd., Tokyo 1984.

22) 国民経済計算の体系の今後の発展の方向の1つとしてミクロ経済計算(calcul microeconomique)の可能性を示唆したのはベナールである(Jean Bénard, *Comptabilité nationale et modèles de politique économique*, Presses universitaires de France, Paris 1972, p. 643)．しかし，数量的実証を伴う本格的な展開は，フランスについては新しい国民経済計算の拡大体系(EECN)，とくに「中間勘定」の開発を待たねばならなかったし，アメリカを中心とするマイクロ・データ・ベースの開発以後のことに属する．このマイクロ・データ・ベースの開発をめぐる話題については，後続の第8章においてやや立入って議論される．ミクロの経済計算の関連において，むしろここで注意を促しておきたいもう1つの点は，個々の行動主体もしくは統計単位に関するいくつかの確定的な時点をつなぐ縦断的研究(longitudinal study)がマイクロ・データ・ベースの分析にとって中核的な位置を占めることである．分布構造の動態的解明はこの種のマイクロ・データ・ベースに関する"縦断的研究"に委ねられているからである．(Harvey Goldstein, *The Design and Analysis of Longitudinal Studies, Their role in the measurement of change*, Academic Press, London 1979, 小嶋

一敏訳『変化と成長の統計学』九州大学出版会, 1988年, pp. 20〜21)
23)　サービスが持つ特性との関連で情報ないし知識の持つ意義の一般的考察は本書の第2章において与えられている. 情報あるいは知識の生産と分配の特性に関する古典的分析としては, Fritz Machlup, *The Production and Distribution of Knowledge in the United States*, Princeton University Press, Princeton 1962; J. Marschak, "Economics of Inquiring, Communicating, Deciding", *American Economic Review*, Vol 58 No. 2, May 1968, を参照. 第2章でも言及したR＆Dは知識の生産活動の重要な側面を形成する. わが国のデータに即しつつR＆Dのサテライト勘定の編成を試みた研究は, 倉林義正・松田芳郎「研究・開発の社会会計」『経済研究』32巻2号, 1981年4月, においてなされている. ここで倉林と松田はR＆Dのサテライト勘定をマイクロ・データ・ベースの基礎の上に構築すること, およびマイクロ・データ・ベースの"縦断的研究"への利用が示唆されている.

第6章 社会人口統計体系(SSDS)の展開とその帰結

6.1 SSDS の発展とその構造

　国連が開発した「社会人口統計の体系」(SSDS)の主たる対象データは社会統計である．しかし現実のデータに関して，社会統計の明晰な定義範囲を与えることは著しく困難である．したがって，ここではさしあたり，国連で発行されている『社会統計要覧』(United Nations, *Compendium of Statistics*, New York 1963)に示されている社会統計の定義範囲を便宜的に利用して議論を進めて行くことにする．同要覧によると，社会統計とは社会を構成する人びとの生活と労働の条件とその変化の計数的な叙述である．またその範囲は，人口，保健，栄養，住居，教育，労働条件，雇用などに及ぶものとされている．

　このような社会統計の整備は国連の統計委員会が多年にわたって関心を抱き，討議の対象として来た分野であるが，先般とくに 1970 年代以降，その体系的な整備に関して急速に関心の高まりが見られるようになって来た．すなわち，まず 1970 年 10 月ジュネーブで開催された第 16 回の統計委員会にこの人口，人的資源と社会統計の体系化を提案した文書(E/CN. 3/394)が議題の1つに採択されたことによって，社会統計の体系化は大きな展開を遂げるに至った．第 16 回委員会の成果を考慮して，地域委員会および専門家グループの討議資料として，次に準備された文書が ST/STAT. 49 である．さらに，これらの地域委員会および専門家グループの会合における討議の成果を考慮し，第 17 回統計委員会の議題の討議資料として，人口と社会統計の体系(SDSS)の中間的な成案として用意された文書が E/CN. 3/432 である．第 17 回統計委員会は 1972 年 11 月 13 日より 24 日に至る期間，ジュネーブにおいてここで問題としてい

る社会統計の体系化を含むいくつかの議題について討議を行ったのであるが，以下その会議報告に基づいて，前記文書(E/CN. 3/432)をめぐる関連討議部分の概略を紹介しておくことにしよう[1]．

まず，同委員会は E/CN. 3/432 において展開された SSDS が人口，人的資源ならびに社会統計の広い範囲にわたる整合的な発展であると評価している．特に注目される点は，この体系のためのデータの収集と編成に対する2つの接近の可能性を示唆していることである．第1は，後に述べる個別データ・ファイルに基礎を置く統計ファイルの体系を利用する接近の方法である．第2は，家計に関する標本調査と行政用の業務記録をゆるい形でリンクする接近の方法である．E/CN. 3/432 に関する評価に基づいて，統計委員会は SSDS の開発の方向を次の4つの結論にまとめている．

第1．第18回統計委員会に提出することを目標として，Social Indicators 作成のガイドラインを準備すること．

第2．SSDS に関するこれまでの研究を網羅する専門的な文書を準備し，公刊すること．この文書の題名を "Towards a system of social and demographic statistics" とすること．

第3．開発途上国に適合する SSDS の利用に関する草案を準備すること．

第4．SSDS の枠組，構造および勘定を固める作業，およびその部分体系の分類と基礎統計系列の定義に関する作業を継続すること．

これらの結論に従って，国連統計局は SSDS の一層の発展のため努力を傾けたのであるが，特にその第2の点に関しては，その後新たな発展が見られた．すなわち，そこで述べられた網羅的かつ専門的な文書の草稿として350ページにも及ぶ大冊の文書(ST/STAT. 68)が準備されるに至った．この文書はストーンが国連のコンサルタントの資格において取りまとめたものであり，1973年4月に開かれた国連 SSDS 専門家グループ(United Nations Expert Group on a System of Social and Demographic Statistics)の討議を経た後配布されたものであって，同文書の序文によると，1974年のおわりごろの公刊が見込まれている[2]．

第6章 社会人口統計体系(SSDS)の展開とその帰結

　SSDS のこのような発展を積極的に支持した推進力として見落してならないのがヨーロッパ統計専門家会議(Conference of European Statisticians)の活動である．ヨーロッパ統計専門家会議が SNA の前身である旧 SNA の発展と改善に貢献したこと．わけても，1968 SNA の構想をその草案の段階から支持して，その実現の原動力となったこと――1968 SNA をめぐる国連統計委員会の審議経過を伝える文書によると，アメリカ代表の1968 SNA に対する反応が消極的であるのに対して，ヨーロッパ側代表の 1968 SNA に対する積極的な評価が印象づけられる．さらにまた，SNA と社会主義圏の国民経済計算の体系である MPS (Material Products System)との連係，その他関連分野において多大の貢献を果して来たし，また現に果しつつあることについては，本書を含め他の2,3 の個所において注意を促しておいた．SSDS の発展についても事情は全く変っていない．ヨーロッパ統計専門家会議はヨーロッパ経済委員会(United Nations Economic Commission for Europe)の下部組織であるが，その ECE の4 半世紀を叙述した文書の中に 1970 年代のヨーロッパ統計専門家会議における活動と関心の変化が明確に指摘されている[3]．

　この書物によると，1960 年代の後半におけるヨーロッパ統計専門家会議の主要な関心と活動が SNA の展開とその拡充のための作業――例えば，資産勘定の導入，所得と消費および富の分布，SNA と関連する価格および数量統計，SNA と MPS の両体系の連係にあったことを指摘した後，「それにも拘らず，この（ヨーロッパ統計専門家）会議は，最近の数年その持てる力の重要な部分をますます多く社会，人口統計の分野に移行することができるようになった」(E/ECE. 831, para. 503) と述べている．社会，人口統計の研究にふり向けられたヨーロッパ統計専門家会議の研究と討議の重点は，2 つの側面に置かれている．第 1 は，異なる問題に関する統計を連係するための基礎構造としての包括的な体系の開発であって，SSDS はそのような包括的な体系の草案として提示されているのである．ヨーロッパ統計専門家会議は，人口，社会統計体系のための作業部会を設けて，前述の E/CN. 3/432 を俎上に何度かの審議を行っていることも注意されてよいことであろう[4]．第 2 は，この包括的な体系と

SNAのリンクの問題である．またSSDSの討議と併行して，それを構成する部分体系に関しても，特に教育，保健，住宅などの具体的な統計をとりあげて個別的な問題の研究が進められていることも見落されるべきではない．さらに，引きつづいて，科学，技術に関する統計と環境に関する統計が検討の対象となりつつあることも付言しておく必要がある[5]．

　以上がSSDSに関する国連とヨーロッパ統計専門家会議における研究と討議の成果であるが，こうした研究の発展を念頭において以下SSDSの構造の概略について説明を与えておこう．この概略の説明の拠るべき文書としては基本の資料であり，かつこれまでの研究を網羅する専門文書であることを意図して書かれたTSSDSを利用するのが適切であろう．SSDSは人口の動態と社会生活のプロフィールを数量的に記述することを目的として設計されたシステムである．敢えてシステムを持ち出すのは上記文書がシステムの用語から説明を始めているからである．しかし，さしあたりここでシステムの一般理論との比較において，システムとはなにか(TSSDS, para. 1.4)を議論する必要はないであろう．この文書がシステムの本質を「連結性の考え」(the idea of connectedness)と特徴づけていることからも判断しうるように，この文書が説くシステムの発想には一般システム理論と多分に共通する考えが含まれていることを注意するだけで十分であろう[6]．

　SSDSの成立をめぐる話題はこの程度に止めて，SSDSの構造に移ることにしよう．TSSDSにおいて，SSDSは，個人およびグループとしての人びとと，これらの人びとを結びつけている制度について望ましいとされるデータはなにか，また社会生活のさまざまな分野においてなされる記述，分析，政策にとって有用な情報システムを提供するために，これらのデータがどのように組織化されなければならないかを明らかにすることを目的として設計された統計システムである．

　SSDSにおけるデータの連結(connexions)の必要は，2つの事情に基づいている．第1に，収集される関連データが統一された定義と共通の分類のもとにおかれることが必要であること，第2に，さまざまの属性にしたがって多重に

第6章 社会人口統計体系(SSDS)の展開とその帰結

分類されている個人に関するデータを関係づける必要があること,がそれである.データの連結に関するこれらの要求は,やがてSSDSの構造と計測の方法をめぐり,SSDS以後の展開の方向に対して重大な影響を与えることになる[7].

TSSDSにおけるSSDSは,人口の動態と関連する社会生活の連鎖(sequences)を次の4つの側面から記述しようとしている.

I 人口の変動
 (I.1)人口の規模と構造
 (I.2)地域人口密度と都市化
II 人的資源の構造と変動
 (II.1)教育活動とその構造
 (II.2)稼得活動とその構造
 (II.3)家族の形成
 (II.4)社会階級と社会移動
III 社会生活のプロフィール
 (III.1)住宅事情と居住環境
 (III.2)社会保障・福祉サービス
 (III.3)保健・医療サービス
 (III.4)生活と余暇
 (III.5)公共の秩序と安全
IV 自然資源と環境

ただし,SSDSではIVを切り離し,SES(環境統計体系(system of environmental statistics))の名称のもとに独立の統計システムの開発を想定しているので,I〜IIIを中心に統計データの体系化が試みられている.I〜IIIの相互的な関連は,図6.1のフロー図によって示される.図の右側のかっこ内に3つの側面が上から下へ配列され,それを評価する3つの次元である,(a)価値のフロー,(b)人口のフロー,(c)時間のフローは図の下に表示される.

SSDSの骨格を形成するものは,さまざまの仕方で分類された人びとのフ

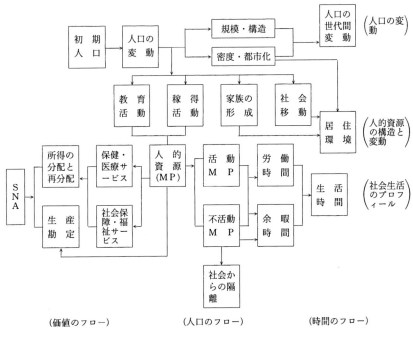

図 6.1 SSDS の構造

ーとストックに関する統計の体系である．ストック統計は特定時点における人口の状態——たとえば初期人口——を記述するのに有益である．これに対して，フロー統計は人口の動態——人口の変動——を叙述するのに役立つ．こうした人口の動態を各種の人口学的属性——たとえば，特定の期間の横断面を形成する年齢構成，人びとを一定の時間の範囲内で追跡するコホートなど——によって数量化するとともに，その周辺に，(1) 教育活動と稼得活動の組合せにしたがって変動する人的資源の構造(ストック)と変動(フロー)，(2) 生活時間の配分，(3) 社会生活の諸側面の活動の達成に要する費用(保健・医療サービス，社会保障・福祉サービス)，ならびに便益とその分布(所得の分配と再分配)を記述するサブシステムが配置される．

TSSDS に展開された SSDS とほぼ同様の構想は，同じくストーンによって「社会行列の体系」(a system of social matrices) の名称のもとに別の場所で提唱

第6章　社会人口統計体系(SSDS)の展開とその帰結

されている．そこで，ストーンは行列形式による社会統計の体系化がもたらす利点を次の5点にわたって指摘する．第1，完全でかつ整合的なデータの集合を指定できること．第2，社会生活のプロフィールを記述するデータが互いに独立する統計機構によって収集，加工される体制——いわゆる分散型の統計制度——にある場合，関連データの連係にとって，この枠組の設定がとくに重要な意味をもつ．第3，こうした枠組は社会生活のプロフィールに関連するデータの定義と分類を統一するのに有益である．第4，行列形式によるこの種の枠組は，後に述べるように，計量モデルの設計と直接的に結びついている．第5，この種の枠組はデータの収集，加工に役立つだけでなく，データの維持，管理，貯蔵および検索のシステムとして有効な役立ちを演じうることがそれである[8]．

　これらの利点のなかで計量モデルとの結びつきについては，多少の補足が必要である．というのは，TSSDSが行列形式に表現された社会・人口統計を用いた計量モデルを提示しているからである．TSSDSが提示する計量モデルの形式は，(1)人口および人的資源の変動の人口学的連関を説明する投入産出型モデルないし推移確率型モデルと，(2)これら人口学的連関を制約もしくは目的関数として利用するプログラミング・モデルがある．これらのモデル設計においては，人口学的な連関を示すデータ行列が(広義の)投入産出係数(行列)あるいは推移確率行列にただちに変換されることが想定されており，SSDSに基礎をおくデータの整備と計量モデルの操作は，直接的に連動する関係におかれている点が大きな特徴となっている．

　国連によるSSDSの研究と開発，ストーンによる社会行列の体系の提案は，前章で議論したNNWないしMEWと比較して，明らかに別個の思考と方法に立脚するものと言える．もちろん国民のないし社会の福祉は経済価値の増大だけからでは評価しえないとする認識は前章の議論においても，またSSDSないし社会行列の展開においても変るところはない．むしろ相違するところは，いわゆる工業化社会における社会生活過程の多様性と重層構造に関する認識である．SSDSと社会行列に共通する思考は，そのような社会生活の過程が相互に重層する網の目として考えられた1つのシステムとして把え，これを計量化

しようとする考え方に立つものであって,いうならば社会生活の過程をあるベクトルあるいは行列によって計量化しようとする試みであると言ってよい.これに対し,NNW や MEW に共通する考え方はそのような複雑な過程の存在を考慮の外に置いて,むしろ単刀直入に社会福祉の水準に集約することを試みる.換言すれば,社会生活の過程を1つのスカーラーとして表わす試みである.前者の SSDS や社会行列の構想と接近方法には 1950 年代の後半から発展を遂げた SNA に代表される新しい国民所得研究の思考と接近方法がそのまま反映されている.これに対して,NNW と MEW に見られる思考は 1950 年前半までを支配した GNP とその構成要素の推計を強調する旧国民所得研究の方法と緊密な類似が認められる.

6.2 TSSDS 以後の展開

　TSSDS に盛られた SSDS の構想の基礎には,経済統計の体系化としての SNA の類推において,社会統計の体系化としての SSDS が対置されるという考え方が存在したことは否定しえない.たとえば,前に言及した「社会行列の体系」のアイディアを,改訂 SNA の表 2.1 に示されている「完全な体系の例示」における国民経済計算体系の行列による表現と対比するならば,2つの統計の領域における体系化の構想の類似性が明らかとなるであろう.したがって,TSSDS を1つの頂点とする SSDS の開発の初期段階においては,経済活動の計量の図式として発展した国民経済体系の発展の経過に照らして,社会生活のプロフィールのさまざまな側面を計量する図式としての社会会計に対する期待が高められたとしても,けっして不思議ではない.ここで社会会計 (social accounting) とは,社会生活のプロフィールのさまざまな側面を価値のフロー,人口のフロー,時間のフローの流入と流出に関する収支バランスの関係の集りとしてみた全体をいう.

　ところが,SSDS がそのシステム設計の段階を終え,データの収集と加工の実行段階に入っていくにともなって,SSDS の核心がどこにあり,またなにが

第6章 社会人口統計体系(SSDS)の展開とその帰結　163

新しいのか,さらに,そこで体系化の目標とされるものがなにかについて,統計専門家の間で疑問が表面化するようになり,それらをめぐる議論が活発に交わされるようになってきた.こうした疑問に答えるための討議文書として,1960年の中ごろより10年余りにわたってイギリスの中央統計局(Central Statistical Office)の局長を勤めたモーサー(Sir Claus Moser)の手になる論文が,第18回の国連統計委員会に提出された[9].この論文において,モーサーはSSDSの基本的な考え方が,(1)人びととその集団をとりまく社会的環境を包括的にとらえること,(2)関心の対象が制度ではなく人間にあること,(3)人びとの環境をフローとストックの2つの次元において,生活の連鎖に即して記述するものであること,(4)共通の,かつ整合的な分類,定義および概念によって結ばれていること,(5)システムを構成する部分相互の間に明示的な連係が指示されているところにあると説く.こうした基本的な考え方に対し,(1)～(3)は社会統計の専門家の間でもとりたてて新しい考え方であるとはいえないから,モーサーはSSDSの新しさが(4)と(5)の考え方を積極的に推し進めるための「ネットワーク」の構想にあると評価している.すなわち,(4)と(5)の考え方を推進するための「ネットワーク」の構想が,SSDSのシステム設計に結実したとみるのである.「データの構想を定めるこの考え方を社会データの全域に適用すること」(E/CN. 2/449, para. 21)がこのSSDSの特質である.

　このモーサーの評価は,SSDSのその後の展開の動向を左右するうえに投ぜられたきわめて重要な一石であったように思われる.なぜならば,当初のSSDSをめぐって展開された社会統計のシステム化に対する研究の関心は,たとえば,すでに言及した人口と人的資源の変動を説明する推移確率モデルへの適用といった特定の分析モデルへの利用を予想して作成されたデータ行列から,その後はむしろデータのさらに徹底した収集,加工および分類の組織化へと転回し,沈潜する方向をたどることになったからである.

　モーサーの論文のねらいは,TSSDSのなかで展開されたこの初期のSSDSの構想に対し,SSDSの役立ち,データのインプットとその方法論――たとえば,データの連係,分類と統合――,データのアウトプットの実際などについ

て，統計専門家の実務的な観点に立っての批判的な検討を与えるところにある．その基調は，前述したように，TSSDS の基本的な考え方を受け入れたうえで，統計の実態に即した拡充と深化を企図しているといってよい．そうして，発展の次の段階として，センサス，標本調査，(第8章で述べる)個人別データ・ファイル，マイクロ・データ・セットのそれぞれの比較，またとくにデータの連係に関する個人別データ・ファイルと多目的標本調査の間の得失の評価を与えることによって，これらのデータを計算機内に格納し，検索することの検討を今後の課題として要請している (E/CN. 2/449, para. 87)．こうしたデータ開発の実際と密着した示唆と提言は，TSSDS のなかでは比較的に注意されることの稀薄な領域に言及するものであって，SSDS のその後の動向を予想するのに十分なほどの重要性をもつものといってよいであろう．

　モーサーによる SSDS の評価と批判的な検討をうけて，さらに SSDS の今後の展開のための基本方針と戦略を積極的に打ち出した文書が，第 19 回の国連統計委員会に提出された[10]．その基本方針とは，「統一されたシステムのなかのサブシステムの集りの彫琢ではなく，むしろ社会統計を統合するための枠組として，共通の分類および他の連係の工夫を通して統一された統計のいくつかの関連分野を指示することにあるべきである」(E/CN. 3/489, para. 11) とする立場である．こうした基本的立場の確立は，TSSDS の方法論からの1つの重要な転換にほかならない．この転換の事実は，TSSDS で用いられていた「システム」および「サブシステム」の用語の使用を意図的に避け，それらに代えて「枠組」(framework) と「関連分野」(field) の使用を提案していることにも反映されている．すなわち，この文書の討議を機会としてシステムのSはフレームワークのFへと変えられ，SSDS は FSDS と改名されることになる．この TSSDS の方法論からのはっきりとした転換の背後には，後に言及される (アメリカの) National Bureau of Economic Research (NBER) における MESP (Measurement of Economic and Social Performance) 研究プロジェクトを主宰するラグルス夫妻 (Nancy and Richard Ruggles) の一連の業績からの影響が刻印されていることは，注意しておいてよいことであろう[11]．

第6章 社会人口統計体系(SSDS)の展開とその帰結

ラグルス夫妻の接近方法は,国民経済計算の設計の基本方針においても改訂 SNA と対立している.前にも言及したように,改訂 SNA の基本構造は,その表 2.1 の「完全な体系の例示」に示される 88×88 の行列形式に集約されている.対立するラグルス夫妻の主張は,こうした行列の構造が統計表章の形式として簡単なものでもないし,また理解しやすいものでもないとする点にある.夫妻は,改訂 SNA の方法論とは順序を逆にして,一国の統合された体系を基礎にすえ,その細分を徹底する方向を採用するほうが,さまざまな種類の統計解析に対処することのできる詳細な情報の提供が可能な弾力的な統計データの体系を生成しうると主張する.そうして,この詳細なデータをすべて印刷された統計として表章する必要はなく,機械可読な媒体(たとえばテープ,ディスク等)上に貯蔵すれば足りると考える.要するに,ラグルス夫妻が強調する力点は,国民経済計算の整合的な体系の設計よりも,むしろ,国民経済計算の体系を生成するデータ・ベースの構築に向けられているとみるべきである.E/CN.3/489 における TSSDS からの方法論の転換においても,力点のおきどころにおいて同様の対立と変化が看取される.

ラグルス夫妻が MESP において提案する代案は「経済と社会の勘定体系」(A System of Economic and Social Accounts) と呼ばれる.便宜上ここでは"ラグルスの SESA"の名で略称しておくことにしよう."ラグルスの SESA"の特徴として2つの点を指摘することができる.第1は,社会データを経済勘定の上に一元化する構想である.第2は,この一元化を達成するためのデータ・ベースとしてマイクロ・データ・セットの重視である.これらの2点の中で後者の論点はあらためて第8章の中で議論されるので,ここでは第1の論点にしぼって"ラグルスの SESA"の特徴を見ておくことにしよう.ラグルス夫妻によると,国民経済計算の開発過程において,マクロの経済勘定がミクロの意思形成主体の所得勘定の集計であると言う暗黙の認識があると言う.意思形成の主体とは企業,家計,政府であって,生産の主体である企業の生産勘定・企業・家計・政府のそれぞれに関する所得/支出勘定および資本形成勘定,これと外国勘定を加えることによって"ラグルスの SESA"におけるマクロ経済勘

定の体系が完結することになる[12]．

　それならば，社会・人口データは"ラグルスの SESA"に対していかなる役立ちを持つか．社会・人口データは個々の部門の勘定項目の分布に関する構造特性を解明するのである．例えば，社会・人口データは家計所得の年齢別，人種別，性別の分布構造を詳らかにするであろう．「実際のところここで提案されていることは国民経済勘定と社会勘定の専門家が家計のマイクロ・データ・セットを開発することなのである．家計のマイクロ・データ・セットは適切なウェイトが与えられるならば国民経済勘定における家計部門勘定を生成するであろうし，同時にまた社会勘定にとって必要な人口学的および社会的特性をマイクロ・データ・セットの個々の家計単位に配属させることになるであろう」[13]．マイクロ・データ・セットの開発は家計のみに限定されるわけではない．例えば，事業所を単位とするマイクロ・データ・セットは所有する親企業とのリンク，本店の所在，業態の分析にとって不可欠のデータを提供するであろう．また付帯する社会的および人口学的データは企業の人的資源の分析，環境統計の開発，などを容易にするものであろう．

　マイクロ・データ・セットの開発に基礎を置く"ラグルスの SESA"は，前にも注意したように，一国の統合されたマクロ経済勘定から出発し，その部門分割の細分を徹底する方向を主張するラグルス夫妻の多年の主張の反映であるのみならず，またその具体的な実践の模範例であると言うべきであろう．"ラグルスの SESA"と並んで MESP において社会・経済活動の成果を集約する枠組としてジャスターによって提案されているのが"MESP の枠組"(A Framework for the Measurement of Economic and Social Performance)である[14]．"ラグルスの SESA"がフローの勘定構造を指向するのと対照的に，"MESP の枠組"においてジャスターが注目するのは所得の源流を貯える広義の"富"のストック勘定の構造である．それは，

　① 再生産可能な有形資産，
　② 再生産可能な無形資産，
　③ 人的資本，

第6章 社会人口統計体系(SSDS)の展開とその帰結　167

④　自然の物理的資源,

⑤　(安全,自由,平等などの)社会,政治的富,

から成るものとされ,所有の主体別の勘定の構造が構想される.スペースの制約のため,ここでは"MESP の枠組"の詳細とそれの含意の検討に立入る余裕がない[15].ただこのジャスターの構想の基底には広義に設定された"富"のストックを源流としてもたらされるサービスのフローによって所得を定義しうるとする I. フィッシャーの考え方が横たわっている. MESP の基本には所得と消費を結ぶ独自の会計構造が暗黙の中に前提されている. ジャスターによって設定された広義の"富"のストックと類似の構想に立って,"富"の範囲を①,②,③に限定した上で,それから派生する拡大された所得のフローに関する勘定体系を設定し,これを"全所得の勘定体系"(Total Incomes System of Accounts——略して TISA)と名づけ,アメリカにおける計測を試みたのがアイスナー(Robert Eisner)である.このアイスナーのグループによる研究もまたラグルス夫妻が主宰する MESP 研究プロジェクトの一翼を形成しているが,TISA の詳細に立入ることは,本章の考察の範囲をさらに逸脱するものであろう[16].

6.1の注

1) 以上に引用された文献は次の通り. United Nations, An Integrated System of Demographic, Manpower and Social Statistics, and its Link with the System of National Economic Accounts, E/CN. 3/394, 1970. United Nations, A System of Demographic, Manpower and Social Statistics: Series, Classification and Social Indicators, ST/STAT. 49, 1971. United Nations, A System of Demographic and Social Statistics, E/CN. 3/432, 1972.

また第 17 回統計委員会の討議の記録は,United Nations, Statistical Commission, *Report on the 17th session*, E/5326, 1972. に依拠する.本文中のそれぞれの文献の引用は文書番号によって示す.

2) ストーンによって起案された文書名は次の通り. United Nations, *Towards a System of Social and Demographic Statistics*, Studies in Methods, Series F No. 18, New York 1975. 公刊された文書は 2 欄刷りのため 180 ページ余りに短縮されている.以下この文書をしばしば TSSDS によって略称する.「社会人口統計の体系」(A System of Social and Demographic Statistics)の名称が定着したのもこの文書(TSSDS)

においてである．初期文書では「人口社会統計の体系」(SDSS)の名で呼ばれていたこともある．本書では文書による名称の差を無視して SSDS で統一して示しておく．また，初期文書では"人的資源"や"社会指標"が明示的に SSDS の枠組の中で議論されていた事実は記憶に留めておいてもよいことであろう．SSDS の射程をめぐって初期文書と TSSDS の間には若干のずれがあるようである．

3) United Nations, Economic Commission for Europe, *The Work of the Economic Commission for Europe, 1947-72*, E/ECE. 831, New York 1972. なおヨーロッパ統計専門家会議は毎年6月の第3週を総会の期間とすることを慣行としており，会合の場所はパレ・デ・ナシオン(ジュネーブ)である．1982年の6月はその第30回の会議に当っていた．これを記念して30年前この会議を設立するための8人の発起人の1人であったノールウェイのビエルベ博士は同会議の設立の経緯，これまでの貢献，将来の展望と問題点に関する特別講演を行った(Petter Jakob Bjerve, Three Decades of the Conference of European Statisticians: Past achievements and perspectives for the future, Artikler fra Statistisk Sentralbyra, No. 137, Oslo 1982)．この講演はヨーロッパ統計専門家会議の30年とその将来を展望して全く間然とするところのないものであるが，紙幅の制約のため詳しい内容には言及しえない．しかし，ビエルベ博士もこの講演の中で同会議が SNA の改訂と SSDS から FSDS への発展において果した役割を高く評価している．ここでは同会議の名称をヨーロッパ統計専門家会議と邦訳してあるが，the statistician は the librarian と同様の趣旨で各国の統計局長を指すものと考えられる——それゆえに，国連統計局長はしばしば the world statistician の名で呼ばれる——から，"ヨーロッパ統計局長会議"と言った方が実体を正確に表わしているかもしれない．実体は正しく ECE のメンバー国の統計局長の会議である．この会議の重要性に対する筆者の指摘は，すでに，倉林義正「経済統計の体系化と国民経済計算の体系」『経済研究』22巻1号，1971年1月号，倉林義正「国民経済計算論の展開——SNA の構造と発展」小泉明・宮沢健一編『ケインズ一般理論研究，I 雇用と所得』筑摩書房，1970，においてなされている．

4) SSDS の成立をめぐるヨーロッパ統計専門家会議の討議の経過については, United Nations, Economic Commission for Europe, Report of the Second Session of a Working Party on A System of Demographic and Social Statistics, Conf. Eur. Stats./WG. 34/7, 1971; United Nations, Economic Commission for Europe, Report of the Third Session of a Working Party on A System of Demographic and Social Statistics, Conf. Eur. Stats./WG. 34/11, 1972, に詳しい．ここでヨーロッパ統計専門家会議の作業部会(Working Party)の編成について補足しておくと，それは特定の統計専門分野の各国の専門家(おおむね，担当課長レベル)で構成され，ほぼ定期的に専門的，かつ技術的問題を討議する．類似のヨーロッパ共同体，OECD の作業部会の

開催とも併せて、ヨーロッパの統計専門家の間の人的交流と情報の交換は非常に緊密である。こうした交流の場に乏しいわが国の専門家とヨーロッパおよびアメリカ、カナダの人びとの情報ギャップがしばしば国際会議の場で直接かつ顕著に反映され、露呈されるのがつねである。

5) これらの個別的問題が今日フランスの国民経済計算における拡大体系(EECN)の一翼を担う"サテライト勘定"の関心項目を形成していることはすこぶる興味深い。教育を例とする"サテライト勘定"については、すでに第2章、2.4(56ページ以下)で議論した。フランスの国民経済計算体系については、後続の第10章においても取上げる。

6) 一般システム理論の概略については、例えば Ludwig von Beltalanffy, *General System Theory, Foundations. Development, Applications*, Penguin Books, Hamondsworth 1973, を参照。そこで、一般システム理論とは、さまざまの無機的、生物的および社会的システムに共通に適用される理論モデル、および論理的に共通の関係を持つ法則の構築を目的とする研究の分野であるとされている。TSSDS における「連結性の考え」が一般システム理論と共通する思考の地盤の上に立っていることは事実であるが、TSSDS がそのことを明示しているわけではない。あるいは、オスカー・ランゲが「システムの構造」と名づける概念の方が TSSDS における「連結性の考え」を忠実に反映するのかもしれない。ランゲの場合、「結びつきの行列」によって二項関係が明示され、「作用表」と呼ばれる対象の間でインプットの状態をアウトプットの状態に移す関係が定義されているからである。この関係は SSDS のモデル分析における"投入産出型"モデルおよび人口学的連関に関する"推移確率モデル"に具体化される関係と正確に対応している(O. ランゲ、鶴岡重成訳『システムの一般理論』合同出版、1969)。

7) SNA の行列表示に基礎を置く多重分類の構造、換言すれば、O. ランゲの言う「結びつき行列」から派生する分類の体系に対して一貫して批判する立場に立つのがラグルス夫妻である。例えば、Nancy Ruggles and Richard Ruggles, *The Design of Economic Accounts*, National Bureau of Economic Research, New York 1970. p. 35.

8) Richard Stone, "A System of Social Matrices", *Review of Income and Wealth*, Series 19 No. 2, June 1973、また関連する研究として、能勢信子「社会人口統計の新しい枠組」『国民経済雑誌』143巻5号、1981年5月号、を参照。

6.2 の注

9) United Nations, System of Social and Demographic Statistics (SSDS) : Potential Uses and Usefulness, E/CN. 2/449, 1974. 以下この文書からの引用は文書番号で示し、パラグラフ番号で引用個所を指示する。

10) United Nations, Strategy for Further Work on A System of Social and Demo-

graphic Statistics, E/CN. 3/489, 1976. 以下この文書からの引用は文書番号で示し，パラグラフ番号で引用個所を指示する．

11) 例えば，特に MESP との直接的なかかわりでは，Nancy Ruggles and Richard Ruggles, "A Proposal for A System of Economic and Social Accounts", in Milton Moss, ed. by, *The Measurement of Economic and Social Performance*, National Bureau of Economic Research, New York 1973. ちなみに，この書物は National Bureau of Economic Research の主催で 1971 年 11 月にプリンストン大学で開催された NBER の Conference on Research in Income and Wealth の成果を収録したものである．以下に言及する研究のほかに数多くの注目すべき研究成果が収められているが，とくに前章で関説した NNW を発想するヒントと源泉を提供したトービンとノードハウスによる MEW の提案，William D. Nordhaus and James Tobin, "Is Growth Obsolete?" もこの書物の中に収録されていること．および，巻末に大家の風格と洞察を余すところなく披瀝したクズネッツによる Concluding Remarks が収められていることに注意しておこう．

12) "意思形成の主体" をまとめて部分分割を一元化しようとするラグルス夫妻の発想は，SNA 改訂における制度部門別分割を徹底する同夫妻の考え方と結びつく．この点は後続の第 9 章で議論される．

13) Nancy Ruggles and Richard Ruggles, *op. cit.*, in Milton Moss, ed. by, *The Measurement of Economic and Social Performance*, New York 1973, p. 123.

14) F. Thomas Juster, "A Framework for the Measurement of Economic and Social Performance", in Milton Moss, ed. by, *The Measurement of Economic and Social Performance*, National Bureau of Economic Research, New York 1973.

15) 本節の注 11) で言及したようにクズネッツは引用の書物の巻末に収められた Concluding Remarks において，このジャスターの提案に対して詳細なコメントを与えている．それによると，MESP にとって最終的な目標は最終消費者に提供される財・サービスとこの究極的消費に関連する資本ストックに対する純付加を計測することであると言う．前者(最終消費)に関し，それに加算される項目の中で検討を要する論点として以下の 4 点が指摘される．ⅰ)高密度の都市の居住環境の中で田園の中でより低価に取得しうる財・サービスに対しより多くの支出を余儀なくされる例に見られるように，生産の条件の変化および生産に携わる消費者の役割の変化に起因する支出を家計の購入から分離する必要があるかどうかの問題．ⅱ)教育に対する支出，もしくは関連して知識の増大を目的とする支出を最終消費に含めるか，もしくは広義の資本ストックに対する付加と考えるべきかの問題．ⅲ)集合的最終消費の中で「歓迎されない純粋公共サービス」(クズネッツの用語で "regrettable necessity")が社会を構成する人びとの便益に直結しない事実，および資本ストックの純付加を意味しない事実に照らして，この部分を最終消費の中に計上して

第6章 社会人口統計体系(SSDS)の展開とその帰結   171

よいかどうかの問題. iv)公共財を含めた非市場サービスおよびそれらの品質変化に伴う評価の困難. 同様に現行の最終消費の計測から排除されている項目の問題点として以下の4点が指摘される. i)家計の活動が産み出す有形の生産物. ii)(住宅を除く)家計の資本からの収益と対応する耐久消費財の処理に対する変更. iii)より少ない需要からのより大きな余暇とその他の無形の便益. iv)(環境の悪化のような)生活条件への劣化要素の不断の注入から来る生産と最終消費とにマイナスに相関する要因の計測. 資本ストックへの純付加の計測において同様に排除されている項目の問題点として次の5点が指摘されている. i)(住宅を除く)家計の中にある耐久消費財の処理. ii)教育その他人間能力の開発に向けられる投資に代表される無形資本の処理. iii)知識および技術に関連する無形資産. iv)知識および技術に関するストックが産出の成長と生産性に及ぼす効果. v)再生産不可能な自然資源のストックの変動を計測から排除する現行の計測が妥当であるかどうかの問題.

　これらのクズネッツの指摘は, いずれもジャスターが提案する"MESPの枠組"に対するコメントとして全く適切なものである. がそれにも増してこのConcluding Remarks は晩年におけるクズネッツの研究領域と関心が SNA のそれとは全く別のところにあることを闡明にしている点で注目すべきものである. クズネッツが Concluding Remarks のジャスター論文に対するコメントを主とする上述の第1の部分につづく第2の部分 (2. Effects of Concern with Economic Growth) の中で明示しているように, クズネッツにおける研究の究極の関心は言うまでもなく長期の近代成長過程の数量的分析にある. 経済成長過程の長期分析への関心のシフトは, とくに2つの観点の重要性を示唆する. 第1は, 常套的な"成長理論"の中で十分に分析されていない"残差要因"や構造変化の果す役割である. そうして第2は, 経済活動の成果の社会・経済グループへの配分の構造的, 制度的分析の持つ重要性である. こうしたクズネッツにおける近代経済成長の研究の関心領域と問題意識が, 経済循環の短期的様相を統一的かつ整合的なデータの枠組の上に表章し, 加工し, 収納する国民経済計算の視野と方法との間に根本的な隔たりを持つのは当然のことと言えよう. クズネッツもまた両者の関心領域と問題意識の根本的な相違を自覚的に認識しており, Concluding Remarks の終結部である 3. The Short- and the Long-term Perspectives は, いわば交ることなく平行する2つの研究領域の隔たりを認めた上で, それぞれについての展望的な省察を与えたものである. この第3の部分において, クズネッツは政府統計は大方の人びとによって受け入れられる保障のある合意された枠組の上に築き上げられなければならないがゆえに, トービン/ノードハウスによる MEW の計測は政府統計として適切ではないと指摘している (Simon Kuznets, "Concluding Remarks", in Milton Moss, ed. by, *The Measurement of Economic and Social Performance*, National Bureau of Economic Research, New York 1973, p. 591). 第5章で見たように, 政府統計開発プログラムの一環とされ

た『NNW 報告』の主張との比較において，このクズネッツの指摘は多分に示唆に富むものであるが，NNW 推計のその後の経過は「サンダース報告書」の指摘するところとも併せ考えて，クズネッツの洞察の正しさを立証したと言うことができよう．

16) TISA の構造と計測の詳細に関しては，Robert Eisner, "Capital Gains and Income: Real Changes in the Value of Capital in the United States, 1946-77", in Dan Usher, ed. by, *The Measurement of Capital*, Studies in Income and Wealth, Vol. 45, The University of Chicago Press, Chicago and London 1980; Robert Eisner, Emily R. Simons, Paul J. Pieper and Steven Bender, "Total Incomes in the United States, 1946-76: A Summary Report", *Review of Income and Wealth*, Series 28 No. 2, June 1982, を参照．なお TISA に関しては，インフレーション会計の開発の観点から，能勢信子「インフレーションの社会会計：現状と問題点」，神戸大学経済経営研究所『経済経営研究』34(Ⅱ)号，1984年8月，においても言及されている．

各国における SSDS の実際の推計が困難であることはモーサーの報告に関連して注意した通りであるが，関東大震災における被災地域人口の変動を人口のフローに即して SSDS の図式を用いて表章し，計測する試みが筆者によってなされている（倉林義正「関東大震災の SSDS」『経済研究』34巻2号，1983年4月）ことに注意しておく．

第7章　社会指標の開発とその意義

7.1 "社会指標"運動の展開

　Social Indicators (以下簡単のため SI と略記する) は 1960 年代の後半いくつかの先進工業国においてその研究と開発が進められるようになった．1970 年代のはじめにイギリスの中央統計局 (Central Statistical Office) の局長の任にあったモーサーの適切な表現を借りるなら，この流行はまさに "social indicators movement" の名で呼ぶにふさわしい．こうした流行の 1 つの端緒となったのは，アメリカの保健・教育・福祉省から公けにされた「社会白書を求めて」と題される報告書における SI の提案である．この報告書は，社会指標を次のように定義している．

　　ある 1 つの SI とは，ここでその用語が用いられるように社会の主要な諸側面の状況について簡明で総合的かつバランスのとれた判断を容易にする直接に規範的な目標に関する 1 つの統計量であると定義されよう．それはいかなる場合においても福祉の直接の測度であって，もしそれが「正しい」方向に変化し，一方で他の事情が等しいとするならば，事態は好転したもしくは人々は「豊か」になったと言う解釈のもとに置かれる．

　以上の定義にもとづいて，この報告書は，規範的な目標を確立するための重点とされる次の 7 つの分野を選んで，その定量化を試みることを提案している．これらの分野とは，①健康と疾病，②社会流動性，③物的環境，④所得と貧困，⑤公共の秩序と安全，⑥学習・科学，⑦芸術社会への参加と疎外である[1]．

　いわゆる「SI 運動」が流行を見るに至った究極の原因としては，例えば，「豊かな社会」が作り出した病弊を指摘することができるが，それが SI の形で定量化する動きとなって現われるには相応の統計的理由がなければならない．

この点に関しモーサーは極めてバランスの取れた説明を次のように与えている[2]．すなわち，この「SI 運動」の流行する源泉には社会統計がカバレッジにおいてのみならず，また分析と解釈の方法において完備されていないと言う事実がある．したがって，まず第1に，現存する多くのかつ混乱しているデータを分析してともかく社会の状態を網羅的に代表する誘導された数量(指標)に到達しうるような統一的にかつ標準化された仕方で合意の得られる方法に対する必要が生れてくる．第2に，この誘導された指標の数はなるべく少数に限定されていることが望ましいのであって，この限定によって政策当局はこれらの指標が含意するところのものを把握するための合理的な可能性の幅を決めることができるようになる．この意味で SI の開発に携わる人びとに課される課題と方法は，一方において帰納(induction)であり，また他方においては還元(reduction)である．

　もちろん，モーサーは SI の開発にはそれに固有する困難を併せて注意することを忘れてはいない．それは，われわれが取り出そうと努める社会の基本的な目標を決定することの，またこれらの目標に数量的な表現を与えることの困難である．例えば，良い生活とか幸福な生活と言ったものの決定と評価が，良さの程度ならびに幸福の程度の計量が難しいのと同じ意味において困難だからである．

　SI の形式と内容，ならびにそれの定量化と誘導の方法に関しては，経済ならびに統計専門家ばかりでなく，社会学の研究者による研究も含め，さまざまの視角から研究と開発が進められている．そうした試みの1つの典型として注目するのに値すると思われる研究は，アメリカのラッセル・セイジ(Russell Sage)財団の企画のもとに行われた経済学者，統計専門家および社会学者による協同研究プロジェクトにおける研究であろう．このプロジェクトにはアメリカにおける国民経済計算の専門家として令名の高いモスのほか，経済学者としてはレーバーゴットとザメツ，社会学者としてはわが国でもよく知られているダニエル・ベルらが参加して，当時のアメリカにおける社会構造変化の定量的な分析を企てたものである[3]．

第7章 社会指標の開発とその意義

　概略的に言えば，この研究では社会構造の変化を以下の4つの側面から捉えようとしている．すなわち(i)人口の変動の趨勢と構成の変化ならびに地域的分析に代表される「人口学的側面」，(ii)財・サービスを生産し，知識と技術を組織し，社会の再生産と秩序の維持に関連する「社会の主要な構成要因」，(iii)財・サービス，知識，価値観および秩序の配置にかかわる「分配特性」，(iv)社会福祉の全体としての関連において眺めた「不平等と機会均等の変化」がそれである．この研究はこれらの側面に重要な役割を演じている個々の問題を取り出して，それによってアメリカの社会生活の断面を定量化しようとするものであるが，定量化の方法としてはこれらの4つの側面を1つのシステムに演繹するよりもむしろ個々の側面の指標へ還元する帰納的方法が採用されている．この意味でこの研究プロジェクトの示す成果は，当時におけるSIの多面的な展開の1つの典型であると考えてよいであろう[4]．

　極めて広範な視野と豊富な内容に満されているこの研究の個々の内容に立入ることは，本章の主たる目的ではないし，またそのためのスペースも持ち合わせていない．しかし上述した4つの側面に即して，アメリカの社会生活が直面する構造変化を概観するとなれば次のように要約することができよう．

　(i)　人口学的側面から見た著しい構造変化は，西部への人口移動，および黒人人口の北部および西部へのまた農村より都市へ再分配と成長，外国系アメリカ人の同化，大家族世帯の衰退が観察される．

　(ii)　社会の主要な構成要因について見るならば，構造変化は長期の変化であるとの見地からザメツは長期の経済成長の比較を行っている．ここで，ザメツは第5章で議論したMEWと類似した考え方に立って，GNPに対して生産物と余暇の質変化から生れるプラス要因と，都市に集中された工業化社会のもたらす社会費用および商業化の市場効果のマイナス要因を調整した大きさとして定義される「福祉GNP」(Welfare Gross National Product)の推計とその長期の比較(1869～1966)を行っている．第5章でも指摘したように，NNWの構想の背後にはGNPの推計に関するクズネッツの接近方法が色濃く反映せられていたのであり，かつクズネッツ自身の研究の関心が「GNPから近代経済成長

へ」と転換して行ったことを考え合わせるならば，NNW あるいは「福祉GNP」の構想はむしろ近代経済成長過程の質的な側面を分析するための指標としての意義と役立ちを示唆していると考えることができよう[5]．

経済成長に伴う構造変化として注意されている点は工業化経済社会より脱工業化経済社会への移行，これに伴うサービス経済の重要性の増大である．これらの変化と併行して，問題解決に対する専門的，技術的知識の果す役割の増大，したがって専門職，技術職の社会階級の中に占める重要性の卓越を示唆する．こうした傾向は，しばしば，「技術社会」(technological society)への変化として社会学者の間で特徴づけられているものであるが，「技術社会」への直線的進行とその積極面の評価とは別に，「技術社会」に内在する危険と消極面を強調する人びとも少なからず存在している．これら消極面を強調する人びとの主張は概して定量的と言うよりも定性的な観点からなされている例が多い．そのため SI の展開過程ではこうした定性的観点からの問題の提示は，ややもすれば看過され易い傾向を持っている．しかし，筆者の見るところでは「技術社会」が直面する消極面の評価も，その積極面に劣らず重要である．この問題は，単に SI の発展の過程での重要な問題であるに止まらず，社会生活のプロフィールを1つのシステムとして定量化しようとする SSDS(第6章)の接近にとっても多くの教訓と示唆を与えるものと考えられる[6]．

(iii) 分配特性から見た構造変化もまた(ⅱ)の社会の主要な構成要因についての構造変化に併行している．例えば，技術社会の進行に伴って労働力の配置には併行する構造変化が観察されている．すなわち，それはサービス業への就業の比重の増大であり，同時に小規模企業の持つ役割ならびに企業者機能の縮小，さらに作業の集中と管理機能の強化(bureaucratization)につながっている．また脱工業化社会の進行は生活の時間的配分の過程において「余暇」時間の増大と重要性を認識させるようになって来ている．注目すべき事実は，この余暇時間の増大と，従って余暇のための支出の増大が異る社会階層の間で不平等に分布していること．またこれと対応して，余暇活動とそのための資源は社会の中で差別的に密集する傾向を持つことである[7]．

（iv） 分配の公平と密接なかかわりを持つ「不平等と機会均等の変化」は社会構造の変化との関連ですでに多くの人の注目を集めている論点である．脱工業化社会の進行と併行して，消費者への財・サービスの流れが増大する傾向が検出されている．この豊かさはすべての人びとに対して与えられるものであるが，すべての人びとに等しく与えられているとは言い難い．と言うのは，一方で所得の職業間格差の縮小，上位 20 ％グループの所得構成比の減少などに見られる均等化の傾向にも拘らず，他方において，男女間の所得格差の増加，増大する所得の多くが黒人よりも白人の所得となっている事実，また南部の人びとよりも南部以外の人びとの所得の増加，さらには中年層の所得の方が若年および老年層の所得に比較して増大している事実など分配の不均等を示す要因も多く存在している．また，もともとこのような不均等と低所得の是正を目的として社会政策が推進されているのであるが，その政策によって恩恵を受ける家計の大部分が白人の，壮年の男性を世帯主とする家計であって，白人以外の女性もしくは老年の男性の世帯主に対する恩恵はこれに比較して少ないことも明らかにされている[8]．こうした社会階層と密接に関係する不均等化の要因は所得分布の経済学的，もしくは統計理論的分析だけからは解明しえない問題の一側面を形成していることを重視せねばならない．第 5 章の 3 節に述べたように，所得の分配と再分配のシステムが SNA を拡大する体系の最も重要な構成要素であるだけに止まらず，SSDS の本質的な構成要素として重視せねばならぬ理由もここにある．

シェルドンとムーアによるラッセル・セイジ財団の研究プロジェクトの例にも見られるように，SI は社会生活に対する規範と関心の多様性を反映して多様であり，かつまたこれらの個々の関心と問題に対し個別的な対応と解決を示すことを意図している．いわゆる SI 運動の展開の過程において，これらの SI (複数)を有機的に構成せられた全体として見る考え方がなかったわけではない．例えば，ある論者たちは，SI の構造を①絶対指標(absolute indicators)，②相対指標(relative indicators)，③自律的指標(autonomous indicators)からなる全体として理解しようとしている．ここで絶対指標と呼ばれているものは，専門

家の間で本質的な事がらに対して合意が得られているような指標を言う．具体例としては，汚水の汚濁に関する基準などに見られる環境基準，最低生活水準などがこれに当る．相対指標と言うのは，なにが最適の値であるかについて合意はないにしても時系列的もしくは横断面的な比較が可能な指標を言う．例えば，文盲率，教育水準，人口あたりの公園面積，警察の量と質など．また自律的指標とは特定の地域における社会的，経済的，制度的および文化的価値を反映する指標を言う．この例としては，ロサンゼルスのメキシコ系アメリカ人とニュージャージイのポーランド系アメリカ人を比較する指標が挙げられている[9]．

　しかしここに示された SI の構造はむしろ SI の分類基準を与えるものであって，これらの SI (複数) が相互にいかなる関連において結ばれているかと言う意味——前章で指摘した「連結性の考え」——における構造を表現するものではない．SI が多様な社会的な規範と関心に個別的に対処する数量的な尺度の域を脱して，相互に連結せられたシステムの一環として理解されるためには SI の構造がそれらの分類学だけに限定されるべきではないのである．

　SI 運動のこのような流行と展開とにも拘らず SI の方法にはその本質にも関連すると思われるいくつかの問題を指摘することができる．まず第 1 に，SI の作製と評価が特定の社会的な規範と結びついていることの個別性である．ある SI は特定の規範に照らして「善」と判断されるかもしれないが，他の規範に照らして判断するならば「悪」であるかもしれない．またある SI の評価も事情が変われば，異った意味を持ちうる．例えば，出生率の持つ意味はオーストラリアとインドではほとんど逆の評価の対象となる性質のものであろう．第 2，SI はさまざまの社会的な規範と目標に対応するための施策の成果を定量的に表現するものである．しかし施策の成果 (アウトプット) は特定の社会的規範ないし関心との相対的な関係で評価されるにすぎない場合がしばしば起る．就学率に対する評価はそのよい例である．それは義務教育の達成と言う目標に照らして見るならば，ある水準の到達は成果 (アウトプット) とみなすこともできる．しかし，教育の質の向上——例えば教育段階の高度化——と言う目標に照

らして見るならば，むしろ中間的な投入（インプット）と考えるべきである．第3に，SI が指数形式を用いる場合に指数形式に共通する問題がある．それは一言で言うならば，合成の困難である．とくに，指数形式へ合成が可能となるためにはウェイトを与えることが本質的な重要性を持つ．このウェイトを決定する基準はなにか，それをいかに決定するかは SI の性質を左右する要因となろう．ウェイトと並んで，指数形式への表現にとっては，基準年の決定，いかなる形式の指数を採用するのかと言った技術的な問題も克服せねばならぬ困難である．第4に，SI の本質に起因する包括性の欠如を指摘することができる．この節のはじめに引用したアメリカの「社会白書を求めて」に見られる SI に対する期待にも拘らず，SI には特定の社会的規範と関心に制約せられるために，また一般の経済的な量と違って共通の評価尺度を持ちえないために包括的ないし集計的な大きさとしての数量的な尺度に表現しえない事情が存在しているのである．したがって，これらの困難を克服して SI が新たな発展の動力を確保し，その存在理由を主張するためには，モーサーも説くように，SI の体系あるいは構造への発展を図らなければならないであろう．前章で言及したストーンによる TSSDS においても SI を SSDS の部分システムの一環に組み入れようとする考えを展開している．また，さきごろイギリスの中央統計局が *Social Trend* の名称のもとに社会統計の組織的な年報を公表するようになったことも，社会統計のシステムへの1つの里程標として意義を持つものと考えることができよう[10]．

7.2 SSDS と社会指標

SI の開発は，社会・経済開発の国際的な協力を目的とする国際機関においても大きな関心の対象となっており，それぞれの立場で研究と開発が進められている．なかでも，OECD と国連のそれは最も注目に値する．OECD の研究は，上述の社会的関心分野の構造と分類に関する報告書にはじまり，これら社会的関心分野の詳細な分類と定義，およびいわゆる「樹の構造」による体系化

を指向している．国連においても SI への関心はきわめて高い．すでに第 17 回の国連統計委員会の場において，SSDS の開発と並行して，SI 作成のガイドラインを準備することが要請された．また，その後公刊された TSSDS も，1 章を割いて SI の解説にあてているし，SI 作成のためのガイドラインがインドのニューデリーにおいて 1976 年 11 月に開催された第 19 回国連統計委員会の議案として提出され，審議の後承認され，公刊の運びとなった[11]．

このガイドライン草案は，これまでの各国および国際機関における統計作成機関の SI 作成の現状を概観するとともに，SSDS の展開に関連し前章で議論された社会・人口統計を統合する「枠組」(FSDS)のなかで定義され，選択される SI の作成方法に関する手引として編まれたものである．とくに，SSDS の最近の展開を反映する上述の「枠組」と SI との連係に重点がおかれている．

国連のガイドライン草案によると，SI 作成の目的としては，(1) 福祉(well-being)の水準と分布を追跡すること，(2) 社会サービスの提供と配分，およびそのインプットとアウトプットを追跡すること，(3) さまざまの社会的関心分野を対象とする個別の SI を集約(summarization)することが指摘されている．これらの目的に対処するための個別の問題について考察するのに先立って，上述した OECD の研究とガイドラインの考え方の異同を明らかにしておくことが，このガイドラインの持つ意義と重要性を明らかにするのに役立つであろう．

ガイドラインと OECD の研究との間の根本的な相違は社会的関心領域を設定するあり方の中に端的に反映されている．すなわち，社会的関心領域に関する OECD のリストは，個人の福祉において一般に合意された基本的諸相との関連において定義される．換言すると，社会的関心領域に対する測度は，それ自体，福祉の改善もしくは後退の尺度となる．その取扱いは政策評価を目的とする．これに対して，ガイドラインにおける社会的関心領域の設定は福祉の状態をトレンドおよびそれに影響を及ぼす諸条件に照らし広汎に定義づけられた関心分野との関連において記述することに主眼が置かれている．そうしてこれらの福祉の状態，トレンドおよびそれに影響を及ぼす諸要因の範囲は，前章で議論した TSSDS の中で詳細に規定されているところである．それゆえに，社

第7章　社会指標の開発とその意義　　　　181

会指標は TSSDS の中で次のように定義されるのである.「社会指標群は社会的関心領域のあるものと関連し，新奇の探究，理解および行動の目的に役立てることができる. ……社会指標群は現実にもしくは可能性として利用可能なデータ系列と構成概念の部分集合を形成し，したがって言及した目的の1つに対する適合性と関連度によってのみ他の統計と区別されるのである」(TSSDS, para. 5.8). このようにガイドラインにおける SI は，とくにその社会的関心領域の設定において，SSDS ないしその後継者である FSDS の枠組と密接不可分である事実を認識せねばならない.

　福祉の状態とその変動の条件を社会的関心領域の場において記述することを SI の設定と計測の目標に掲げるガイドラインの立場からするならば，SI 系列の開発の中枢に統計分類の問題が位置づけられているのは当然である. ガイドラインは，その Annex II においてさまざまな社会的関心領域に関し詳細な分類の素案を提示しているが，ここではスペースの制約のため到底その立入った検討を行う余裕を持たない. ここでも重ねて統計の分類問題がわが国のエコノミストのみならず統計専門家の間でも不当に軽視されている事実を強調しておかなければならない. またそのことに関連して，ガイドラインの次の指摘に傾聴すべきであろう.「社会指標群の作成において統計的分類の使用が福祉一般および住民のめぐまれない人々のグループの福祉および生活条件の分布をモニターしまた評価すること，および問題となっている福祉の諸相の底にある重要な要因と環境を追跡し，理解することにとって基本的に重要である」(SI Guidelines, para. 2.15).

　これまでの TSSDS およびガイドラインからの引用によっても明らかのように設定され，計測される SI の実態は単一の社会指標ではなく社会指標群である. これらの社会指標群はなんらかの意味で組織化されることによって利用の徹底を期待しうるであろう. ガイドラインも言っている.「社会および人口統計を統合するプログラムは，社会指標群を1つの相互に調整され，整合的かつ連係されたデータのまとまりの中に組織化するための貴重な枠組を提供する. この文脈において『SSDS を目指して』(TSSDS—著者注記) は，社会および人

口統計のあらゆる分野の間を相互に調整し，また連係づける．またおのおのの分野において人は対応する社会サービスが担当している福祉の主要な側面を関連させる」(SI Guidelines, para. 2. 16)．指摘により社会指標群の組織化にとって，SSDS ないし FSDS との結びつきが不可欠であることは明らかであろう．

　これまで述べた統計分類と概念の統一，およびデータを整合的かつ連係されたまとまりと枠組の中で整理しておくことは，結果の要約を容易にする必要条件であるが，ガイドラインは結果を要約する主要な統計的手法として，i）単一の指標，ii) 合成指数，iii) 平均余命を挙げている．単一の指標とは「与えられた特性を持つ集団の構成比，発生の比率，変化率，激しさの程度，中心的傾向を示す平均・中位数等の指標，パーセント分布もしくは分位によるグループ分け，頻度分布ならびに非対称度と尖度として表わされる基礎データの整理と選択」(SI Guidelines, para. 4. 15) を言う．合成指数は「福祉もしくは社会サービスのトレンドを包括的な観点から表現するものであって，その作成には指標を構成する要素もしくは基礎的要因の加重的結合が一般的に用いられねばならない．しかし，適切なウェイトを欠くため，社会指標群では合成指数はあまりしばしば用いられていない」(SI Guidelines, para. 4. 22)．

　ガイドラインは人びとの福祉に対する願望と知覚を査察する尺度としての SI の役割にも言及している．この観点に立つと，「社会指標群を個人の生活条件に関する願望，知覚，満足もしくは不満，および関連する態度との関連で定義し，計測する研究分野を重視する傾向をもたらす」(SI Guidelines, para. 3. 7)のであるが，ガイドラインがこの傾向に対して与える評価は必ずしも高くない．「一般に言って，完全にテストされた質問事項と質問票の形式を定めること，また適切な標本からの回答を分析し，収集することは，困難でもあり，またコストのかかる作業である．それにも増して，人びと自身の生活条件，根底にあるさまざまの影響および人びとの願望と現存する条件との関連を知覚し，理解する上でそれらの広汎で，かつまたしばしば微妙な変動を考え合わせると個人の反応の総体的重要性を評価することが困難である」(SI Guidelines, para. 3. 8)からである．SI の補充指標としてわが国でしばしば引き合いに出される

主観指標のさまざまの形態に対する批判として傾聴に値する.

　これらのガイドラインの叙述はわが国における SI の開発と公表についても多くの示唆を与えるものであろう．経済企画庁で現在公表される SI 系列の方法的基礎を形成したのが 1974 年に国民生活審議会調査部会の手でまとめられた『社会指標——よりよい暮らしへの物さし』である．上に述べたガイドラインの叙述に照らし以下の諸点が指摘されよう[12]．

　（ⅰ）　わが国の社会指標は，レルヒャーにより的確に指摘されているように，"OECD の枠組の中にある日本の SI"（Japanische SI im OECD-Rahmen）として特徴づけられる[13]．わが国の社会指標はすぐれて政策評価を指向しているがゆえに，ガイドラインが強調する福祉の状態とその変動の条件の統計的叙述と関連統計の組織的開発になんら示唆を与えるものではない．

　（ⅱ）　わが国における社会指標の体系化はすこぶる単純な 3 段階の"樹の構造"（関連樹木型のヒエラルキー）の上に表章されているのにすぎない．ガイドラインが言う社会指標群を相互に調整され，整合的かつ連係を持つデータのまとまりの中に統合するプログラムは，上記の報告書の中に提示されていない．

　（ⅲ）　わが国における社会指標の統計的な定式化は，ガイドラインの整理に従うと，合成指数の方法に従っているが，なぜ，他の統計的手法との比較において，合成指数の方法を採用しなければならないかの説明が説得的ではない．そのためには，当然に，採用されたウェイトの体系を正当化する論理的な根拠が示されなければならないであろう．われわれはあらためて"OECD の枠組の中にある日本の SI"がしばしば一貫性を欠落する政策運営の変更と動揺に伴って SI の構造と集約の方法が直撃を受ける傾きを持つがゆえに，安定的な連続系列の供給を重視すべき統計開発の理念とその達成にとって重大な限界に直面する事態を深刻に認識すべきであろう[14]．

　ここで主題の SI からはやや逸脱するが，社会統計の開発とその総合化に対し極めてユニークな発展を遂げつつあるフランスの試みについて言及しておくことは，SNA の展開の線上において社会統計との関連と組織化を考えるわれわれの立場からしても少なからぬ教訓と示唆を投げかけるものであろう．ここ

で直接の考察の対象として取り上げる書物は，フランスの統計開発とその実査と集計，および経済分析への応用の総元締めである「国立統計・経済研究所」(Institut National de la Statistique et des Études Économiques, 略して INSEE) から出版された『社会データ, 1984年版』(Données sociales, edition 1984) である．その解説によると，INSEE が社会統計の総合を目指して同名の書物をはじめて公けにしたのは 1973 年のことであった．前節の叙述からも明らかのように，まさに"社会指標運動"が華やかな登場を飾りつつあった時期である．その後 1974, 1978, および 1981 年の公刊を経て，この 1984 年版は同書の第 5 版に当っている．ここでこれら各版の間で改訂の跡をたどることは，おのずからにフランスにおける社会統計の発展とその総合化の歩みを明らかにするゆえんであるが，限られた紙幅は到底この興味ある主題の追跡を許さない．ここでは考察を厳格に『社会データ, 1984 年版』に限らねばならない[15]．

　10 章から編成され約 600 ページに及ぶこの大冊は社会における人びとの集り (l'ensemble du monde social) を社会の生活単位を形作る 3 つのレベルに即して考察することを試みている．その第 1 は，個人のレベルに基礎を置く考察であって，人口と社会階層(第 1 章)，就業と失業の分析(第 2 章)，労働協約と労働者の管理(第 3 章)がこれに含まれる．第 2 は，家計のレベルを基礎とする考察であって，都市化とこれに伴う住宅，住民の移動，ヴァカンスなどの社会問題(第 5 章)，消費構造の変化(第 6 章)，所得と富の分配と再分配，生活時間の配分による資源の社会化(第 4 章)が扱われている．第 3 は，個人と家計の 2 つの構成レベルを統合したレベルに基づく社会生活の分野であって，医療と保健(第 7 章)，家族の変化(第 8 章)，教育，文化，政治および法制などにかかわる制度の社会化(第 9 章)に関連するデータが議論されている．最終の第 10 章は本書における社会生活の構成単位である個人および世帯主を分類するための基本となっている"社会-職業階層とその細分類"(les groupes et les catégories socio-professionnelles) を改善する試みであるから，さし当り考察の対象範囲から外しておいて差支えないであろう．しかし，そこで取上げられている職業分類の問題は現在国連統計局が ILO との密接な協力のもとに検討を進めている

「国際標準職業分類」(ISCO)の改訂とも密接に関連しており,それ自体として決して無視できない重要性を持つものであることを重ねて強調しておくべきであろう[16].

『社会データ,1984年版』が社会統計を総合化するために採用するこの視角は前章で言及したSSDSにおける"社会生活の連鎖"の構想と比較されるべきであろう.両者の比較によって以下の3点がただちに注意されるはずである.まず第1に,『社会データ,1984年版』においては社会生活を形成する生活の主体(すなわち,個人,家計およびその交流)の役割が重視されるのに対して,SSDSではむしろこれらの生活主体が活動する場とその客観的属性および特徴(人口の変動,人的資源の構造と変動,社会生活のプロフィール)が問われている.第2に,SSDSが表章の対象を①価値のフロー,②人口のフロー,および③時間のフローの3つの次元に識別して,これらのデータを"社会生活の連鎖"の場において連結するためのシステムとして"社会行列の体系"を提案しているのに対し,『社会データ,1984年版』はSSDSのそれに比較される統合システムを持たない.第3に,『社会データ,1984年版』が社会生活を形成する主体を分類する核として"社会-職業階層とその細分類"を重視するのに対して,SSDSでは対応する社会階級,階層と移動をめぐる分類規準が明示的に設定されているとは言い難い(TSSDS, para. 12.68).

『社会データ,1984年版』における分析の視角と方法上の特徴も注意されるべきである.まず第1に,データの表章におけるグラフ表示への徹底を指摘することができる.しかし,このグラフ表示の徹底が単純にデータを視角的要素に還元するていの安易な工夫と考えられてはならない.しばしばこのグラフによる表章がデータ処理におけるfactor analysis of correspondence (l'analyse des correspondances)によって説得的に根拠づけられているからである.いうまでもなくfactor analysis of correspondenceは同国人であるベンゼクリ(J. P. Benzecri)により考案され,その協同者により開発されたデータ解析の方法にほかならない.ベンゼクリ自身によるこの手法の解説例からも容易に理解されるように,この手法は個票データの解析と分類およびコーディング,作表形式

の決定,社会-職業階層の分析において決定的な役割を演じていることを体得することができる[17].

　第2に,データ解析における factor analysis of correspondence の利用を徹底することの帰結として『社会データ,1984年版』における社会統計の分析視角が社会を構成する人びとの構造分析に向けられることが確認される.『社会データ,1984年版』が社会における上述した生活単位がさまざまのレベルにおいて体験しつつある時間的変化に関連するデータの収録を怠っているわけではないが,明らかにそこでのデータの収集と分析の眼目はこれらの生活単位が社会の中で機能する構造の横断面的な解剖にある.『社会データ,1984年版』における構造分析への視角の傾斜は,TSSDS における SSDS データの分析への利用が,人的資源の変動を説明する推移確率モデルの応用例に典型的に例示されているように,主として時間的変動に注目するのと対照的なコントラストを形作るものである[18].また拡張された SNA が社会統計との接触面として重視する"サテライト勘定"における設計の基本思想もまた記入項目の時間的変化の追跡に置かれている.これらの比較と対照を考慮するならば,『社会データ,1984年版』における分析視角の特徴は,むしろわが国の社会学者のグループによって遂行されている SSM (Social Stratification and Social Mobility) 調査と緊密に相似する思考の上に立脚していると言うべきであろう[19].

　『社会データ,1984年版』はさきに述べた社会におけるさまざまのレベルにおける生活単位に関するデータの収集,加工および分析を通して1970年代の後半から80年代の前半におけるフランス社会の構造とその変容を数値情報に基づいて記述している.これらの情報は世紀末における脱工業化を展望するわれわれにとっても注目に値する他山の石たりうるものであるが,紙幅の制約はフランス社会の構造的変容の具体的な記述に立入ることを許さない.ここでは,わずかに注目すべき一点に言及するだけに止めなければならない.『社会データ,1984年版』によると,観察期間において男性と女性との間における相対的な地位の変動が観察されると言う.おしなべてこの変動は女性の相対的向上として特徴づけられるのであるが,一層具体的には,ⅰ)中間管理職層(cadres moyens)への進出,ⅱ)高等教育への就学の増大,として特徴づけられている.統計の示すところによると大学生の中で女子学生の占める比率は50.5％であるが,女子学生の優越する専攻分野は文学(67.4％),薬学(61.9％)であって,自然科学(33.2％),歯学(35.5％)等は男性によって優越されている.また〈Grandes Ecoles〉への参入もなお少ない.これらの女性の相対的地位の向上が家族の形成およびそのライフ・サイクルといかに結びつくかはすこぶる注目に値する現象であろう[20].

女性の相対的地位の変動をめぐるこれらのデータの収集は,とくに社会統計の分野において,特定の住民グループに関する詳細な数値情報の組織的な収集と加工,さらにはそれらの分析の必要を示唆するものと言えよう.こうした特定の住民グループに関する詳細な統計情報を収集するための方法,体系および分類に関する研究開発は,FSDSの枠組の具体的な展開を図る場として国連統計局がかねてよりその作業プログラムの一環として格別の関心を払ってきた領域である.国連統計局はすでにこれまでに研究開発の対象となる住民のグループとして女性,身体障害者などを特定し,社会統計を中心とする関連データの組織的な開発に関する研究を進めて来たのである[21].

ここで関説した女性の地位との関連では,国連が主唱した婦人の地位向上のための国際婦人年の10年(the United Nations International Decade for Women)の企画の一環として,国連統計局の手で関連統計および指標の開発,整備,ならびにデータの収集に関する研究が着々と進められていることを注意しておこう[22].また1985年6月,ナイロビで開催された「国連による婦人の10年の成果を評価するための世界会議」(the World Conference to Review and Appraise the Achievements of the United Nations Decade for Women)の提言を承けて,国連統計局は国連システムの関連組織の協力のもとに"婦人の貢献を国民経済計算に反映させるためのガイドライン"の開発に着手しようとしていることも併せて付言しておくべきであろう[23].

7.1の注

1) U. S. Department of Health, Education and Welfare, *Toward a Social Report*,

Washington D. C. 1969. このアメリカにおける"社会指標"運動が1970年代の半ばから1980年代の初頭にかけて,少数の利益集団と民族集団の激しい抗議によって誘発され,政治と司法の介入によって激化されることになった1980年の人口センサスの実行をめぐる論争と混乱に先立つ空隙の期間において進行したことはすこぶる興味深い.「"社会指標"運動の起動力は議会筋ないし政治的な有権者組織よりもむしろ職業的な統計専門家および政府統計専門家から来た」(Margo J. Anderson, *The American Census: A social history*, Yale University Press, New Haven and London 1988, p. 220)のであり,それが国民所得と生産物勘定から導かれる"経済指標"の成功によって触発されたことは疑う余地がない.この"社会指標"運動の展開と並んで,社会・人口統計の基礎を形成する人口センサスの設計と実査の推移も注目すべき重要な論点である.アメリカにおける1980年センサスの実行をめぐる論争の劇的な展開は上記アンダーソンの著書の中にヴィヴィッドに叙述されている.

2) C. A. Moser, "Some General Developments in Social Statistics", *Social Trends*, No. 1 1970, HMSO. London 1970.

3) Eleanor B. Sheldon and Wilbert E. Moore, ed., *Indicators of Social Change: Concepts and Measurements*, New York 1968. この研究には,人口,経済成長,労働力,知識と技術,政治,宗教,家族構成,教育,余暇活動,保健などの構造と変化を分析した14編の研究が収められている.

4) この研究の視野と方法に関しては,E. B. Sheldon and W. E. Moore, "Monitoring Social Change in American Society", in *Indicators of Social Change*, New York 1968, を参照.

5) A. W. Sametz, "Production of Goods and Services: The Measurement of Economic Growth", in *Indicators of Social Change*, New York 1968. ザメツ自身もこの論文がクズネッツの示唆と刺激のもとに書かれたものであることを注意している.したがって,経済循環の全体の中で財・サービスの生産を整合的に把えることの重要性はザメツにとって全く考慮の外に置かれている.

6) 技術社会への進行とその構造の定量的分析は,この研究において,ベルによって与えられている.D. Bell, "The Measurement of Knowledge and Technology", in *Indicators of Social Change*, New York 1968, 参照.技術社会が内蔵する消極面については,Jacques Ellul, *The Technological Society*, New York 1964; Lewis Mumford, *The Pentagon of Power*, New York 1972, などによって詳細な指摘がなされている.

7) この研究の中で,労働力の就業構造の変化は,S. Lebergott, "Labor Force and Employment Trends", in *Indicators of Social Change*, New York 1968, において立入って検討されている.また,余暇の定量的分析は,P. H. Ennis, "The Definition and Measurement of Leisure", in *Indicators of Social Change*, New York 1968, に詳しい.

第 7 章　社会指標の開発とその意義　　　　　　　　　189

8) 豊かな社会の中の不均等についての考察は，この研究の M. Moss, "Consumption: A Report of Contemporary Issues"; I. C. Merriam, "Welfare and its Measurement", both in *Indicators of Social Change*, New York 1968, において展開されている．
9) N. M. Kamrany and A. N. Shristakis, "Social Indicators in Perspective", *Socio-Economic Planning Sciences*, June 1970.
10) *Social Trend* を中心とするイギリスにおける社会統計の組織化については，モーサーの前記論文を参照．*Social Trend* は，イギリスの中央統計局によって，年刊として 1970 年の第 1 号以下第 17 号まで公けにされている．その詳しい内容についてここで言及する余裕を持っていないが，収録される統計には年々若干の加除と変動が認められる．

SI のシステムないし構造に対するモーサーの示唆の一端は，C. Moser, "Social Indicators-System, Methods and Problems", *Review of Income and Wealth*, Series 19 No. 2, June 1973, に展開されている．

わが国における SI の研究は，国民生活白書における試みのほか，国民生活研究所『「社会的指標」について』昭和 45 年 3 月，が注目される．

7.2 の注

11) United Nations, *Social Indicators: Preliminary Guidelines and Illustrative Series*, Statistical Papers, Series M No. 63, New York 1978. 以下の本文では "ガイドライン" もしくは SI Guidelines と略記し，引用個所は，パラグラフ番号で表示することにする．なお，SSDS の場における SI の例示は，教育の社会会計を例として，第 2 章，2.3 節で例示されている．
12) 以下の指摘は，本節で与えたガイドラインの概略との比較において生じた『社会指標』報告書の一般的問題に限定され，社会指標群の個別 SI の問題には立入らない．

なお『社会指標』報告書もその総論の第 2 節において，それまでの諸外国の研究について概観を与えているが，ⅰ）参照がアメリカの研究に偏向していること，ⅱ）アメリカの研究への参照に限定するにしても，総論第 2 節におけるジャスターならびにザメツに対する論及から判断する限り，それぞれの典拠となる論文に対する綿密な点検を欠いており，すこぶる不満足かつ不徹底なサーベイに終っている．
13) Siegfreid Lörcher, *Zur Quantifizierung der "Sozialen Wohlfahrt" in Japan*, Institut für Asienkunde, Hamburg 1976. SI の開発に関し国連の "ガイドライン" と対比される OECD の研究は，OECD, *Measuring Social Well-Being: A Progress Report on the Development of Social Indicators*, Paris 1976, である．
14) 本章における考察の範囲をはるかに超えるが，作成された社会指標群が，例えば国民生活白書の中でどのように活用されて来たかを時系列的に追跡調査すること

は興味ある実験と言えよう．私見による印象としては，1980年代の国民生活白書を比較すると，SIの利用が次第に減少し，むしろ主観的指標である「国民生活選好度調査」のウェイトが増大している傾向が観察される．1986年3月「国民生活審議会総合政策部会調査委員会」がとりまとめた"国民生活指標"(NSI, New Social Indicators)は，上記の主観指標をもとり込んだ混合指標であって，ガイドラインの思考からはかなり逸脱している．

15) 『社会データ，1984年版』に対する言及は，Institut National de la Statistique et des Études Économiques, *Données Sociales, edition 1984*, Paris 1984, による．

16) ここで詳論の余裕はないが，"社会-職業階層とその細分類"は9個の職業階層と38個の細分類より構成されている．分類のコード番号とともに職業階層を示すならば，以下の通りである．

 1. 農業経営者(Agriculteurs exploitants)
 2. 商工業経営者(Patron de l'industrie et du commerce)
 3. 自由業専門職および，上級管理職(Professions libérales et cadres supérieurs)
 4. 中間管理職(Cadres moyens)
 5. 被用者(Employés)
 6. 工員(Ouvriers)
 7. サービス職(Personnels de service)
 8. その他の分類(Autures catégories)
 9. 不就業者(Personnes non actives)

なお38個の細分類の詳細に関しては，INSEE, *Données sociales, edition 1984*, p. 22, を参照．上記の職業階層の分類からも明らかのように，それらはわが国の職業分類と比較して社会的地位の要素が一層重視されているように思われる．

17) ベンゼクリ自身による factor analysis of correspondence の解説は，豊富な応用例の例示とともに，J. P. & F. Benzécri et collaborateurs, *Pratique de l'Analyse des Données, Tome 1, Analyse des correspondances exposé élémentaire*, Dunod, Paris 1980, および Ch. Bastin, J. P. Benzécri, Ch. Bourgarit, P. Cazes, *Pratique de l'Analyse des Données, Tome 2, Abrégé théorique, études de cas modèle*, Dunod, Paris 1980, において与えられている．『社会データ，1984年版』におけるこの手法の典型的な使用例は，Michel Glaude, "Diversite et cohérence des budgets", in INSEE, *Données sociales, edition 1984*, pp. 299-318, に見られる．また，J. C. Deville and E. Malinvaud, "Data Analysis in Official Socio-economic Statistics", *Journal of Royal Statistical Society*, Series A, Vol. 146 Part 3, December 1983, は政府の統計調査に対する factor analysis of correspondence の多彩な応用可能性を指摘した注目すべき研究である．

18) TSSDS における人的資源の変動に対する推移確率モデルの応用例は United Nations, *TSSDS*, VII models of Human Stocks and Flows, paras. 7. 3-7. 44., に見

第7章 社会指標の開発とその意義 191

られる.
19) SSM調査を基礎とする研究プロジェクトの成果は,富永健一編『日本の階層構造』東京大学出版会,1979,に要約されている.『社会データ,1984年版』との視野および接近方法の緊密な相似にも拘らずSSMの研究プロジェクトはアメリカ社会学の方法の圧倒的な影響のもとにおかれており,SSM研究の旧版を含め『社会データ』の存在には全く注意されていない.
20) フランスにおける引用の教育関連データに関しては Françoise Qeuvrard, "Le systèeme educatif", in INSEE, *Données sociales*, edition 1984, pp. 470-482, を参照. なお上記の論文は,1970年代の後半から1980年代の前半に至る約10年のフランスにおける教育の構造変化を数字に即して解明した極めて質の高い研究であるが,本書の第2章(2.4)で言及した"教育のサテライト勘定"に対して上記論文は全く言及していない.本文で指摘した『社会データ,1984年版』とSNAとの断絶を傍証する別の事象とみなすことができるかもしれない.上記論文と比較的に類似する試みが総理府統計局『教育からみた日本の人口』昭和55年国勢調査モノグラフシリーズ No. 7, 1984, において与えられているが,学生の専攻分野別の分析はなされていない.
21) 国連統計局による身体障害者に関連する統計開発の試みとしては,United Nations, *Development of Statistical Concepts and Methods on Disability for Household Surveys*, Studies in Methods, Series F No. 38, New York 1988, を挙げることができる.
22) 女性の地位と役割を対象とする関連統計の収集とその方法の国連統計局の手による組織的な開発の試みとしては以下の著作が注意されるべきである.United Nations, *Compiling Social Indicators on the Situation of Women*, Studies in Methods, Series F No. 32, New York 1984. United Nations, *Improving Concepts and Methods for Statistics and Indicators on the Situation of Women*, Studies in Methods, Series F No. 33, New York 1984. United Nations, *Training Users and Producers in Compiling Statistics and Indicators on Women in Development*, Studies in Methods, Series F No. 45, New York 1987. United Nations, *Improving Statistics and Indicators on Women Using Household Surveys*, Studies in Methods, Series F No. 48, New York 1988. これらの研究の詳細に立入ることは本書の視野を遥かに逸脱する.
23) United Nations, Working Group on International Statistical Programmes and Co-ordination: report of the twelfth session, E/CN. 3/1989/20, 8 March 1988, para. 30.

第8章 マイクロ・データ・ベースの編成とその統合

8.1 マイクロ・データ・ベースの編成とその意義

　1981年1月ニューヨークにおいて開催された国連の第21回統計委員会に提出された「人口，社会および経済統計の統合におけるマクロ・データおよびミクロ・データ構造の役割」(E/CN. 3/552)と題された文書において，フランスのEECNにおける中間勘定とサテライト勘定をミクロ・データ構造からマクロ・データ構造を導出する中間段階と位置づけ，国民経済計算体系の拡充の立場からではなく，むしろデータ構造の開発の観点に立って，その意義と役割に積極的な評価を与えていることは，経済統計と社会統計の統合をめざすSSDS以後の展開にとってすこぶる注目に値する事実である．もともと，前記E/CN. 3/552文書は，1979年2月にニューヨークにおいて開催された第20回統計委員会に提出された「統合達成のための社会統計の収集，組織化および検索の諸方法」(E/CN. 3/516)と題された文書の発展として，第21回統計委員会に提出されたものであるが，ほかならぬE/CN. 3/516文書が，SSDSに対する批判的展開の1つの頂点を形成している事実を重視するならば，前述したストーンの報告書(TSSDS, United Nations[1975])公刊以後におけるSSDSの開発および社会統計と経済統計の統合をめぐる研究の動向について簡単に触れておく必要がある[1]．

　ストーンが提唱する経済統計と社会統計を統合するためのシステムとしてのSSDS開発の構想からの転換の方向をはじめて打ち出したのは，第6章でも見たように第18回の統計委員会(1974年)に提出されたSir C. モーサーの報告

書(E/CN. 3/449)である．この報告書において，モーサーは，SSDS の革新的な意義が，共通の，かつ整合的な分類，定義および概念に結ばれたデータの「ネットワーク」の構想にあるとして，その展開の目標として「データの構想を定めるこの考え方を社会データの全域に適用すること」(E/CN. 3/449 para. 21)を設定したのである．このモーサーの指摘は，ストーンの報告書(TSSDS)の中ではっきりとした関心として提示されていた SSDS をさまざまの分析モデル(例えば，人口と人的資源の利用の変動を説明する推移確率モデル)にストレートに連動させる試みに見られるような特定の分析モデルへの利用を意識したデータ行列よりも，むしろデータそのものに即し，その分類，定義の統一と組織化を強調したものである．すなわち，SSDS 開発の関心が社会統計のシステム化とモデル分析からデータの組織化へと転換しつつあることを明瞭に印象づけるものと言えるのである．実際，モーサーは，この文書において，データを組織化するためのデータのインプットとアウトプットの両面の技術的な問題をとりあげ，例えばインプットの方法論としてデータの連係(linkage)，分類と統合の問題を指摘していることは，その後の展開の方向を理解する上で決定的な重要性を持つものである．

　ストーンの報告書(TSSDS)の構想からの転換を示唆したモーサーの報告書を受けて，この転換の方針と戦略を積極的に提案した文書が，第 19 回の統計委員会(1977 年)に提出された「SSDS の今後の作業のための戦略」(E/CN. 3/489)と題された文書である．この文書において提案された転換の基本方針とは，「統一されたシステムの中でサブ・システムの集りを彫琢することにあるのではなく，むしろ社会統計を統合する枠組として，共通の分類およびその他の連係の方法を通して統一された統計のもろもろの関連分野を指示すること」(E/CN. 3/489 para. 11)である．この方針に従う限り，「社会統計の統合と分析のための枠組の中心は，概念，分類，定義および連係」(E/CN. 3/489 para. 12)に置かれる．特に，その実行のために，「データの加工における集計上の最小の単位であるデータ素子(data element)に関する定義と分類の整合性を適用すること」(E/CN. 3/489 para. 14)を意味するデータの連係の機能が重視されて

いることは，特に注目すべき事実と言わなければならない.

　前述したE/CN. 3/516文書は，こうした展開の流れと経過に基づいて，社会統計の統合を達成するための方法論として提案された文書である．この文書においては，まずSSDS以後の発展の要点が「組織化された社会データを収集し，組織し，格納しかつ利用に供することを遂行するための方法」(E/CN. 3/516 para. 2)を確立することにあるとの認識に立って，その方法としてマイクロ・データ・ベース(microdata base)の編成を提案している．ここでマイクロ・データとは，統計調査単位に関する個票レベルにおけるデータのことである．一層精確には「それらが，はじめに収集されたときの，かつ収集された重要な情報をすべて包含する状態での細分されたレベルにおけるデータ」(E/CN. 3/516 para. 17)である．このマイクロ・データを利用して導かれるさまざまのレベルにおける集計量が，集計データ(aggregate data)もしくはマクロ・データ(macrodata)と呼ばれるものである．マイクロ・データ・ベースとは，関連づけられたマイクロ・データの単一の集積(a single body of related microdata)と定義されるが，叙述の文脈との関係で，コンピューター・サイエンスの言う（マイクロ・データを入力の対象とする）データ・ベースの一種と考えることができる．

　このようにして編成されるマイクロ・データ・ベースには，およそ2つの形態が考えられる．①1つのデータ・ソースからつくられるデータ・ベース(single-source data base, 略称 SSDB)と，②複合データ・ベース(composite data base, 略称 CDB)がそれである．後に述べる経済統計および社会統計を統合する目的からすれば，CDBのもたらす機能と役立ちが重視されなければならないが，他方でCDBを編成するための方法に起因するさまざまの問題点と難点を無視したまま得失を論じるわけには行かない．SSDBには，データ・ソースが単一であることから来る視野の狭窄と言う難点があるにしても，合成の方法に起因する困難は免れ得ている．倉林と松田により別の場所で試みられたデータの加工と統計分析は，このSSDBの編成による解析の一例であるが，今後の課題として指摘されているように，SSDBからCDBへの展開の可能性

第8章 マイクロ・データ・ベースの編成とその統合　　　195

を考えこともできる[2]．また CDB には，i)特定目的のための CDB と，ii)汎用の CDB とを考えことができるが，それらの対照と，CDB 編成のための方法——厳密な照合(exact matching)との統計的な照合(statistical matching)——の技術的な詳細，ならびに一般にデータ・ベースにおける編集(editing)と典拠指定(documentation)の技術的問題に立入る余裕はない[3]．

　むしろここでは，E/CN. 3/516 文書も強調するように，こうしたマイクロ・データ・ベースの編成が，社会，経済データの統合に対して貢献する意義に注目することが重要であろう．同文書によると，マイクロ・データ・ベースが社会，経済データの統合に対して持つ意義は，大別して，3つある．第1は，マイクロ・データとマクロ・データとの間に確保される論理的な相互関連である．マイクロ・データ・ベースの編成は，マイクロ・データのレベルから始まって，あらゆるレベルにおけるマクロ・データとの間の整合性を達成するのに役立つ．それゆえ，第2に，マイクロ・データ・ベースを編成することの前提としての概念，定義，分類および統計調査単位の間における整合性の確保が，データの統合のため確実な保障となりうる．このことは，社会データの場合特に重要である．なぜならば，社会データの場合には往々にして，経済データが整合性を達成するための1つの拠り所とした共通の評価尺度(numeraire)を持つことができないからである．そうして，第3に，マイクロ・データ・ベースの編成は，データの統合に対して弾力的な対応の可能性を約束する．と言うのは，マイクロ・データ・ベースが利用可能であるならば，特定の統計調査単位に関連する情報が，別個のかつ分離可能な情報の集りとして利用可能になるからであり，従って，マイクロ・データ・ベースの編成は，さまざまの統計需要に即応しうる弾力性を完備することになるからである．

　前述の倉林と松田による実験は，こうして編成されたマイクロ・データ・ベースに依拠した解析の具体的な実験例を提供するものであるが，そこでも，倉林と松田が編成したマイクロ・データ・ベースが，さまざまの統計需要に対して，極めて弾力的に対応しうることを教えることになろう．

　しかし，SSDB にせよ，あるいは統合のレベルを一歩進めた CDB では一層

あらわに，マイクロ・データ・ベースの編成とその管理に伴う制度的な問題に直面することは避け難い．ここでは，それらの制度的な問題のそれぞれについて論及する余裕を持ち合わしていないが，マイクロ・データ・ベースの編成が，個別の統計調査単位を対象とするものであること，かつその編成の能力と可能性の開拓が，もっぱらコンピューターのハードとソフトの両面からする開発に依存することのゆえに，以下の制度的問題に伴って生じる社会的なインパクトに対しては，相応の考慮を払うことが必要であろう．それらの制度的問題とは，1)マイクロ・データ・ベースの編成に伴うプライバシー保護と情報守秘の問題，2)対象調査単位に負荷される実査上の経済的および非経済的な負担の増加，3)マイクロ・データ・ベースが格納する情報に対するアクセスの限界といわゆる「知る権利」を調和させる問題，4)情報の守秘および情報に対するアクセス権に関する法制上の問題，である．これらの諸問題は，ひとまずは，データ・ベース編成の技法の外にある問題と考えることができるが，データ・ベースの保護と安全性を確保するための配慮は，データ・ベースの編成の技法とも直結する問題でもある．この見地からするならば，情報の守秘に対する関心は，データ・ベースの質的向上と安定性の維持のため不可欠の技術的問題としても位置づけられなければならないのである[4]．

　前にも言及されたように，E/CN. 3/552文書は，これまで論及して来たE/CN. 3/516文書における研究成果を土台として，さらに一般化されたデータの枠組(a more generalized data framework)を設定することの可能性を検討している．ここでさらに一般化されたデータの枠組とは，「一方では，その作業が長年にわたってなされて来た経済データに対しても，また他方で，人口および社会データについても限定されることなく，むしろその双方を包摂するデータの枠組」(E/CN. 3/552 para. 6)のことであって，この文書では，具体的に〈「社会・人口統計の枠組」〉(the Framework for Social and Demographic Statistics, 略してFSDS)の名称で提案されている．同文書によれば，FSDSとは，「統計体系の骨格であり筋肉である．それは，構造を提供するとともに，全体を支持し，かつ維持する．ある枠組をバラバラの統計系列のリストから識別するもの

第 8 章 マイクロ・データ・ベースの編成とその統合　　　197

は，構造と統一である．すべてのものは，1つにまとまるとともに個々の形状と形態を止めていなければならない」(E/CN. 3/552 para. 15) 性質のものである．

同文書は，印刷されたページの中に集約されてしまうクロス表型式の統計の集積を「前コンピューター時代」の所産であると極めつけ，FSDS に課せられた課題が「k もしくは j 属性の集計値と分布を，単独もしくは結合して，また相互に整合して，どんな詳細なレベルにおいても取出すことが可能であるような仕方で，統計調査単位とそれの副次的単位のデータを保存するところの枠組である．この枠組は，データが r 調査単位（もしくはそれらの中の若干のもの）あるいはその s 副次的単位と関連づけられている限りにおいて，これらの単一のおよびすべてのデータに賦与される構造を提示しなければならない」(E/CN. 3/552 para. 17) ことにある．引用の叙述からも明らかのように，FSDS の目標は，E/CN. 3/516 文書において提案されたマイクロ・データ・ベースに基礎を置く「データ構造」である．この文書の主たる内容は，こうした狙いを持つ FSDS を家計の観点から編成するための詳細な問題点を検討することに宛てられているのであるが，この FSDS において，マイクロ・データ・ベースの編成の基本的調査単位として家計が設定されたことは，以下の考察にとってとくに注目を要する事実である．

なぜ家計が FSDS におけるマイクロ・データ・ベース編成の出発点となるかについて，E/CN. 3/552 文書は，人口・社会および経済の全データを包摂するような単一のデータ構造を考えることが時期尚早であること．従って，相互に関連を持つ複数のデータ構造の集りによって統合された情報システムを形成すること．このため個々のデータ構造は，共通の定義と分類を持ち，属性が重合する限定されたトピックスに関するデータ構造の編成の必要に立脚して，「FSDS の観点からすれば家計が論理的な出発点である」(E/CN. 3/552 para. 18) と主張するに止まっている．むしろ筆者の考えるところでは，FSDS において家計がマイクロ・データ・ベースの編成の基礎に据えられることは，もっと積極的な根拠があると言うべきである．第 1 に指摘されるべき事実は，家計関連のデータ・ベースが必要とされる経済・社会的環境の変化である．70 年

代における経済・社会構造の激しい変動は，先進工業国であろうと開発途上国であるとを問わず，その社会経済的な達成の目標が，GNP の成長率に代表されるようなマクロの指標と必ずしもストレートに直結されえないことを教えたのである．そうして，第2に，これまで先行する各章における議論が示唆するように，統計情報に対する要求(ニーズ)もマクロのデータから，一層詳細に経済と社会のさまざまな要因の絡み合いが織り成す諸断面を記述するミクロのデータへ移行しつつあることである．その際，家計関連のデータ・ベースの必要が第一義的に痛感されるゆえんは，前述した経済・社会環境の変化の実態を多様化された価値観の中で受けとめ，かつ体現する担い手が家計にほかならないからである．国連が UNDP と世界銀行の後援のもとに国連のファミリー機関と各国政府の協力を得て推進しつつある「全国家計関連統計調査推進プログラム」(the National Household Survey Capability Programme, 略して NHSCP) もまた究極的には，家計関連のデータ・ベースの編成に統合せられるべき性質のものであろう (併せて，E/CN. 3/552 para. 58 参照)[5]．

8.2 マイクロ・データ・ベースとマクロ経済勘定

前節で見たように，マイクロ・データ・ベースの編成はマイクロ・データとマクロ集計量の整合性を確保するための注目すべき手法であるが，マクロ経済勘定の枠組を基礎として経済データと社会データを統合する観点からマイクロ・データ・ベース編成上の問題を主としてアメリカにおけるデータ開発の現実に即して考察したのがラグルス夫妻である，"ラグルスの SESA"の例に見られるように，マクロ経済勘定の部門分割の基礎にあるのがミクロのレベルにおける意思形成主体であって，その核を形成するのが企業，家計，および政府である．マイクロ・データ・ベースもそれぞれの意思形成主体を対象として編成される．ここでは家計と企業をそれぞれ対象とするマイクロ・データ・ベースの編成について見ておくことにしよう[6]．

第8章 マイクロ・データ・ベースの編成とその統合　　199

　ラグルス夫妻の報告するところによると，アメリカにおける家計を対象とするマイクロ・データ・ベースを編成する研究は，ほぼ 1970 年代のはじめごろから開始された．主要な研究プロジェクトとしては，①商務省の企業経済局 (the Office of Business Economics of the Department of Commerce) が所得分布の推定を目的として編成されたデータ・ベースであって，端緒的には 1964 年を対象年次としてセンサス局が実施した「人口動向サーベイ」(Current Population Survey) と国税庁が所管する「個人所得税申告書」サンプルとを合成したものである．および，②ブルキングス研究所が税の分析を目的として開発した MERGE ファイルであって，前記「個人所得税申告書」サンプルを基礎とした「個人所得税モデル」(Income Tax Model) とセンサス局が調査した「経済機会サーベイ」(the Survey of Economic Opportunity) サンプルが合成されており，後者によって低所得層の対象家計の拡大が企図されている．前節で言及した E/CN. 3/516 文書によると，①のデータ・ベースは OBE を改組した経済分析局 (the Bureau of Economic Analysis) の手に引き継がれ，税の監査データを基礎として，データの補正と拡充を行っていることが報告されている[7]．

　これらのデータ・ベースは，前節の用語と分類に従うと，複数の SSDB を合成した CDB である．また，SSDB を合成する方法としては対象家計を同定する「識別コード」を用いる"厳密な照合"の方法によるのではなく，統計推理の方法に基づく"統計的な照合"の方法が用いられている．ラグルス夫妻は別の論文において，この"統計的な照合"の方法を比較，検討しているが，これらの比較の詳細に立入ることは，われわれの当面の関心と視野を甚だしく拡散するものであろう[8]．以上の解説からも明らかのように，アメリカにおける CDB の開発にあっては"統計的な照合"の方法を利用することが主流となっている．しかし，"厳密な照合"の方法を用いた CDB の開発の例もないわけではない．その 1 例として，センサス局と社会保障庁 (the Social Security Administration) の共同プロジェクトとして国税庁の援助のもとに編成した 1973 Exact Match File がある．このデータ・ベースは，およそ 50,000 のサンプル家計から構成される「1973 人口動向サーベイ」を基礎として，"厳密な照

合"の方法によってセンサス局が提供する家計の構成と所得データ,社会保障庁が提供する稼得所得と社会保障給付データ,国税庁が提供する個人所得税データを合成している[9]．

しかし"厳密な照合"の方法を用いた「個人データ・ファイル」の開発の分野ではるかに先行しているのは北欧諸国である，とくに，ノールウェイは1952年以来30年余りにわたって中央統計局(Central Bureau of Statistics)の局長を在任したビェルベ(Petter Jakob Bjerve)の先見的な洞察と指導のもとに「個人データ・ファイル」の開発に着手したのは1960年代のはじめのことであった．そうして，1964年にはいち早く1960年の人口登録を対象とする"単一永久個人識別番号システム"が導入され，世界に先鞭をつけたのである．この個人識別番号は中央統計局が実施する各種のセンサスおよびサーベイに用いられるのみならず，中央統計局に提供される行政記録を所管する多くの行政機関によっても用いられていることは特に注目を要する重要な事実である[10]．

ここで話を企業を対象とするデータ・ベースに移す．企業を対象とするデータ・ベースの編成に関して，「状況はいささかパラドキシカルである」とラグルス夫妻は言う[11]．と言うのは，大企業に関する財務諸表データが公表を要求され，また「証券取引委員会」のサービスとして一般に公開される一方で，企業と事業所に関連するデータは，とくに個票のレベルでは高度の機密とされる状況におかれているからである．ラグルス夫妻はセンサス局が所管する「年次工業製品センサス」(the Annual Survey of Manufactures)が事業所を単位とする付加価値，投入と産出量とその価格に関連する情報を含んでおり，これらを企業ベースに転換することによって，企業を対象とするデータ・ベースの編成に役立てる可能性を示唆するのであるが，「この一連の経過を容易にするのが政府によって設定される企業と事業所名簿であろう」[12]．

マクロ経済計算をミクロ会計の上に構築することを標榜して，企業部門を例としてその展開を試みたのがポストナーである[13]．このポストナーの試みは企業を対象とするマイクロ・データ・ベースの基礎の上にマクロ経済勘定とその部門分割である企業部門勘定とを関連づけようとするラグルス夫妻の構想の

最近の発展の1つと言うことができよう.ここでマクロ経済勘定のミクロ的基礎とは,「損益計算書と貸借対照表の双方を含む現存の(もしくは加工された)ミクロの企業勘定の集りを統合することによってマクロの企業部門勘定を考えることができること」である[14].換言すると,マクロ経済計算における企業部門勘定とミクロの企業勘定を統合した結果との間には,上述のミクロ的基礎づけが達成されている限り,不整合があってはならない.ポストナーの論文が関心の対象とするのは,ミクロの企業勘定に関するデータの統合によって発生するかもしれないマクロの企業部門勘定との間の不整合の可能性,およびその含意についてである.はじめに,国民経済計算の体系一般との関連において"不整合"の意味を明らかにしておくことが必要であろう.この種の"不整合"には2つの形態がありうるとポストナーは言う.第1の形態は個々の部門に関するさまざまの勘定についての"内部バランス"に関連している.すなわち,これらの勘定はバランスしなければならないから,勘定の間は内部記入項目とその見合い項目によって結ばれているのである,第2の形態は部門間の取引に起因する"外部バランス"に関連している[15].これらの"内部バランス"と"外部バランス"に注目して上述の"不整合"の可能性を見るために次の取引行列を考える.ここで図8.1は,資金源泉側の取引行列を表現し,行列の要素 c_{ij} は, i 取引項目の j 部門による取引を表わしている.当面の検討の対象は企業部門であるが,取引行列には経済を構成する他の制度別部門も併せて掲げられている.取引項目は非金融取引(所得とその処分)と金融取引(資金ポジションの変化)に分割され,前者はまた財・サービスの販売と所得とその移転(受取)とに,また後者は営業による経営資本の増加とその他の資金源泉とに再分割して表示されている.表示の i 取引項目はこれら再分割カテゴリーの要素として指示することができる.同様に,図8.2は,資金使途側の取引行列を表章し,行列の要素 d_{ij} は, i 取引項目の j 部門による取引を表わしている. j 部門の分割は図8.1の場合と同一であり, i 取引項目は図8.1に倣って,資金使途の観点からの調整がほどこされている[16].

いま,取引行列の法人企業部門に注目することにして,これを k で表わそう.

取引項目 \ 部門	制　度　別　部　門					
	家計	非法人企業	法人企業	金融仲介機関	政府	外国
所得とその処分 — 財・サービスの販売						
所得とその処分 — 所得とその移転(受取)						
資金ポジションの変化 — 営業による経営資本の増加				c_{ij}		
資金ポジションの変化 — その他の資金源泉						

図 8.1　取引行列（資金源泉）

取引項目 \ 部門	制　度　別　部　門					
	家計	非法人企業	法人企業	金融仲介機関	政府	外国
所得とその処分 — 財・サービスの購入						
所得とその処分 — 所得とその移転(支払)						
資金ポジションの変化 — 営業による経営資本の減少				d_{ij}		
資金ポジションの変化 — その他の資金使途						

図 8.2　取引行列（資金使途）

ある特定の取引項目 i に関し，"内部バランス"の要請は，次の関係によって表現されよう．

$$\sum_{j \ne k} c_{ij} = \sum_{j \ne k} d_{ij} + (d_{ik} - c_{ik}), \quad i=1, 2, \cdots, n \tag{8.1}$$

かつ，一般性を失うことなく

第8章 マイクロ・データ・ベースの編成とその統合　　203

$$e_{ik} = (d_{ik} - c_{ik}), \quad i = 1, 2, \cdots, n \tag{8.2}$$

と書くことができよう，e_{ik} に関する情報は個別企業を対象とするマイクロ・データ・セットからの情報に依存する．単純化のために k が 2 つの企業から成るものとすると，(8.1)は書きあらためられて，

$$\sum_{j \ne k}(c_{ij} - d_{ij}) = e_{ik}(1) + e_{ik}(2) \tag{8.1}'$$

ここで，

$$e_{ik}(1) = [d_{ik}(1) - c_{ik}(1)]$$
$$e_{ik}(2) = [d_{ik}(2) - c_{ik}(2)]$$

(1), (2), はそれぞれ k を構成する 2 つの企業を表章する．(8.1)′ はマクロの"内部バランス"のミクロ的構造を表わす．ところで，企業部門を構成する個々の企業は独立の意思形成の主体である．これをミクロ会計の観点から換言するならば，個々の企業は独立の会計記録を持つことを意味する．個々の企業の会計記録は，分類，評価，加工の方法に関してマクロの経済勘定のそれに必ずしも従属していない．したがって，ミクロ会計の立場からするならば，(8.1)′ に対して

$$\sum_{j \ne k}(c_{ij} - d_{ij}) \ne e_{ik}(1) + e_{ik}(2), \quad i = 1, 2, \cdots, n \tag{8.3}$$

を想定することができよう．そこで，一般性を失うことなく，

$$\sum_{j \ne k}(c_{ij} - d_{ij}) > e_{ik}(1) + e_{ik}(2) \tag{8.3}'$$

と考えることができよう．一方，マクロ経済計算の立場からすると，あらゆる部門について"内部バランス"の関係を要請することは合理的であろう．すなわち，

$$\sum_i \{\sum_{j \ne k}(c_{ij} - d_{ij})\} = 0, \quad j \ne k \tag{8.4}$$

$$\sum_i \{e_{ik}(1) + e_{ik}(2)\} = 0 \tag{8.5}$$

(8.4)と(8.5)から

$$\sum_i \{\sum_{j \ne k}(c_{ij} - d_{ij}) + (e_{ik}(1) + e_{ik}(2))\} = 0 \tag{8.6}$$

が導かれる．(8.3)′ を考え合わせると，(8.6)の成立は，i と異る取引項目 p に関し

$$\sum_{j \ne k}(c_{pj} - d_{pj}) < e_{pk}(1) + e_{pk}(2) \tag{8.3}''$$

が含意されなければならない．(8.3)′と(8.3)″は，特定の取引項目に関し，部門間の"外部バランス"が失われることを意味している．のみならず(8.3)′のアンバランスの方向は，(8.3)″によって逆方向のアンバランスが相殺することを含意している．すなわち，ミクロ会計の主張を徹底する限り，マクロ経済勘定における"内部バランス"の達成は，必然的に"外部バランス"の達成を含意しない．マクロ経済勘定のミクロ会計的基礎は，当然に，不整合の可能性を内蔵している．マクロ経済勘定における整合性とミクロ会計の完全性との間には明瞭な二律背反の関係があると言うのがポストナーの主張である．上述の二律背反の関係に対して，ポストナーはマクロ経済勘定の整合性をあえて犠牲にするにしても，ミクロ会計の完全性を維持すべきであると主張するのである．2つの理由が指摘されている．第1に，個々の会計単位はいつも同一の会計の手続に従っているとは限らないこと．第2に，異る単位が同一の取引に対し，しばしば対立する評価を与えることがそれである．その結果，第1章における用語を用いて，個々の企業に関する「水平的な複式記入の体系」に基づく"内部バランス"の確保がそれだけでただちに「垂直的な複式記入の体系」における"外部バランス"を満足することとは直結していない．ポストナーは言う．「それゆえ，われわれは，国民経済計算の専門家が会計上の構成概念の調和を図り，従って統計上の不整合を解消するための調整や不一致の解消の手続を考え出す前に，公表された勘定の作成に用いられるもともとのデータ・セットを出来うる限り保存すべきであると言いたい」[17]．

　マクロ経済勘定のミクロ会計的基礎の批判的検討を通してミクロ会計データ・ベースの優越を主張するポストナーに対し，マクロ経済計算と企業を主体とするマイクロ・データ・セットを「企業に関する中間勘定」を仲介することによって両者の連係を達成しようとするのがフランスの国民経済計算体系の"拡大された体系"(EECN)の構想である．EECNの全貌と特徴は，SNA改訂の方法的考察との関連で，あらためて最後の第10章において考察されるので，ここでは「企業に関する中間勘定」に焦点を絞ってマクロ経済計算とマイクロ・データ・セットの連係の方法を検討しておこう．はじめに「企業に関する

「中間勘定」がポストナーの主張するようなミクロ会計データの優越を前提として編成される企業のための勘定ではなく，あくまでも国民経済計算の体系の一部として認識せられねばならないことに注意しておこう．第1章でも明らかにしたように，国民経済計算と企業会計との間には明瞭な観点の相違があるのであって，表章形式の類似と混同されてはならない．

マイクロ・データ・ベースの情報をマクロ経済勘定に伝達するためには，マイクロ・データ・ベースの記入項目をマクロ経済勘定のそれの関数として，改編することが必要になる．「例外を別にすれば，個々の企業に関し，直接的に実効のある延長とか企業がそれに属する活動別の下位部門勘定への細分となるように改編された勘定をだれも手に入れることができない」のである[18]．マイクロ・データの改編を妨げるいくつかの理由がある．例えば，第1にミクロの企業会計とマクロの国民経済計算の間には，取引の分類，評価の基準，記録の時点などに関し原則上の相違が存在すること，第2に，データ・ベース自体に虚偽の記録，脱税などが存在しうること，また，第3に，家計・政府等の他の制度別部門の基底を形成するマイクロ・データ・ベースの編成が必ずしも容易ではないことなどの理由が指摘される．こうした困難の存在を十分に認識した上で，ミクロの会計データを「企業に関する中間勘定」に転換するための問題点を詳細に検討したのが，すでに引用したヴァノーリである．しかし，ヴァノーリによるミクロのデータの「中間勘定」への転換の方法を検討する前にまずこの「中間勘定」の概略について見ておくことにしよう．

表8.1は1975年における鉄鋼業を例とする「企業の中間勘定」を表示する．「中間勘定」の記入項目は国民経済計算の中心体系(SCCN)に従っているので"会計原則(un plan comptable，略してP. C.)"の用語との対応を指示しておくことが有益であろう．

（i）生産勘定における消費は，P. C. における原材料と商品の購入＋その他の消費－在庫品変動，に対応する．

（ii）同じく生産勘定における産出は，P. C. における総売上高＋その他の生産物の販売額＋企業による自己生産＋最終生産物の在庫品変動，と対応する．

表 8.1 鉄鋼業に関する「企業の中間勘定」(1975)

1 1975年の当該部門主要指標

企業数	66
従業員	206494
投資	5492MF
輸出売上高	9954MF

2 生産勘定(単位:MF(1000フラン))

使途		源泉	
消費	31877	産出	43310
粗付加価値	13293	在庫変動	1860
計	45170	計	45170

3 処分勘定(単位:MF)

使途		源泉	
被用者所得	10909	粗付加価値	13293
間接税	571	補助金	5
粗営業余剰	1818		
計	13298	計	13298

4 成果勘定(単位:MF)

粗営業余剰	1818
財務費用	−3223
財務収益	+459
税控除前の粗経常利益	−956
特別利益	+433
法人税	−88
自己投資能力	−611
配当金	−349
従業員利益分配金	−30
自己投資額	−990

　(iii)　SCCN と P.C. の用語法に根本的な相違が現われるのは成果勘定の場においてである.概して言うと成果勘定の表章と用語は P.C. の考え方に沿って組み立てられている.SCCN の場合であると,成果勘定に代えて,資本形成勘定および資本調達勘定を設定することによって資本取引の源泉(貯蓄,資本移転等)および使途(資本形成,他部門に対する債権の純増等)が追跡されるの

5 貸借対照表(単位：MF)

資　産		負　債	
償却後の創業費，開発費等	+1744	正味資産	+15810
固定資産	+23567	設備補助金	+28
償却後のその他有形資産	+8452	積立金	+796
		営業損失	−3026
正味固定資産	33763	自己資本(1)	13608
内部留保資金	+12490	1年を超える借入(2)	27686
換金可能資金	+14983		
調整額	+2	恒常資本(1)+(2)	41294
		短期借入金	19944
計	61238	計	61238

(出処)　Michel Blanc et Michel Pierre, "Les comptes intermediaires des enterprises en 1975", *Les Collections de l'I.N.S.E.E.*, No. 295, serie E, No. 60, mars 1979.

であるが，中間勘定は利益処分とそれの再投資への経路を明らかにすることが眼目となっている．ここで特別利益とは資金運用による純利益(利益と損失の差)を表わす．

「企業の中間勘定」の構造に関する注解はこの程度に止めて，われわれはこの節の主題であるミクロ・データを「中間勘定」への転換する方法に移るべきであろう．ヴァノーリが提示している方法のアウトラインを図によって示すならば，以下のようになる(図8.3)．図示からも明らかのように，主要なマイクロ・データ・ベースは個々の企業の財務諸表を入力した「財務諸表データ・ベース」と，毎年実施される企業に関するサンプル・サーベイのデータを入力した「サンプル・サーベイ・データ・ベース」，および「その他のデータ」とから成っている．「財務諸表データ・ベース」と「サンプル・サーベイ・データ・ベース」にそれぞれ入力された対象企業をマッチングによって規模別データ・ファイルに転換する．規模別データ・ファイルのデータを用いて「中間勘定(標準型)」と「中間勘定(簡易型)」が作成される．さらに，これらのデータは究極的に SCCN の活動別 40 部門勘定に転用されることになる．活動別 40 部門勘定への転換においては，黒点を付して図の中に示したいくつかの問題点の検討が必要となる．ここで TOF とは "金融取引表"(le tableau des opérations

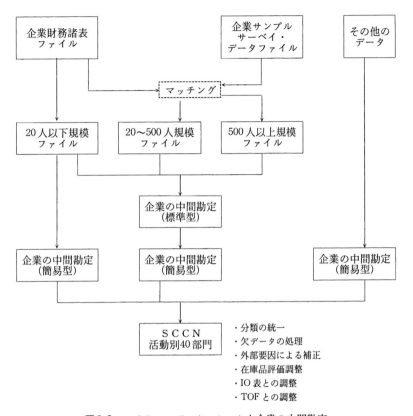

図8.3 マイクロ・データ・セットと企業の中間勘定

financières) の略称である．「企業の中間勘定」をSCCNの活動別40部門勘定へ転換する過程では「制度別部門」(secteurs institutionnels)分類と「活動別部門」(branches)分類との対応が決定的な役割を演じるが，詳細に立入る余裕はない．

　企業を対象とするマイクロ・データ・ベースのマクロ経済勘定への連係の考え方の家計部門への適用に関してヴァノーリは言う．「このデータ・ベースは，ラグルスの業績が示すように，家計の同一サンプルについての厳密な照合もしくは同一の標識を持つとみなされる家計データの統計的な照合によって充実することができよう．……だが，一般的なサンプルすなわち家計勘定の全体と他の部門との関連を模擬的に実証することを構想するような統一的個人データ・

第8章 マイクロ・データ・ベースの編成とその統合　　　209

ベースを実現することはすこぶる疑わしい．この個人データ・ベースはおそらく模擬実験の形態の関数として構成される複数のデータ・ベースのままの状態に置かれるだろう」[19]．

8.1 の注

1) SSDS の開発をめぐるストーンの報告書(TSSDS)以後の発展については，本書第6章の6.2を参照．マイクロ・データ・ベースの編成に関連する2つの関連文書とは，United Nations, Methods of Collecting, Organizing and Retrieving Social Statistics to Achieve Integration, E/CN. 3/516, 1978. United Nations, Role of Macro-data and Micro-data Structures in the Integration of Demographic, Social and Economic Statistics, E/CN. 3/552, 1980. これら文書の引用は文書番号により，また引用の個所はパラグラフ番号によって指示する．なお，E/CN. 3/516 は前記第 20 回統計委員会，およびこれに先立って開催された(1978年3月)専門家会議の討議を経た後，United Nations, *The Development of Integrated Data Bases for Social, Economic and Demographic Statistics*, Studies in Methods, Series F No. 27, New York 1979, として公刊された．
2) 倉林と松田はクラシック音楽の聴衆のアンケート調査を自身の手で実行し，個人聴衆に関する調査個票として複数の AUD データ・ファイル(Audience Data Files)と名づける SSDB を編成し，いくつかの SSDB から CDB を作る実験，同じ聴衆から構成される SSDB の縦断的研究(第5章の注22)を参照)のためのマッチング(照合)による CDB の誘導，およびこれらを用いた統計解析を行った．その成果は，Yoshimasa Kurabayashi and Yoshiro Motsuda, *Economic and Social Aspects of the Performing Arts in Japan: Symphony Orchestras and Opera*, Kinokuniya Company Ltd., Tokyo 1988, に報告されている．
3) 統計データ・ベースの一般的考察と，それの歴史統計への応用は，松田芳郎『データの理論——統計調査のデータ構造の歴史的展開』岩波書店，1978，において与えられている．統計データ・ベースの論理的設計に関しては，佐藤英人『統計データベースの設計と開発』オーム社，1988，を参照．
4) この点は，しばしば人びと(とくに一部の官庁統計専門家)によって軽視され勝ちであるが，特に強調しておく必要がある．さきの倉林と松田の実験からも明らかであるが，回答者の好意的協力と信頼関係に基礎を置く情報提供の上に成り立っているアンケート調査では調査客体のプライバシーの保護に対しては最大限の配慮が必要である．そうしたプライバシーの保護に配慮した調査票作成の例としては，Y. Kurabayashi and Y. Matsuda, *op. cit.*, Kinokuniya Company Ltd., Tokyo 1988, p. 157, を参照．
5) NHSCP が究極に目標とするところは，発展途上国におけるサーベイ調査の技術

的能力を拡大することによって，家計を対象とする"綜合(サンプル)調査"(integrated (sample) surveys) を実行することである (NHSCP に関しては，United Nations, *Handbook of Household Surveys (Revised Edition)*, Studies in Methods, Series F No. 31, New York 1984, pp. 257-258, を参照). 世界銀行の提唱になる the Living Standards Measurement Study (略して LSMS) も同様の意図に立つ研究である (Christiaan Grootaert, "The Conceptual Basis of Measures of Household Welfare and their Implied Survey Data Requirements", *Review of Income and Wealth*, Series 29 No. 1, March 1983) が，現在までのところ，必要なデータの収集と加工に成功しているとは言い難い.

8.2 の注

6) Nancy Ruggles and Richard Ruggles, "A Proposal for a System of Economic and Social Accounts", in Milton Moss, ed. by, *The Measurement of Economic and Social Performance*, National Bureau of Economic Research, New York 1973. Richard Ruggles and Nancy Ruggles, "The Role of Microdata in the National Economic and Social Accounts", *Review of Income and Wealth*, Series 21 No. 2, June 1975. 以下の叙述は，主として Nancy Ruggles and Richard Ruggles (1973) による.

7) United Nations, *The Development of Integrated Data Bases for Social, Economic and Demographic Statistics*, Studies in Methods, Series F No. 27, New York 1979, Annex para. 19.

8) Nancy and Richard Ruggles, "A Strategy for Merging and Matching Microdata Sets", *Annals of Economic and Social Measurement*, Vol. 3 No. 2, April 1974.

　　ここでラグルス夫妻が考察しているのは以下の2つのマイクロ・データ・セット A, B のなかから同一の個体のみから成るマイクロ・データ・セット M を合成することである．A に含まれる個体はベクトルの意味で標識 (x, y) によって特徴づけられ，同じく B に含まれる個体は標識 (x, z) によって特徴づけられるものとする．すなわち，x は A と B に共通する標識であり，y は A に固有の標識，z は B に固有の標識である．いま，A と B に属する個体に識別番号が与えられるならば，i を識別番号として，$(x(i), y(i))$ と $(x(i), z(i))$ は同一の個体と認定しうるであろう．識別番号 i を同じくする A と B の要素を集めると，容易に M が合成される．この識別番号 i を用いるマイクロ・データ合成の方法が"厳密な照合"の方法である．

　　ここで，識別番号が与えられていない場合なんらかの統計的推理方法を用いて個体 (x, y) と (x, z) を同定する方法が"統計的な照合"の方法である．ラグルス夫妻も述べているように，1つの方法は，(x, y) と (x, z) を比較して，両者において x が同一の値をとること——すなわち等値の関係に立つこと——によって同定するこ

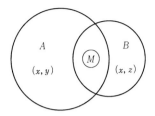

とができる. 前節注 2) で言及した倉林と松田が実行したマッチングによる CDB の誘導は，基本的にはこの方法に従っているが，上の等値関係を若干ゆるめた同定許容関係 (a tolerably indistinguishable relation) を同定の判定条件に用いた合成実験も試みている (なお, 同定許容関係については, Ju A. Schreider, *Equity, Resemblance and Order*, Mir Publishers, Moscow 1975, Chapter III, を参照). この等値関係を基礎とする"統計的な照合"の方法が実行可能であるためには標識 x のスケールが両セットの間で同一であるよう調査票を統一しておくことが必要である. 標識 x の値の同値関係が成立しない場合, x が A と B の間で同一と認定しうる数値の許容限界を動かすことによって，y と z の分布パターンに著しい変化が起るかどうかを基準として x の同一と認定しうる数値の許容限界を与えるための方法とその効果測定を試みたのがラグルス夫妻のこの論文の趣旨である.

9) 照合によるマイクロ・データ・セットの合成の問題はカナダ中央統計局 (Statistics Canada) によっても重大な関心のもとにさまざまの先行的な実験が試みられていることは注目に値する. 家計を対象とするマイクロ・データ・セットの合成に関し, Horst E. Alter, "Creation of a Synthetic Data Set by Linking Records of the Canadian Survey of Consumer Finances with the Family Expenditure Survey 1970", *Annals of Economic and Social Measurement*, Vol. 3 No. 2, April 1974, はその初期の研究成果の1つである. マイクロ・データ・セットの合成は, Benjamin A. Okner, "Constructing a New Data Base from Existing Microdata Sets: The 1966 Merge File", *Annals of Economic and Social Measurement*, Vol. 1 No. 3, July 1972, で用いられた"統計的な照合"の方法に依存しているが, 照合の対象となる変数の組の決定とその中の変数の重要性の評価がアルターの論文の眼目となっている. このアルター論文と前記注 8) で参照したラグルス夫妻の論文に対してシムズが統計的な意味を確かめようともしない a head-in-the-sand approach だと極めつけている (Christopher A. Sims, "Comment", *Annals of Economic and Social Measurement*, Vol. 3 No. 2, April 1974, p. 397) ことを注意しておこう. またマイクロ・データ・セットの合成に関しては, 全国統計協会連合会『統計調査におけるリンケージシステム開発に関する研究報告書』1984 年 3 月, を参照.

10) "厳密な照合"の方法に基づくノールウェイにおける「個人データ・ファイル」

の開発の動向については, Svein Nortbotten og Odd Aukrust, Dataregistrering, Dataarkiver og Samfunnsforskning, Artikler fra Statistisk Sentralbyra, No. 34, Oslo 1969. Svein Nordbotten, Personmodeller, Personregnskapssystemer og Persondataarkiver, Artikler fra Statistisk Sentralbyra, No. 38, Oslo 1970. Svein Nordbotten, Two Articles on Statistical Data Files and Their Utilization in Socio-demographic Model Building, Artikler fra Statistisk Sentralbyra, No. 40, Oslo 1971. Odd Aukrust and Svein Nordbotten, "Files of Individual Data and Their Potentials for Social Research", *Review of Income And Wealth*, Series 19 No. 2, June 1973, に詳しい. ラグルス夫妻が"厳密な照合"の方法を捨てて, もっぱら"統計的な照合"を唱えるに至ったについては1960年代のなかば National Data Centre の設立をめぐってアメリカの政治家, 法学者およびエコノミストと統計専門家をまき込んだ激しい対立と抗争に関する夫妻の苦い体験がある. 周知のように, アメリカの統計調査, 収集, 加工, 保存, 集積の過程は諸公共機関の極端な分散的な組織によって遂行されて来た. コンピューター・サイエンスの大きな飛躍を目前にして, 集計データの収集, 公表, 集積の革新を『連邦データ・センター』を設立することによって一元的に管理することを提案したのが「社会科学研究協議会」(Social Science Research Council)に提出された, しばしば『ラグルス・レポート』の名で略称される Report of the Committee on the Preservation and the Use of Economic Data to the Social Science Research Council, April 1965, である. この『ラグルス・レポート』に the Office of Statistical Standards, Bureau of Budgets のコンサルタントとして肯定的な評価を与えたのが Edgar S. Dunn, Jr. による Review of a Proposal for a National Data Center と題する報告書であって, しばしば『ダン・レポート』の名で略称される. 『ラグルス・レポート』と『ダン・レポート』を通して次第に具体化しつつあった『連邦データ・センター』ないし『全国データ・サービス・センター』の構想に対し, プライバシー保護の観点から深刻な危惧の念を表明したのが立法府の人びとと一群の法律学者たちであった. これら法学者の中にはわれわれにも親しい Charles A. Reich (エール大学), Arthur R. Miller (ミシガン大学, 当時)らの名前が見えるが, やがてコンピューター・サイエンスの専門家をも巻きこんだ Cornelius E. Gallagher 下院議員を委員長とする the Special Sub-Committee on Invasion of Privacy of the House Committee on Government Operations を場とする公けの聴聞と論争へと転化して行くことになる. これらの一連の経過をたどりながらラグルスによって提案された『連邦データ・センター』の構想は遂に挫折するに至るのである. 『連邦データ・センター』の構想によってまき起された影響と波紋はこれだけには止まらなかった. やがて海を越えて, イギリスにおける the Younger Committee on Privacy の設立(1970年5月)と, 同委員会による報告書(Report of the Committee on Privacy, Chairman the Rt Hon. Kenneth Younger, July 1972, HMSO. London, Cmnd.

第8章 マイクロ・データ・ベースの編成とその統合   213

5012)の結実を促す契機となったからである．この一連の経過に立入ることはすでに本書の視野をはるかに逸脱するものであろう．『連邦データ・センター』の構想の成立，発展およびその挫折に至る一編のドラマを極めてヴィヴィッドに描写したのが James Mertin and Adrian R. D. Norman, *The Computerized Society, An appraisal of the impact of computers on society over the next fifteen years*, Penguin Books, Harmondsworth 1973, である．

11) Nancy Ruggles and Richard Ruggles, *op. cit.*, in Miton Moss, ed. by, *The Measurement of Economic and Social Performance*, New York 1973, p. 128.

12) Nancy Ruggles and Richard Ruggles, *op. cit.*, in Milton Moss, ed. by, *The Measurement of Economic and Social Performance*, New York 1973, p. 130. わが国においても 1970 年のなかばに統計審議会の専門部会の場で企業と事業所の統一名簿の作成が議論されたことがある．しかし，法人企業統計の実査を担当する省庁の激しい抵抗によって実行に至らなかった．この省庁の統計軽視の姿勢は別の事例からも裏付けることができる．

13) Harry H. Postner, "Microbusiness Accounting and Macroeconomic Accounting: The Limits of Consistency", *Review of Income and Wealth*, Series 32 No. 3, September 1986. また，合崎堅二「経済会計の歩み——経済会計から生態会計へ」，合崎堅二編著『経済会計——その軌跡と展望』中央経済社，1986，において「企業会計と社会会計」から「ミクロ会計とマクロ会計」への発展が示唆されている．

14) Harry H. Postner, *op. cit.*, *Review of Income and Wealth*, September 1986, p. 222.

15) それゆえ"内部バランス"は第1章，1.1節で注意した「水平的な複式記入の体系」に関連し，"外部バランス"は「垂直的な複式記入の体系」と結びついている．ポストナーはこの事実を明確に認識していない．

16) $[c_{ij}]$, $[d_{ij}]$行列は，SNA における表 2.1 にも見られる金融的対象とその取引主体である制度部門とを組み合わせた"スクリーン勘定"(第1章，1.2節を参照)の1つの変種にすぎない．またここで筆者はこれらの取引行列の構造の理解を容易にするため SNA の構想に従って取引項目の整理を行ってある．このこともまたポストナーの提示する取引行列がかれの創見ではないこと，および，その構造の本質と表章が SNA の"スクリーン勘定"に優越するものではないことの証明である．ところがポストナーはこの論文において全く SNA に言及していない．唯一のレファレンスである United Nations (1982) も SNA に対し批判的立場に立つ『ラグルス報告』(第9章参照)であって，SNA そのものではないことに注意すべきである．ポストナーの考察は SNA に対する理解を全く欠いたすこぶる一面的な偏向の所産であるとの印象をまぬかれない，また，ポストナーはこの論文に対する an excellent general reference として終始念頭においたと言う (Harry H. Postner, *op. cit.*, *Review of Income and Wealth*, September 1986, p. 222) 以下の著作，Allan H. Young and

Helen Stone Tice, "An Introduction to National Economic Accounting", *Survey of Current Business*, Vol. 65 No. 3, March 1985, も SNA に優越する国民経済計算の論理を構築するのに成功しているとは到底考えられない. ヤング/ストーン・タイスが提示する方法は国民経済計算の体系を企業会計の論理に一貫して従属させることである. その論理が非市場サービスの処理において破綻するのは当然である. ヤング/ストーン・タイスは政府の生産勘定に関して言っている.「政府の生産勘定は,……, 有給の家事労働者の産出を記録するため家計部門で用いられるのと同様の接近を用いて, 政府の被用者によって政府に提供されるサービスを生産として記録するために使用される」(Allan H. Young and Helen Stone Tice, *op. cit.*, *Survey of Current Business*, March 1985, p.67). アメリカの国民経済計算体系は, 公共サービスの生産を下女, 下男なみに矮小化して恥じないことを当事者が公式に宣言しているのである.

17) ポストナーは, この論文において国民経済計算の専門家が主張するところの国民経済計算体系における"整合性"の要求に限界があると提言しているのであるが, 筆者には国民経済計算体系の論理的構築を企業会計の論理に委ねることの論理的矛盾の現われであると考えられる. ポストナーがその処理に言及しながら, 非市場サービス, 帰属サービスおよび移転取引の考察を回避していることは, 筆者の観測の正しさを立証しているものと言えよう. なお, 上記の引用は, Harry H. Postner, *op. cit., Review of Income and Wealth*, September 1986, p. 242. ポストナーは最近の論文(Harry H. Postner, "Linkages between Macro and Micro Business Accounts: Implications for Economic Measurement", *Review of Income and Wealth*, Series 34 No. 3, September 1988)において, マクロ経済計算のミクロ的基礎を企業会計の論理に従属させる所説を, 後述のヴァノーリの論文と比較しながら, 更に発展させている. 2つの疑問を指摘できよう. 第1, ポストナーの所説は国民経済計算の記録の場が, 第1章1.1節で指摘したように, 企業会計の"勘定の体系"ではなく"国民経済"であることを見落している. 第2, マクロ勘定のミクロ会計的基礎を妨げる「四重記入の体系」における不整合は取引記録の経済的実態の反映によるのではなく, 1.1節の(SA—2)で指摘した勘定の同調性が受入れられるかどうかに依存しているのであって, 全く公理系の設定にかかわる問題である.

18) André Vanoli, "Sur la structure generale du SCN a partir de l'expérience du système elargi de comptabilité nationale français", *Review of Income and Wealth*, Series 32 No. 2, June 1986, p. 167.

19) André Vanoli, *op. cit., Review of Income and Wealth*, June 1986, p. 176.「企業の中間勘定」を介するミクロ・データのマクロ・データへの移行に関する研究 1982年4月施工のP.C.の改正を契機として, さらに着実な前進が図られつつあるように見受けられる. 改訂P.C.と「企業の中間勘定」記入項目との概念調整上の問

第8章 マイクロ・データ・ベースの編成とその統合

題は, Pierre Muller, "Nouveau plan comptable et élaboration des comptes d'entreprises", in Edith Archambault et Oleg Arkhipoff, *Nouveaux aspects de la comptabilité nationale*, Economica, Paris 1988, において立入った検討がなされている. また 6,000 の標本企業のデータを用いて旧 P. C. の新 P. C. への変更に伴う「企業の中間勘定」推計値への影響の詳細な分析が, Mireille Bardos et Joelle Laudy, "Incidence du nouveau plan comptable sur la continuité des series statistiques issues des comptes d'entreprise", in E. Archambault et O. Arkhipoff, *op. cit.*, Economica, Paris 1988, において与えられているが, これらの試みの詳細については, 紙幅の制約のため到底立入ることができない. 上述したように, これらの成果勘定と貸借対照表の記入項目はほぼ 1982 年 P. C. (*Plan comptable general (arrete du 27-4-1982)*, Imprimerie Nationale, Paris 1982) と対応する. 記入項目の邦語訳には, おおむね上記 1982 年 P. C. の邦訳(中村, 森川, 野村, 大下, 高尾訳『フランス会計原則——プラン・コンタブル・ジェネラル』同文館, 1984)に従ったが, 1982 年 P. C. の平易な解訳である, Alain Mikol, *Le Plan comptable commenté*, ⟨Que Sais-Je ?⟩, Presses Universitaires de France, Paris 1987, を参考にして多少変更したところがある.

第9章　ラグルス報告：提案と問題

9.0　は　じ　め　に

　現行の SNA が第 15 回の統計委員会(1968 年)の承認を得て 1968 年に公刊されて以来すでに 4 半世紀以上の年月が経過した．この間に SNA は「国民経済計算の標準体系」として世界の多くの国から支持を得て，不動の地位を確保したのである．しかし，2 度にわたる石油危機をくぐり抜け，かつまた 70 年代のはじめに端を発した国際的な通貨動揺は昨今の世界経済の運営と動向に対して再び深刻な影を落しつつあるかに見える．先進国のみならず開発途上国をもまきこんだこれらの世界経済の構造変動は，1960 年代の後半，旧 SNA から現行 SNA への改訂の過程においては予見しえなかった幾多の変化を伴うものであった．これらの構造変動に対し「国民経済計算の標準体系」が対応と変更をせまられつつある問題も決して少なくないはずである．ここに現在の時点において，とくに SNA の改訂が考慮の俎上にのせられる根本的な理由がある．そうしてこの SNA の改訂の動向に対し世界のエコノミストと統計専門家，とくにヨーロッパの人びとは重大な関心を持って注目しつつある．

　ところがわが国では，かつてあるジャーナリズムによりくり拡げられた「くたばれ GNP」の意図的なキャンペーンの例が示すように，地道な研究分野においても俗耳をくすぐるジャーナリズムに流行するキャッチフレーズにのみ目を奪れ勝ちで，ややもすれば研究の大道と本質的動向を見失う傾向がある．SNA 改訂に対する人びとの対応もまた 1 つの好い例である．驚くべきことに，筆者は大学をはじめとするわが国の研究機関から刊行される紀要および経済専門誌においてこの SNA 改訂を主題とする研究のあることをほとんど知らない．のみならずこれまでの SNA 改訂をめぐる国際的なフォーラムの中で自身の意

第9章 ラグルス報告:提案と問題　　217

見を開陳するわが国の研究者に遭遇した経験をも持ち合わせたことがない．このような研究の動向に対する認識の落差に直面するならば，有識の専門家にとっては必ずしも新しいことではない SNA 改訂の昨今の動向について，本章と後続する第 10 章で 1 つの見通しを与えておくことは，なにがしかの意義があろうかと考えられる．

9.1　Ruggles Report の概略とその問題

　SNA の改訂に話を進めるには話題をひとまず 1975 年にまで遡らなければならない．この年の 12 月ヴェネズエラのカラカスにおいて国連統計局の主催によって「改訂(1968)SNA に関する地域間セミナー」が開催され，主として開発途上国に焦点を合わせ SNA の実施の状況とその問題点を洗い直すための専門家による会合が持たれたことは SNA 見直しの第 1 歩を踏み出したものとして画期的な出来事であった[1]．したがって SNA の実行とその見直しを含めた改訂作業は，このカラカスにおける「地域間セミナー」に端を発していると考えることができよう．

　1980 年代に入ると，同じく国連統計局の主催で SNA をめぐって 2 つの専門家会議が持たれている．その 1 つは 1980 年 4 月に国連本部で持たれた．ここではじめて SNA の改訂を含め将来の作業の一般的方針が議論された．この一般的方針として専門家会議が，改訂の焦点として，i)体系の明確化と，ii)統計の他の国際規準との間の整合性を改善することを指摘した．この考え方に沿って，同専門家会議が統計の連続性をも考慮して将来なさるべき改訂は小幅の手直しに止めるべきであるとの見解を表明していることは興味深い．かくしてSNA の改訂に対し一歩を踏みこんだ国連の統計局は，SNA 改訂をめぐる具体的提案を求めて，第 2 の専門家会議を 1982 年 3 月に開催する段取りとなる．上述の『ラグルス・レポート』はこの専門家会議における討議のための基調論文として準備された．重要な文書であるから標題を掲げよう．

"The System of National Accounts: Review of major issues and proposals for future work and short term changes" prepared by Professor Richard Ruggles, ESA/STAT AC. 15/2.

すなわち今回の SNA 改訂の基調はこの『ラグルス・レポート』を軸にして展開せられて来たと言っても過言ではない．そこでまずこの『ラグルス・レポート』の主張するところを要約し，ついでそれが SNA の改訂作業の中で持つ意義を考えることにしよう[2]．

9.2 Ruggles Report の論点

『ラグルス・レポート』の考察を進めるに当っては，読者による前記文書参照の便宜を考慮して，このレポートが専門家会議で検討された後の発展に即して国連統計局の手でなされた最少限の加筆と編集の後に *Statistical Journal of the United Nations* 誌上に分載された論文に依拠するのが便利であろう[3]．

この『ラグルス・レポート』の中核を形作るのが Review of Major Issues と題された部分であって，全文書の約9割を占める．ここで3つの論点が扱われている．すなわち，i)勘定体系と部門分割，ii)概念上の諸問題，iii)他の統計体系との調和(harmonization)がそれである．この中の第3の論点は，SNA の外縁を形成するいくつかの統計体系，例えば IMF の所管である「国際収支表」，「政府資金統計」(Government Finance Statistics) との調和，SNA と MPS のリンク，地域勘定と4半期別勘定が検討の俎上に置かれている．いずれも重要な問題ではあるが，さし当り当面のわれわれの考察からは省くことができよう[4]．

9.2.1 勘定体系と部門分割をめぐる問題

勘定体系の設計と部門分割は相互に密接に関係しており，それゆえに『ラグルス・レポート』もこれらの問題を検討するのに当り両者を一括して，(イ)フロー勘定に関連する問題と，(ロ)ストック勘定に関連する問題とに分けて考察している．小論もこの順序に従って考察を進めるが，概して言うと『ラグル

第9章 ラグルス報告：提案と問題　219

ス・レポート』におけるこれらの問題の検討は勘定設計よりも部門分割に関連する問題の方に偏っているように思われる．

(イ) フロー勘定に関連する問題

勘定設計の問題として2つの問題が指摘されている．第1は，ヨーロッパ共同体統計局(EUROSTAT)によって提案された国民経済計算の体系であるESA (the European System of Integrated Economic Accounts)とSNAと一層緊密な結びつきを確保する立場から制度部門別の生産勘定の設定が提案されていることである．第2は，SNAによって代表されるマクロ経済勘定とセンサスないしサーベイ調査の客体となる個別の経済主体もしくは統計単位に関する情報を集約するミクロ・データ・ベースとのリンクを推進する見地から両者を同一の概念と分類の枠組で一貫することが主張されている．このマクロ勘定とミクロ・データ・ベースとのリンクは，単に経済データのみならず，広く社会・人口データの開発に利益するところが大きいことが併せて強調されていることに注意しておこう[5]．

部門分割に関しては企業，家計および政府のそれぞれの部門に関する問題がとりあげられている．実物と金融の2分法に立脚するSNAの部門分割の原則を否定し，制度部門別の分割で勘定設計を一貫させることがラグルス夫妻の立場であるが，この方針は『ラグルス・レポート』においても受け継がれている．部門分割に対するラグルス夫妻の一元論的発想は夫妻による著書 *The Disign of Economic Accounts* にも明らかであるが次の事例によって確かめることができる．国連統計局では1980年代のはじめSNAの解説と普及を目的とするHandbook of National Accountingのシリーズを企画し，その第一着手としてラグルス夫人をコンサルタントとしてNational Accounts Statisticsを作成するため解説と作成の手引きの作成を委嘱した．この求めに応じて作られたのがUser's Guide to the United Nations Yearbook of National Accounts Statistics, Draft, September 26, 1983, である．この成稿はやがて United Nations, *Accounting for Production: Sources and Methods*, Handbook of National Accounting, Studies in Methods, Series F No. 39, New York 1986, として公刊された．問題

の部門分割に関してラグルス夫人の原稿は,「SNA は取引の主体として5つのタイプを認定し,それらを4つの主要な部門に編成している.これらの取引主体とは,1.政府,2.法人および準法人企業,3.非法人企業,4.家計,5.家計に奉仕する民間非営利機関,である」(Users' Guide, Draft, para. 47) となっているが,*Accounting for Production* の対応する個所では,SNA の思考に従って,「SNA では取引主体は2つの仕方でグループ分けされている.第1のグループ分けは,活動の種類別であって,生産の意思形成が主としてなされる生産者の部門に関連する.……第2のグループ分けは資金調達の意思形成にたずさわる取引主体をグループに分ける制度別部門に関連する」(*Accounting for Production*, para. 13) と叙述されており,この比較からもラグルス夫妻が部門分割を制度別部門により一元化する思想が明瞭に看取されるからである.

さて個々の部門について『ラグルス・レポート』がとりあげている問題を見て行くと,企業部門の問題としては SNA が非金融法人企業のグループの中で準法人企業を別掲することに対する疑義が提出されている.根拠とされる理由は3つある.第1,各国にとって"準法人企業"として認知されるため SNA が与える指示が実行可能ではない.第2,SNA では"準法人企業"と認定されない非法人企業は,それが民間のものであれば家計に,また公共のものであれば一般政府に含めるとしている.この取扱いを実行する主たる根拠は非法人企業から"準法人企業"を分離できないことにあるが,論拠が説得的でない.第3,"準法人企業"の認定において,例えば ESA が採用しているような,規模による認定基準は恣意的であって実効のある認定基準とは認められ難いと言うのがこれらの理由である.実際のところ 1968 SNA の公刊以来部門の定義と分類上の最大の困難とされているのが"準法人企業"の認定である.計数の公表において,例えばわが国のそれのように,"準法人企業"の明示的な分離を欠く公表系列も少なくない.しかしそれだけの事実もしくは『ラグルス・レポート』の指摘する3つの理由から早急に"準法人企業"の解消を結論づけてよいかどうか.もともと法的実体もしくは法的実体の族として法人組織の形態をとらない非法人組織体に法人企業に準ずる機能を賦与しようと言うのが SNA

における"準法人企業"別掲の趣旨であるとすれば,『ラグルス・レポート』の掲げる3つの理由は,消極的に"準法人企業"の再検討を促す根拠とはなりえても,より積極的に"準法人企業"を解消する論拠とはなりえないのではなかろうか.筆者はなお掘り下げた検討が必要であると考える.

　家計部門との関連で『ラグルス・レポート』は"対家計民間非営利団体"を独立の制度部門として設定することの得失を議論している.同レポートは,SNAが"対家計民間非営利団体"を独立の部門として設定して扱ったことが,i)不必要かつ実行不可能な細部にこだわった結果,ii)国民経済計算体系に課せられた主要な要求である経済活動をマクロ的に総覧する集約的な情報を欠くことの懸念に基づいて"対家計民間非営利団体"を家計部門と統合することを提案している.『ラグルス・レポート』の指摘にまつまでもなく,"対家計民間非営利団体"のGDPに対する寄与が小さい(1984年の日本の計数で約2.0%)ことは事実である.しかし,いわゆる"サービス経済"の進展は同時に"対家計民間非営利団体"の役割の拡大を確認し,かつ増進させる傾向にある.のみならずこのレポートが専門家のグループで検討された後ラグルス夫妻によってなされた研究[6]によると,アメリカにおける非営利団体所得の国民所得の中に占めるウェイトは1980年の計数で約2.6%であって,若干日本の数字を上まわる結果が得られるのである."対家計民間非営利団体"を家計の中に解消してしまうのには,その重要性を否定するための綿密な理論的検討と多くの実証を必要としていると言わなければならない.

　『ラグルス・レポート』は政府部門に関連する問題にかなりのページを割いている.原則的な考え方として,SNAは"一般政府"と"公的企業"(public enterprises)とから構成される"公共部門"勘定を具えていないため,公共部門の活動が残余の社会と経済にどのような影響を与えるかを的確に把握することができないとして,"公共部門"勘定の導入を主張するのが『ラグルス・レポート』の立場である.同レポートによると"一般政府"は"政府サービスの生産者"と"部局企業"(departmental enterprises)とから成るから,"公共部門"の設定をするには"部局企業"を明示的に定義しなくてはならない.とこ

ろで，同レポートは"部局企業"とはしばしば企業の事業所によって提供される財・サービスを民間に販売したり，あるいは政府に提供したりする政府の部局および類似の単位の携わる活動を包含する．このタイプの政府活動は2つの部分クラスより成り立っている．第1は，その産出を他の政府単位に提供するもの(付随的機関)であって，印刷局，修理工場などがこの例に入る．第2は，その産出を一般大衆に販売するものであって，通例は規模の小さいものである．公共の施設に付設されるカフェテリアはこの例に当る．ところが以下のもろもろの理由によって上述の"部局企業"の明示的定義は甚だしく困難であると言うのが『ラグルス・レポート』の論点である．

　まず付随的機関について言えば，政府と民間企業の双方の活動範囲が入り組みかつ複雑になってくるに伴って企業の事務所によって提供されるタイプの活動との境界を区別することがますます難しくなってくること．付随的機関により他の政府単位に提供される産出の価格がしばしば企業の事業所によって供給される市場価格を反映しそうにもないことを根拠として，付随的機関は現実の問題としてしばしば企業の事業所によって生産される産出を生産し，かつまたそれと競争的な価格を設定する政府単位に限定せざるを得なくなる結果になる．

　つぎにその産出を一般大衆に販売する"部局企業"についてもそれが"部局企業"として認知される以上，このカテゴリーは一方において"公共準法人"と，また他方において"政府サービスの生産者"と識別されていなくてはならない．例示に見たような小規模な販売を行う単位を"公共準法人"として格付けすることはできない．またその単位が行う活動を"政府サービスの生産者"が実行する重要ならざる活動と区別することも困難であろう．結局のところこのタイプの"部局企業"の活動は現実の問題として"政府サービスの生産者"によるそれとして扱われざるをえないのである．

　従って，以上の『ラグルス・レポート』における推論が導く帰結は，たとえ"部局企業"が携わる活動の存在を確認することができるにしても，これらの活動は結局のところ"公的企業"もしくは"政府サービスの生産者"のいずれかの活動として吸収され，認知されざるをえない性質のものであると言うこと

第9章 ラグルス報告：提案と問題　　　　　　　　223

である．換言すれば，"部局企業"の活動を別掲し，表章する理由はなにもないのである．このことの当然の系論として"政府サービスの生産者"と"一般政府"を識別する根拠もまた失われることになる．先行する議論と併せて，"政府サービスの生産者"および"対家計民間非営利サービスの生産者"を必要としないとするならば，ラグルス夫妻が年来主張して来た SNA を制度部門別で一貫した体系に転換させることに対する途が開かれたと言うことになるであろう[7]．

　以上の政府部門に関連する『ラグルス・レポート』の論点は，同レポートの中でも特に力点が置かれている個所であるが，同時に SNA の理解をめぐりかなり問題のある部分でもある．ここで若干の問題点を指摘しておこう．第1，まず確認しておくべきことは言うところの"部局企業"について SNA は一切言及していないことである．SNA の解釈に従えば，付随的機関は「産業の核が典型的に生産する財・サービスを市場価格もしくは名目価格で陽表的な資金のフローなしに提供する単位」として"付随的政府企業"に格付けされる．すなわち，付随的機関は産業の核以外の産業の構成要素である．また，さきのカフェテリアの例に見られるようなその産出を一般大衆に販売する"部局企業"は，政府所有単位が，「産業の核で典型的に生産される財・サービス」を市場向けに政策的な理由から安価に提供している場合に該当する．従ってこの単位が事業所として通常の政府サービス提供単位と分離できる限り，同じく産業の核以外の産業の構成要素となる．すなわち，『ラグルス・レポート』に言うところの"部局企業"は「産業の核が典型的に生産される財・サービス」を産出するがゆえに産業の中に含まれるのであって，"部局企業"の用語に誘惑される余りその部分クラスを"政府企業"と"政府サービスの生産者"に対応させることは SNA の根幹にある実物と金融の2分法を全く無視した発想の混同があると言わざるをえない．第2，"部局企業"を"一般政府"と"政府サービスの生産者"の差(集合)とする『ラグルス・レポート』の定義にも問題がある．言うところの"部局企業"が"一般政府"の中に含まれることは正しい．しかし，そのことからただちに"部局企業"が"一般政府"と"政府サービスの生

産者"の差であることは導かれない．SNA の定義によると，"一般政府"は，政府サービスの生産者"，いうところの"部局企業"のほかに，"準法人企業に分類されない政府企業"と"公的貯蓄機関および公的貸出機関の一部"から構成されているからである．これらの政府単位を"部局企業"の中に含めることは，すでに詳しく説明した『ラグルス・レポート』の推論と叙述に照らし論理的整合性を持つものと言えない[8]．

『ラグルス・レポート』は政府部門に関するもう1つの問題として社会保障基金の処理を検討している．SNA の制度部門別の分類によると，社会保障基金は，中央政府，州および地方政府と並んで"一般政府"の亜部門を構成することになっている．しかし『ラグルス・レポート』は，(i)この社会保障基金と民間もしくは公的金融機関に含められる社会保障機能との境界線が必ずしも分明でないこと．(ii)基金の管理者が資本市場のオペレーションに参加する裁量的な権能を持つばかりでなく，基金への拠出と利益配当の大きさがこれらのオペレーションの結果によって左右されるとするならば，当該基金を——基金の管理者が選ぶところに従って——公的のもしくは民間の金融機関として扱うのが適当であろうと言っている．SNA はこの処理を支持しているわけではないが(SNA, paras. 5.27. and 5.57)，公的および民間の社会保障機能をめぐる慣行に 1968 SNA の刊行以来，制度的な変化が認められることも事実である．この問題は今後の検討と考慮の対象となりえよう．

このことに関連してラグルス夫人は別の論文[9]の中で，(i)上述の社会保障基金に関する SNA の取扱いは社会保障機構の管理が本来の政府機能から完全に分離され，資金に関する意思形成の独立の中心を形成しているようなスウェーデン型の社会保障機構を想定したものであること．(ii)将来の社会保障給付を法的に権利を賦与するもののストックとしての「社会保障の富(social security wealth)」に対する社会一般の関心が高まるにつれて，かつまた基金の支払能力に対するデータの重要性が増大するのに伴って，SNA の現行の処理が最善の解決とは思われないと指摘している．この立場も前述の『ラグルス・レポート』と軌を同じくするものと言えよう．ただし，それに先立って現行 SNA

第9章 ラグルス報告:提案と問題　225

の取扱いに根本的な変更をするのに十分な社会保障機構に関する制度的変化が現実に進行しつつあるかどうかに関し各国の事例の比較に即した綿密な点検がなお必要であろう．

(ロ) ストック勘定と再評価勘定に関連する問題

　この分野について『ラグルス・レポート』は3つの問題群をとり挙げて言及している．第1は，ストック勘定および再評価勘定に対するインフレーション会計の位置づけ，およびこの考察から示唆される所得概念に対する再検討である．第2は，土地，地下資源，および無形資産の取扱いに関する概念上の問題である．第3は，最近 EUROSTAT と OECD の専門家の間で注目されている"金融的賃貸"(financial leasing)の取扱いに関する問題である．

　『ラグルス・レポート』はこのインフレーションのもたらす衝撃を国民経済計算の体系の枠組の中でどのように受止めて，かつその体系に表章すべきであるかについての解明を企図した『ヒバート報告書』[10]が国連の『貸借対照表ガイドライン』(United Nations, *Provisional International Guidelines on the National and Sectoral Balance-sheet and Reconciliation Accounts of the System of National Accounts*, Statistical Papers, Series M No. 60, New York 1977)に提示されている SNA の拡充としての国民貸借対照表と部門別勘定の基本的構想の趣旨に沿うものであること．ことに，同報告書が部門別の貸借対照表と調整勘定の枠組の中でインフレーションの衝撃の解明を企てていることは SNA に代表される国民経済計算体系の分析的役立ちを立証するものとして高く評価している．併せて，この種のインフレーションの衝撃の解明に関連して「交易条件の変動効果」を特殊の場合として含む相対価格の変動効果を GDP の不変価格表示の計測に含ませる試みを1つの重要な問題点であるとして注意を促している．

　『ラグルス・レポート』が第2の問題群をとりあげるに当って関心を抱く視野は，それらがいずれもフロー勘定における資本形成と直接に関連することのない資産価値の変動に関連することである．指摘される問題は3つある．第1は，資本化されるべき開発費用の範囲をどう定めるかである．もともと探査費用と開発費用は別個の活動のために支出されるコストではなく，一体の連続的

のプロセスを営むためのコストであると認識するならば，資本化されるべき価値は両者のコストの合計であると考えなければならないであろう．第2は，資産と減耗に関する問題である．埋蔵されてある資源は無尽蔵ではない．すなわち資源の利用は減耗を招く．ところが一方において資源のベースは一定ではなく，新発見によって変動する．埋蔵資源の範囲を確定し，評価することは非常に難しい．一般には貸借対照表に記録される埋蔵資源は「存在が確認された」(proven)埋蔵物に限定されるべきものと考えられている．すなわち「存在が確認された」埋蔵資源であるからにはこれらの埋蔵物は経済的に採取可能であることが必要である．なお国連統計局が招集した1980年の専門家会議において「存在が確認された」埋蔵資源の価値変化を計算する場合，価格変化だけでなく新発見と減耗の影響をも反映させるべきであることについての合意が得られていることを注意しておくべきであろう．第3は，土地と建物に対する賃貸料(rent)の取扱いに関する問題である．SNAでは土地の賃貸に対する代価は純賃貸料として記録されるのに対して，建物の賃貸に対する代価は(商品タイプの)サービスの購入・販売とみなされる．『ラグルス・レポート』はこの非対称的処理の問題を決着させるためには，土地の純購入と類似の処理がなされている著作権や特許権等の無形非金融資産の購入，賃貸，およびロイヤルティとして記録されるこれら資産の使用に対する支払いとの相違を明確にすることが必要であると言っている．

　土地と建物にたいする賃貸料をめぐる『ラグルス・レポート』の指摘は問題の所在それ自体なんら異議を申立てる性質のものではない．だがこの指摘がSNAを正確に読み込んだ後の指摘であろうかと言うことになると話は大分違ってくる．SNAにあって土地の賃貸と建物に対する賃貸の取扱いに非対称性があることは『ラグルス・レポート』の指摘する通りである．とくに後者に関しては商品タイプのサービスに対する購入ないし販売として記録される．なぜそれが賃貸料と認知されないのか．SNAでは建物の賃貸をもって他の経済主体が所有している排他的な権利の限定的使用に類似すると考える．すなわち，この点では取引の性質はロイヤルティのそれと類似する．ところが，建物の賃

貸には同時に管理サービスが付随するが故にこれらの商品タイプのサービスの購入ないし販売として記録するのである．従って SNA における建物の賃貸に対する処理には『ラグルス・レポート』の言う無形非金融資産の購入，賃貸および使用に対する支払いとの明確な相違がすでに画然と認識されていることを注意せねばならない．

　"金融的賃貸"とは財の所有者(貸し手)と財の使用者(借り手)との間の長期の賃貸契約であって，賃貸契約の終了までの相当の期間にわたって所定の賃貸料の支払いと引換えに借り手は当該財を占有し，使用するものを言う．この賃貸料は当該財の供給に対する資本支出，付随する費用および資金調達費用をカバーするに十分な大きさである．従って当該財の維持と修繕の費用，賃貸の条項に関連するあらゆる危険は借り手によって負担される．当該財を選択したり，それの供給者と交渉に当るのは借り手である．"金融的賃貸"における貸し手の役割は純粋に金融的なものに限定される．この賃貸の方法はほかの資金調達の方法，例えば貸出しとか賦払い，にとって代るものである．この意味で"金融的賃貸"は有形資産の"営業的賃貸"(operating lease)と対比される概念である．"営業的賃貸"にあっては賃貸の対象が当事者の双方にとって市場サービスとして認知される．これに対して"金融的賃貸"では当該財を取得するための資金調達の方法であるところに眼目がある．SNA が有形資産の賃貸について"営業的賃貸"を想定した取扱いを考えているに過ぎないから，"金融的賃貸"に対しては別個の取扱いが必要であろうし，一般に SNA における有形資産の賃貸の定義を変更することが必要となってくるであろう．ここで『ラグルス・レポート』は"金融的賃貸"の処理についてやや立入った提案を行っているが，紙幅の制約のためこれ以上詳細には立入らないことにする[11]．

9.2.2　概念上の諸問題

　『ラグルス・レポート』が概念上の問題として検討している問題は，大別すると3つにまとめることができる．第1は，市場の外にある取引の帰属(non-market imputations)をめぐる問題である．第2は，年金および生命保険の取

扱いに関連する問題であり，第3の問題は，政府および家計の最終消費支出に関連する．

(イ) 市場の外にある取引の帰属

『ラグルス・レポート』はまず最初に市場の外にある取引に対する帰属の範囲をどこに定めるかについて家計の活動を例にとって検討している．この問題は，とくに開発途上国で関心の持たれる自給生産 (subsistence production) の定義とも密接な関係を持つものでもあるし，また経済福祉の計測の観点から妻の家事労働の評価の問題にもつながっている．しかし，ここではこれらの問題に対する『ラグルス・レポート』の検討に立入ることなく，むしろ国民経済計算にとって市場の外にある取引に関する帰属の典型の1つである自己所有家屋の帰属の考察に進むことにしよう．

自己所有家屋の帰属に関する『ラグルス・レポート』の結論は，SNA の処理がラグルス夫妻の言う「取引主体/取引」原則から全く乖離していると言うことである．なぜか．理由はこうである．自己所有家屋のサービスを帰属推定するのに当って SNA は家屋の所有者を家屋を自身に賃貸する事業に従事する擬制的な非法人企業の業主とみなすのである．帰属家賃は一方において家計の消費支出の中に含められ，また他方において擬制的企業の収入の中に入る．ところで，この擬制的企業は家屋の経常的保全にたいする経費，財産税の支払等（『ラグルス・レポート』ではそれとして明示はしていないが）中間消費支出と固定資本消費の引当てのための支出を支払った後，営業余剰は帰属企業者所得として家計の所得にくり入れられる．この処理方法の帰結は，例えば家賃が値上りを続けるインフレーション期には，この家賃の値上り分が現実に家屋の所有に必要とされる経費が著しく変化しない場合においてすら家屋所有者の所得に帰せられることになる．ところが家屋所有者の現実の状況はむしろ住宅の家賃が規制されている場合の家主のようなものであろう．家賃が統制される場合，勘定は現実の家賃を記録するのであって，それの市場計算価格 (shadow market price) を記録するのではないと言うのが『ラグルス・レポート』の主張である．

自己所有家屋の帰属の取扱いに関するこの『ラグルス・レポート』の推論は

SNAをことさらに誤解している.前にも言及したように,家屋の賃貸によって取得の対象とされる物件は,SNAによると「土地を除く構築物,設備およびその他の財の賃貸は商品タイプのサービスとみなされる」(SNA, para. 6.46)ものである.この種の商品タイプのサービスに対する代価である「家屋の家賃は一般に空間に対する賃貸料(space rent)であって,慣行的に販売もしくは賃貸以前に家屋に据えつけられた暖房と配管設備,備えつけの照明,固定の調理設備,流し台および類似の設備を含む.またこの中にはゴミと下水処理のための支出,および室内の塗装,壁紙の張り替えおよび装飾など室内の維持と修繕のための借家人の支出が含まれる」(SNA, Table 6.1)とされている.一方,家屋の所有者が自身に賃貸する商品タイプの生産の擬制的主体は,SNAにおける生産主体の分類原則によって,制度別部門――ラグルスの言う非法人企業に格付けることはできない.事実SNAでは家屋の所有者の生産主体としての機能を"産業"の中に格付けている.加えて,SNAはこの家屋の自己所有に関する産業としての機能を"産業"の経済活動別分類の中で"831* 自己所有家屋"として特掲していることを忘れてはならない(SNA, Table 5.2).自己所有家屋に対する帰属家賃はこの擬制的"自己所有家屋"産業の付加価値(GDP)を構成し,被用者報酬として制度部門である家計に分配されるとともに,家計の消費支出となって対応する.この際,帰属家賃の評価は「管理,維持および修繕のための支出,水道料,保険サービスに対する経費(insurance service charges),諸税,減価償却と抵当利子,および当該所有者のその住居および純収益を生む他の物件に対する利子などの項目をカバーする推計値」(SNA, para. 6.22)によって近似されるべき大きさである.だとすると『ラグルス・レポート』の擬制的非法人企業がこの大きさに見合う営業余剰を発生するかどうか.前記の叙述だけからは保障されていない.

『ラグルス・レポート』が言う「取引主体/取引」原則の意味もすこぶる透明でない.自己所有家屋の帰属に関する推論の文脈に照らして考えると,言うところの「取引主体/取引」原則とは,「取引主体が現実に行った取引を記録する原則」と解することができよう.同レポートの言うようにかりに市場計算価格

が現実の家賃と比較してこの「取引主体/取引」原則にかけ離れるとしても，擬制的非法人企業を帰属推定の基礎に想定することが現実の取引を記録する原則を侵すことにはならないと確信しうるのであろうか．そもそも取引の帰属推定と言うフィクションの世界の中に現実性の要求を持ちこむこと自体が論理の転倒なのではあるまいか．こうした疑問はそれとして，さらにラグルス夫妻は「取引主体/取引」原則を少なくとも2つの別の意味に用いている．その1つは，「取引主体/取引」原則とは取引主体と取引の間に表章形式の上で必ず対応が存在する原則と解する場合である[12]．ラグルス夫妻はSNAがこの意味の「取引主体/取引」原則に従っていると主張する．これもまたラグルス夫妻がSNAの勘定体系としての特質を正しく理解していない一例である．前に述べたようにSNAにおけるスクリーン勘定の存在と機能がSNAにおけるこの意味の「取引主体/取引」原則を否定するからである．また別の個所においてラグルス夫妻は，「取引主体/取引」原則を取引者勘定の中に取引を記録する原則と理解している[13]．前者を狭義の(あるいは，強い)「取引主体/取引」原則と名づけるなら，これと対比して後者は広義の(あるいは，弱い)「取引主体/取引」原則と名づけられる関係にある．かりに用語の間の相互関係をそのように理解しえたとしても，そもそも言うところの「取引主体/取引」原則がSNAを含む国民経済計算の体系にとっていかなる必然性を伴って機能しているかは全く自明のことがらではない．これらの疑問を解明するためには——おそらく一義的な解決に至らないとしても——国民経済計算の体系を公理系から純粋に誘導される厳格な論理的構築物として表現してみることが必要であろう[14]．

(ロ) 年金および生命保険の取扱い

　年金および生命保険の取扱いに関し『ラグルス・レポート』は最近の年金事業の(公共のみならず民間をも含めた)展開を注意して，極めてドラスティクな提案を行っている．同レポートによると，若干の国において公共および民間による年金事業の占める重要性が増大しつつあり——その背景には当然に高齢化社会の進行が存在する——，またこれに伴って所得の主要な源泉をこれらの年金に依存する人口層が増大しつつある事実に照らし，現行のSNAの処理が

第9章 ラグルス報告:提案と問題

1980年代の現実に対処しえなくなって来ていると説く.年金生活者の関心は月々に受給する所得のフローにあるのであって,積立てられた年金のストックにあるのではない.年金資産に対する年金生活者の持分に関する請求権などと言うものは仮説的のもので,年金生活者の側にそれを支配したり,手に入れたりする力を持っていない.家計の所得は家計自体が現実に所得と考えるものを所得として計上すべきである.ところがSNAの取扱いによると,年金および生命保険に関する家計の持分は家計の資産として示され,従ってそれは(制度部門の金融機関に格付けされる)これら年金基金および保険会社の債務であって,この持分の変化は家計の資本調達勘定に記録される.一方この持分の変化は純保険料と支払保険金の差を反映する.家計の消費支出には保険金の支払いもしくは拠出に対するサービス支出部分のみが現われるにすぎない.ところが年金の給付金および生命保険の出資金の受取りは家計資産の変動を表わすのみに過ぎず,時々の所得のフローを表わすものではない.従って,家計の勘定に表現されているのは年金および保険についての純正味資産の変動であって,現実の現金収入ではないと言うことになる.これに対して『ラグルス・レポート』は消費者の現実の行動に近づくために,年金基金と保険会社の準備金を当該の会社に預託しておき,これら保有財産の現金償還分を家計の受取りと考えることを提案している.

『ラグルス・レポート』のこの提案は生命保険会社の粗産出に対し帰属計算を行っている現行 SNA 方式に対し重大な変更を迫る注目に値する提案である.しかし同レポートの提案をSNAの場に反映させるためには,まず現行SNAにおける保険に関する帰属計算の論理を知るべきであろう.まずSNAの帰属保険サービスは,

 (受取保険料+運用資産から生命保険会社が取得する利子・配当の中で保険証券の保有者に配当される予定利子)-(支払保険金+保険計算上の準備金の純増)

として計算され,生命保険会社の粗産出を形成する.またこの生命保険の帰属サービスは家計の最終消費支出の中に含まれるとともに上述の保険証券の保有

者に配当される予定利子は(家計の)受取財産所得の中に含まれること．生命保険準備金に対する家計の持分増は貯蓄の一部となって資本調達勘定に記録されることに注意すべきである．この処理方法を念頭に置くならば，『ラグルス・レポート』が家計の消費支出には「保険金の支払いもしくは拠出に対するサービス支出部分」だけが計上されているとする主張は納得し難い．のみならず同レポートは，この帰属保険サービスが生命保険会社の粗産出を計算するための方法であることを全く見落している．『ラグルス・レポート』が保険会社に預託された家計の持分の現金償還分を家計の受取りとすることを提案するならば，この提案と論理的に整合する生命保険会社の粗産出を計算する方法を提案すべきであったと思われる．こうした勘定体系全般の整合性についての配慮を欠いた『ラグルス・レポート』の提案は結局のところ「取引主体が現実に行った取引を記録する」ていの「取引主体/取引」原則と言う虚構に固執することの必然的な帰結と考えざるを得ない．ただし，年金基金について現行 SNA は旧(1953) SNA の考え方をほぼ踏襲して，その粗産出を費用によって計測し，かつそのサービスは家計に向けられるものと考えている．年金基金の持つ重要性が増大する現実に照らし，『ラグルス・レポート』が提起した問題をまじめに受止めた上で再点検することは今後の研究にまつべき課題であると言えよう[15]．

　上述した年金および生命保険の取扱いとほぼ同様の趣旨に基づいて『ラグルス・レポート』は損害保険の処理に対しても批判的検討を行っている．同レポートは言う．生命保険および年金の場合とは異り，SNA において損害保険会社によって(被保険者に)支払われた保険料は受取り側の年々の所得となるものと考えられている，と．問題は，しかしながら，SNA の取扱いがさまざまの目的を持つ対象保険について一律であることにある．損害保険のかなりの部分が目的とするところは所得の保証である．失業保険ならびに一部の傷害保険の目的とするところがこれである．しかし所得を補償する目的とは別に，損害保険の少なからざる部分が資本損失の補塡を目的としていることも無視すべからざる事実である．おそらく火災・盗難保険とか損害賠償保険の大部分はこの中に含められるであろう．資本損失の補塡を目的として支払われる保険料は，資

本損失と併行的に，むしろ貸借対照表の変動に反映させる方がより適切ではないのか．これが『ラグルス・レポート』の提出する問題点である．

『ラグルス・レポート』が保険会社によって支払われた保険料を損害保険の帰属サービスとして損害保険会社の粗産出に言及しないことは生命保険の取扱いと同様であって，さきに言及したSNAの"産業"に含められる金融・保険活動からの粗産出の計測の根幹にかかわる問題である．『ラグルス・レポート』がこの重要な問題を無視して検討の視野を制度部門としての家計の所得・支出勘定に限定することによって実物と金融の2分法の片方を捨象する態度を示していることはSNAに対する正当な批判のあり方とは言えない．（なおラグルス夫妻は，ここで関説した年金，保険に関する一層詳細な検討をアメリカの国民勘定の計数に即して，前にも言及した論文の中で行っている）[16]．

(ハ) 政府および家計の最終消費支出

政府サービスによって全部または一部が補償される財・サービスを"産業"または"対家計民間非営利サービスの生産者"が消費者に対し個別に提供する場合，この取引を家計の最終消費支出とするか，もしくは政府サービスの中間消費とするかについて境界問題が生じうることは周知の事実である．『ラグルス・レポート』は1981年の夏フランスのグヴィユーで開催されたIARIW第17回総会に提出されたペトルの論文[17]を採用しながら，この境界問題を検討している．同レポートは，SNAのこの境界問題に対する処理が言うところの「取引主体/取引」原則に従って，取引主体が支出することの関連で現実の取引のフローを記録することを意図しているのであって，取引主体が究極の便益を受取ることとの関連で現実の取引のフローを記録することをねらいとするのではないと言う．問題はSNAの言うところの"選択の自由"基準('free choice' criterion)が現実の場に適用し難いところにある．そこでペトルは"現金による便益"('cash benefits')と"現物による便益"('benefits in kind')を区別するための複数の基準を用いることを示唆している．ペトルによると，"現金による便益"は家計が現実の支出に対する証拠を提出することなく受取る便益に限定して，それのみを現実の移転支払とみなすことを提案している．これに対して，

政府によって直接にもしくは支出が個人への払い戻しを経由して提供される財・サービスであって，この支出に関し根拠となる証拠が必要となるものを"現物による便益"に分類し，財・サービスに関する政府支出として記録する．

『ラグルス・レポート』は以上のペトルの提案を参照しながら政府によって補償される個人消費に関する現行 SNA の取扱いが明確さを欠いていると結論し，いわゆる「取引主体/取引」原則と整合する解決の必要を強調する．しかし，倉林・作間も指摘したように，この境界問題に対する SNA の解決は，旧(1953) SNA の方針との比較において，"直接購入基準"(旧 SNA)より"意思決定基準"への転換として特徴づけられる(倉林・作間『国民経済計算』pp. 204-205)．いわゆる「取引主体/取引」原則についてはすでに指摘した多くの問題を含むのであるが，それはそれとして，同原則はむしろ旧 SNA の"直接購入基準"に近い立場であって，『ラグルス・レポート』は現行 SNA の考え方を誤解していると言わざるをえない．さらに，ペトルの提案はこの境界問題に対し複数の自由選択基準の導入を主張するわけであるから，いわゆる「取引主体/取引」原則による解決の一元化を提案する『ラグルス・レポート』の理念とは全く異質のものと考えるべきであろう．

現行(1968) SNA の公刊以後，関連する所得分配統計体系の開発[18]，福祉の測度としてのマクロ経済集計量の開発と国民勘定への位置づけ[19]，ICP(国連国際比較プロジェクト)の発展を直接的な契機として，"住民の全消費"(total consumption of the population)の役立ちと利用が注目されるようになって来ている．もともと"住民の全消費"概念は中央経済計画体制を採る国々の国民経済計算の体系である MPS から発想された．MPS における"住民の全消費"概念と前述の所得分配統計体系ガイドライン(Series M, No. 61, 1977)のそれの定義との間には若干の相違がある．いまひとまず後者の所得分布統計ガイドラインの定義に従うならば，「住民の全消費概念は政府，非営利団体および企業が無料もしくは低廉な費用をもって提供するもので，消費者としての家計に対して明瞭かつ第一義的に便益となるような財・サービスの価値を含めることをねらいとする．賃金もしくは俸給の一部とはならない現物による便益のみが

第9章 ラグルス報告:提案と問題

含められるべきである.住民の全消費に含まれる財・サービスの選定に当っては,情報が必要とされる家計のさまざまのグループの間に財・サービスの価値を割りつけることの困難を考慮することが必要である」(para. 5.7, Series M, No. 61, 1977)とされる.こうした困難を克服するとともに,"住民の全消費"概念を国民経済計算の枠組に統合する試みとして,ペトルは一方において便益が帰着する目的に従って個人消費と集合消費(individual and collective consumption)を分類し,他方において便益が発生する主体の制度部門別分類(一般政府,対家計民間非営利団体,家計)を与えることによって,両分類のクロス表を作成することを提案している(第2章,図2.2, p.55参照).

こうした"住民の全消費"概念に対する『ラグルス・レポート』の反応は概していえば低調である.例えば,上述のペトルの提案に対して,そうした二重分類が実行可能になる前にさまざまの分類のカテゴリーに関し合意に達することが必要であろうが,今のところこの合意はなされていないと言っている.むしろ同レポートは,"住民の全消費"概念に関連して"消費"(consumption)と"消費支出"(consumption expenditure)の相違を明らかにすることが必要であると結論づけるのであるが,こうした"住民の全消費"概念に対する『ラグルス・レポート』の消極的な反応は,1つには同レポートの関心がより多く後述する"企業の消費支出"概念に向けられていることの反映であるように思われる.

"住民の全消費"概念の実践において住宅補助金および医薬品補助金を含めるかどうかが重要な問題であることは,所得分配統計体系ガイドラインの叙述ならびにICPの各フェーズにおける実行経験に照らしよく知られている事実である.『ラグルス・レポート』もこの点に注目し,公共政策の手段として用いられる社会的な価格差別に結びつく補助金は個人によって消費される財・サービスの支出のためのものであるとの判断を示している.ちなみにペトルは前掲論文おいて,この問題に対し原則的に3つの可能な処理方法がありうるとしている.第1は現行のSNA方式であって,補助金はすべて生産者に対する支払として処理し,個人によってなされた現実の支出額を生産者による売上の価

値と記録する．第2は若干の国において用いられている方法であって，補助金と同額を家計に対する移転として帰属し，見合いとして補助金を受けた財をフル・コストで購入するための家計による付加的支出を帰属する．第3は補助金を生産者からの政府による購入として扱い，政府による最終消費の一部として記録する．これらの処理方法にはそれぞれに一長一短がありうるが，関連の財・サービスの取得に必要なコストを正確に反映すること，および現実の取引を記録する趣旨から，ペトルは第3の方法を支持する立場に傾いているようである．

これまでの SNA に考慮されていない取引項目として『ラグルス・レポート』が特に重視するのは "企業による最終消費支出"(enterprise final consumption expenditure)概念の導入である．問題の起りは "産業" の中間消費と最終消費支出の境界問題としてよく知られる "現物による賃金，俸給"(wages and salaries in kind)の取扱いにからんでいる．SNA の処理によると，企業単位は無料または顕著な低価で被用者に提供することを目的として財・サービスを取得することがある．取得された財・サービスが被用者に対し明瞭な利益をもたらす場合，これらの企業支出は "現物による賃金，俸給" とみなされる．ところが，それらの財・サービスの取得が被用者の利益をもたらすと同時に雇用者（雇主）の利益でもある場合には "産業" の中間消費として処理される．職場を快適にするための支出，健康診断，スポーツおよびその他のリクリエーション施設に対する雇用者の支出はこの事例に入る．しかるに『ラグルス・レポート』はこうした SNA の基本的な考え方に十分な注意を払うことなく，第1に現物による便益の提供に関する SNA の処理が「取引主体/取引」原則と整合するかを疑問とし，第2として "住民の全消費" 概念の誘導にとって "企業による最終消費支出" 概念が必要ではないかと問うのである．この解決のために『ラグルス・レポート』は，個人になり代って一般政府によってなされる政府支出（ペトルの分類における "現物による便益" の場合）と同様の趣旨で雇用者はその被用者に対し現物による便益を提供することによって，企業による最終消費支出を行うものと考えるのである．従ってこの "企業による最終消費支

出"は家計および政府の最終消費支出と並列して，GDP の最終使途を形成することになる．

　上述の"産業"の中間消費と最終消費の境界問題に対し『ラグルス・レポート』の提起する設問は妥当するのか．前述したようにこの境界問題に答えるために SNA は固有の考え方を持っていた．この SNA の哲学は「取引主体/取引」原則によって全く拘束を受けない．その限りにおいて，『ラグルス・レポート』が提起する第1の設問は妥当しない．さらに，かつて倉林・作間も指摘したように，SNA はいわゆる企業消費を認めない勘定体系であって，"産業"の中間消費と認定されるフローの中にも家計の最終消費支出と類似の性格を持つ取引フロー（企業の福利施設に対する支出および社用消費など）が混入している（倉林・作間『国民経済計算』p. 200）．この点に関し SNA は paras. 1.93 と 1.94 において現行 SNA における今後の研究課題の1つとして"投入の機能別分類"の検討を掲げており，福祉目的の投入を"産業の最終消費"(industrial final consumption) と言う新しい項目として取扱う可能性を示唆しているのであって，『ラグルス・レポート』の第2の設問は，SNA の示唆に従った具体的な問題の展開と言うことができるであろう．ここで企業消費概念について早い時期からその重要性に注目した研究としてラグルス夫妻の著作[20]を忘れてはならないであろう．この著作の中でラグルス夫妻が「財・サービスがもっと一般的な形態でさらに広汎な被用者のグループもしくは社会大衆一般に向けて提供され，個人がこれらの財・サービスの供給もしくは使用についてほとんど支配力を持たないならば，政府により一般大衆に向けて提供されるサービスが公共消費とみなされるのと全く同様の趣旨で，それらを企業消費と考えることが有益であろう」[21]と言うとき，企業消費の対象である財・サービスは単一の企業の被用者に限定されるばかりでなくその便益を広く社会一般の公衆にまで拡張しているのであって，『ラグルス・レポート』における"企業の最終消費支出"概念の拡張になっているからである．最近わが国で流行となっている「冠コンサート」の例はこの1つの典型と考えることができよう．

　"産業"の中間消費と最終消費との境界問題との関連で『ラグルス・レポー

ト』はさらに2つの重要な問題を指摘している．第1は，ラジオ，TVなどのマス・メディアの助成に向けられる広告宣伝費の取扱いである．一般にこれらマス・メディアの経営に関する制度と組織には社会体制と歴史的伝統および慣行の相違が反映され，国際比較を著しく困難にしている．『ラグルス・レポート』は計数の国際比較の可能性を向上させる立場から，これらの支出をむしろ最終消費として計上することが望ましいと考えている．第2は銀行および類似の金融仲介機関のサービスの評価と表章にかかわる問題，すなわち周知の銀行と類似の金融仲介機関に関する帰属サービス問題である．『ラグルス・レポート』は銀行と類似の金融仲介機関のサービス帰属問題をそれ自体として正面から取上げることはしない．むしろ帰属されたサービスの部門間の配分を問題としている．この立場から同リポートが与える示唆は2つある．その1つは，帰属取引と現実の支払を分離して別掲すること．この提案は，後のラグルス夫妻による家計勘定を場とするマクロ集計量とマイクロ・データ・セットのリンクに関する研究[22]へとつながって行くことになる．第2には，金融サービスの国際的取引の重要性を認識すること．この点はサービス統計の開発の観点から，またルクセンブルク，スイス，シンガポールのようにこの種の国際的取引がGDPの中で少なからぬ重要性を占める国にあっては銀行および類似の金融仲介機関に関する現行のサービス帰属の方法とその配分を上述の重要性に照らして，あらためて再検討する必要があることを示唆している．しかし前にも述べたように『ラグルス・レポート』は銀行と類似の金融仲介機関の帰属サービス問題をこれ以上深く掘り下げることをしていない．

9.3　Ruggles Reportに対する評価

以上，これまでかなりのスペースを割いて『ラグルス・レポート』の主要な論点を紹介するとともに，筆者によるコメントを随所において与えて来た．と言うのも同レポートが今回のSNA改訂にとって第1級の基礎資料であって，同レポートに対し賛否いずれの側に与するにしても，それの徹底的な研究を通

過することなしには SNA 改訂の本質と意義を理解しえないと考えたからである．事実この『ラグルス・レポート』が討議された 1982 年 3 月の専門家会議の成果を承けて，国連統計局は 1983 年 3 月同じくニューヨークで開催された第 22 回国連統計委員会のために，

　　Review and Development of the System of National Accounts (SNA), E/
　　CN. 3/1983/5,

と題する討議文書を作成したが，その基調は『ラグルス・レポート』の提案に従ったものである．また同文書に基づいて 1990 年を目標年次とする SNA の改訂に承認を与えた前記統計委員会の討議の方向もほぼ『ラグルス・レポート』の考え方を踏襲したと言ってよい[23]．

　さらにこの『ラグルス・レポート』に示された提案の重みは，それぞれが単なる評論家的な思いつきの羅列ではなく，いずれもラグルス夫妻による計数的な研究の成果と結びついているところにある．そのことを筆者は『ラグルス・レポート』に対する論評の随所において，関連する研究の成果に言及しながら示しておいたので，これ以上重ねて述べることを必要としないであろう．

　『ラグルス・レポート』の持つ意義と重要性にも拘らず，そこに盛り込まれた提案がそっくりそのままその後 SNA 改訂のための討議の方向を規制したのであろうか．筆者の見るところ，これに対する解答は必ずしも肯定的ではないようである．SNA 改訂のための組織的な母体となった「SNA 作業グループ」における改訂のための作業プログラムの作成，関連する主要な国際機関における討議，学界からの反応，そうして SNA 改訂の具体的な進行をうけ持っている専門家会議における結論の中からは，この『ラグルス・レポート』に盛り込まれたさまざまの提案に向けての収束よりも，『ラグルス・レポート』から変位する動向と結論を観察できるからである．以下章を改めて，『ラグルス・レポート』以後の SNA 改訂の動向を考察して行くことにしよう．

9.1 の注

1) このことについては，倉林義正・作間逸雄『国民経済計算』東洋経済新報社, 1980, p. 35, 参照.

2) よく知られているように旧(1953)SNA から現行の 1968 SNA に至る SNA の基本的な構造は 1980 年ケンブリッジ大学を退官したストーン教授によって確立された．筆者は，勘定体系の設計と分類の構造の観点に照らし，現行(1968)SNA の特徴は，①実物と金融の 2 分法と，②スクリーン勘定の機動的利用(本書，第 1 章 1.2 節，p.14 以下参照)とに要約できると考えるのであるが，ラグルス教授は，同夫人(Nancy Ruggles)と共著 Nancy Ruggles and Richard Ruggles, *The Design of Economic Accounts*, National Bureau of Economic Research, New York 1970, において後に両者によりしばしば「取引主体/取引」原則("transactor/transaction" principle)と命名される記録と表示の方法に基づいて，スクリーン勘定の実在を否定するとともに，実物と金融の 2 分法に基づいて設定された SNA の部門分割に代えて制度部門によって一貫された体系を提示することによって，1968 SNA を批判する立場を明らかにした．そのラグルス教授が 1968 SNA の改訂の着手に当って基調となる方針を設定する役割を担うことについて SNA をめぐるストーンおよびラグルス教授両者の宿命的なかかわりに若干の感慨を感ぜざるをえないのであるが，紙幅の制約のためそれについての詳しい論及に立入る余裕はない．さらにラグルス夫人は，1975 年以来約 5 年の長きにわたって国連統計局の次長として SNA の見直しを含む国民経済計算関連分野の研究と実践の指導に当った．特に 1980 年のはじめに実施された National Accounts Questionnaire の改訂は，国連統計局が刊行する「国民勘定統計年鑑」(Yearbook of National Accounts Statistics, 現在は National Accounts Statistics と改名)編集のためのデータの収集と表章の便宜の目的だけに止まらず，SNA の概念と体系の変更に通じるいくつかの論点を含むものであり，この Questionnaire の改訂と SNA 改訂作業のかかわりを明らかにすることも小論の考察にとって少なからぬ重要性を持つと考えるが，同様の理由によって詳しい議論に立入る余裕を持っていない．

9.2 の注

3) "The System of National Accounts: Review of major issues and proposals for future work", *Statistical Journal of the United Nations*, Part I, pp. 119-135; Part II, pp. 229-241; Part III, pp. 329-343, 1984. とくに同論文の末尾に付録された関連文献目録は SNA 改訂の研究にとってすこぶる有益である．
4) 「国際収支表」を SNA の外縁と考えてよいかどうかについては疑問の余地がある．むしろ『国際収支表提要』(IMF, Balance of Payments Manual)第 3 版(1961)が主張するように「国際収支表」を国民経済計算体系を構成する不可欠の一要素と考える立場もあるからである．しかしこの立場は『国際収支表提要』第 4 版(1977)に至って後退し，「国際収支表」の独自性を前面に押し出すようになってきている．『ラグルス・レポート』も原則としてこの第 4 版の立場を受け継いでいるようであ

第9章 ラグルス報告:提案と問題　241

る.
5) 上述のミクロ経済データ・ベースをマクロ経済勘定と連結させ,それの情報源として利用する方法の開発,およびその実際への適用はラグルス夫妻が過去十余年にわたって推し進めて来た重要な研究プロジェクトである.この研究分野に対するわが国の研究者の関心は低調であり,著しい立ちおくれが観察される.紙幅の制約のためこの重要な問題に詳しく立入る余裕を持たないが,この研究分野に対する論評は第8章,8.2節において与えられている.またミクロ・データ・ベースの開発は併せて大容量データ・セットの統計解析の方法論の開発およびその利用と言う新しいフロンティアへの展開を予想させる.この点に関し J. C. Deville and E. Malinvaud, "Data Analysis in Official Socio-economic Statistics", *Journal of Royal Statistical Society*, Series A, December 1983, は著名な計量経済学者によるこの新しいフロンティアに対する積極的関心と対応を示す好例である.
6) Richard Ruggles and Nancy D. Ruggles, "The Integration of Macro and Micro Data for Household Sector", *Review of Income and Wealth*, September 1986.
7) SNAを典型とする国民経済計算の「一枚岩の」(monolithic)体系に代えてコア体系とモジュールとから編成されるより弾力的な体系を提案するボッコーヴとタイネンもまた,そのコア体系の設計において産業の生産勘定からの「部局企業」の排除と,従って一般政府による一貫的処理を主張しており,この考え方は『ラグルス・レポート』と共通する. (C. A. van Bochove and H. K. van Tuinen, "Flexibility in the Next SNA: The Case for an Institutional Core", *Review of Income and Wealth*, Series 32 No. 2, June 1986, p. 145, 参照)
8) この点で(産業,政府サービスの生産者などの)等質的生産単位は制度単位の集合に含まれる部分集合とはなりえても,異る2つの制度単位の集合の共通部分とはなりえないとする認識(例えば,André E. Nivollet, *La nouvelle Comptabilité nationale*, Cahiers Français No. 193, Octoobre-decembre 1979, La documentation française 1980, p. 21)は SNA に固有する「実物と金融の2分法」に由来する部門分割の二重性を正しく指摘したものと言えよう.
9) Nancy D. Ruggles, "Financial Accounts and Balance Sheets: Issue for the Revision of SNA", *Review of Income and Wealth*, March 1987.
10) Jack Hibbert, *Measuring the Effects of Inflation on Income, Saving and Wealth*, OECD, Paris 1983. なお,能勢信子「インフレーションの社会会計:現状と問題点」神戸大学経済経営研究所『経済経営研究』34(II)号,1984年8月,に『ヒバート報告書』についての紹介がなされている.
11) ボッコーヴとタイネンはこの金融的賃貸に関する処理をコア体系の中にとり入れることに対して,コア体系の設定に関する"最小仮定の原則"(parsimony principle)と背反することを根拠として反対している(C. A. van Bochove and H. K. van

Tuinen, *op. cit.*, p. 149).
12) Nancy D. Ruggles and Richard Ruggles, "The Treatment of Pensions and Insurance in National Accounts", *Review of Income and Wealth*, Series 29 No. 4, December 1983, p. 372.
13) Richard Ruggles and Nancy D. Ruggles, "The Integration of Macro Data for the Household Sector", *Review of Income and wealth*, Series 32 No. 3, September 1986, p. 246.
14) 国民経済計算体系を公理系からの論理的構築物として表現することの必要性は,必ずしも筆者の偏向的思惟のみの所産ではない. 1985年の夏オランダのノルトウィカーフウトで開催されたIARIW 第19回総会で持たれたSNA改訂に関する特別セッションにおいて筆者が行った基調報告 (Yoshimasa Kurabayashi, United Nations Statistical Office Progress Report on the Review of the System of National Accounts, a paper presented at the Nineteenth General Conference of the International Association for Research in Income and Wealth, Noordwijkerhout, the Netherlands, 25-31 August 1985, (因みに同論文は短縮され, "Summary of the Program for the Review of the United Nations System of National Accounts with Editor's Introduction", *Review of Income and Wealth*, Series 32 No. 2, June 1986, として公けにされている)に対し, 予定討論者の1人であったオークルストがSNAの公理的基礎を問うている (Odd Aukrust, "Comments on the Overall Program", *Review of Income and Wealth*, June 1986)からである. のみならずオークルストその人自身が国民経済計算体系の公理論的接近の創始者でもあった (Odd Aukrust, *Nasjonalregnskap, Teoretiske prinsipper*, Statistisk Sentralbyra, Oslo 1950) ことを見落してはならない.
この公理的接近に対する新たな関心と試みの一例は, Oleg Arkhipoff, "Formalisme comptable: de la comptabilité d'enterprise à la comptabilité nationale", *Journal de la Société de Statistique de Paris*, tome 125 No. 1, Paris 1984, pp. 25-41, の中に見出すことができる. 第1章1.1節で考察したように, 取引者勘定の公理論的基礎は「垂直的な複式記入の体系」の上に築かれるから, 所得のトランスファー項目がその典型となる一方の対向フローの取引の対象を特定しえない「擬制的な取引」が決定的な役割を演じる. また第4章4.2節以下で注意したように, 「内部記入」項目の機能にも注目せねばならないが, 『ラグルス・レポート』も, また関連するラグルス夫妻の論文においても, これらの点に全く配慮されていない.
15) 前にも言及したようにSNAにおける年金と生命保険の処理はその後ラグルス夫妻の手によって詳細かつ綿密な点検を受けた (Nancy D. Ruggles and Richard Ruggles, "The Treatment of Pensions and Insurance in National Accounts", *Review of Income and Wealth*, Series 32 No. 4, December 1986). その所論に関してはここでやや立入った言及を必要とするであろう. 上記論文における議論と順序を逆にす

るが，上記の議論との関りでまず生命保険の場合をとりあげる．まず，ラグルス夫妻による批判の第1点は，SNAが現在多様化している生命保険の種類を区別していないことに向けられている．SNAが問題とする生命保険は通常の生涯年金型の保険であるが，生命保険会社が販売する保険商品にはグループ保険，一時払保険等さまざまの種類が現存している．これらさまざまの種類の保険の中には後述の損害保険との境界が必ずしも分明でないものもある．またこれら保険商品の中には生命保険会社が販売に関ってはいるが，むしろ損害保険として扱うのが適切な商品も存在しうる．議論の複雑化を避けるためラグルス夫妻も生命保険を生涯年金型のそれに限定しているのであるが，今後の検討に当っては保険商品多様化の現実に留意しておくことが必要であろう．問題の第2点は保険証券がそれを取得する消費者にとっても解約払戻し金の価値変動を利用し金融資産の1つの形態として運用され，従って例えば消費者である家計の資本調達勘定を動かす金融資産の構造に影響するばかりでなく，解約の過程を介して家計の所得・支出勘定をも動かしうることになるべき性質のものであることにある．そこで受取保険料と支払保険料の差額である純保険料は，i)解約払戻し金の価値の変動と，ii)残金の保険料差額に分解されることになるであろう．もし解約払戻し金の価値が増加するとこの解約払戻し金の価値の変動分を控除した残余の保険料の差額は家計の所得・支出勘定の支出項目として計上されるとともに生命保険会社の所得支出勘定の受取となって記録されることになるであろう．またそれとともに，解約払戻し金の価値額の増加はこの受取りと現実の支払いの差に見合う保険資産の家計持分として記録される．その結果保険会社の純貯蓄はこの残余の保険料の差額分だけ増加することになるのであって保険の準備金の純増の全額が家計の貯蓄の増加になるのではない．つまり解約払戻し金の価値の変動を利用する家計による資産の運用は本文の中で言及した保険の帰属サービスの計算に対しても影響するところが少なくない．ラグルス夫妻による批判の第3のポイントは，保険会社の提供する商品の消費者に対する売上げの内容が的確に反映されていないことにある．保険サービスの帰属計算に関し本文の中で表章されているような支払保険のみの表現では保険商品の多様化に伴う売上の内容の表章，ひいては消費者の所得の源泉とその構造の表現として不十分であろう．ラグルス夫妻の研究の特徴は，こうした概念上の諸問題を綿密に点検するだけに止らず，概念上の異同を現実の国民経済計算の公表データに即して例解している徹底的な実証の精神によって貫かれているところにあるが，紙幅の制約のため計数による例解の詳細には到底立入ることができない．

16) ラグルス夫妻は注15)で引用した前掲論文(Nancy D. Ruggles and Richard Ruggles, *op. cit.*, *Review of Income and Wealth*, December 1986)において損害保険に関するSNAの取り扱いに対しても綿密な批判的検討とこれに基づく改善の提案を行っている．周知のように，SNAは損害保険の粗産出を受取保険料と支払保険金の差

額として定義し，これに基づいて帰属推計を行う．すなわちSNAにおける損害保険に関する帰属保険サービスは，(イ)予定された付加保険料ではなく実現された付加保険料である，(ロ)損害保険会社の投資運用収益は考慮されていない，ことを特徴としている．ラグルス夫妻の批判的検討はSNAの処理をひとまず是認した上で，損害保険の多様化の現実に照らしその処理の妥当性を問うのである．ラグルス夫妻によるとこの多様な損害保険は以下の4つのグループに大別される．すなわち，(1)健康と類似の危険を対象とするもので給付金が第3者に対する支払の形を取るもの，(2)所得の喪失の危険を対象とするもの，(3)死亡の危険を対象とするもの，(4)資産の損害の危険を対象とするもの，がそれである．SNAの取扱いは個々のグループの持つ保険の特性と現実に照らしそれぞれに問題があるとされる．

第1に，健康保険の処理に関しラグルス夫妻は被用者のために雇主によって支払われる負担金を被用者報酬の一部として記録することについての疑問を提出している．ラグルス夫妻はむしろ雇主の所得・支出勘定に記録することを提案するのであるが，この処理は「取引主体が現実に行った取引を記録する原則」の意味での「取引主体/取引」原則の主張を忠実に反映するものと言えよう．しかしこの「取引主体/取引」原則がSNAに固有する原則でもなく，またSNAの使用する用語でもないことはすでに指摘した通りである．第2に，SNAにおける帰属保険サービスの推計において損害保険会社の投資運用収益が考慮されていないことに対応して，損害保険の場合は生命保険とは違って保険証券保有者の持分という概念は成立しない．すなわち危険の長期にわたる分散は考えられておらず，その結果保険金の支払いと保険料の受取りは年々にバランスをとることが想定されていることになっている．しかし失業保険に対してはこの想定が明らかに失業保険の趣旨と実態を反映しないと言うのがラグルス夫妻の主張である．失業保険は景気の循環を全体にならしてバランスを確保するのが趣旨だからである．第3に，生命保険商品の中には死亡の危険に対応するための，かつまた貯蓄の性格を持つ種類が存在しており，これらはむしろ損害保険の中に含めて，これらの取引は(家計の)所得・支出勘定よりもむしろ資本調達勘定の中で処理されるべき項目だと言うのがラグルス夫妻の主張である．その例示としてラグルス夫妻は定期保険を挙げているが，わが国で今日の問題である変額保険はより適切にラグルス夫妻の指摘に適合するものと言えよう．第4に，資産の損害は本来資本損失であって，これを補償する保険料の受取りと保険金の支払いは資本調達勘定の取引項目と考えるべきであると言うのがラグルス夫妻の批判である．ここにも部門間の現実の取引を重視するラグルス夫妻の言う「取引主体/取引」原則の思想が反映されているが，そもそも損害保険の粗産出を帰属推計する考え方の原点とは論理的にどう整合するのか．ラグルス夫妻の批判にはなお疑問と検討の必要が残されていると言えよう．

17) Jean Pètre, The Treatment in the National Accounts of Goods and Services for

第9章 ラグルス報告：提案と問題   245

Individual Consumption Produced, Contributed, or Paid by Government, paper presented at 17th IARIW General Conference, 1981.
18)　United Nations, *Provisional Guidelines on Statistics of the Distribution of Income, Consumption and Accumulation of Households*, Statistical Papers, Series M, No. 61, New York 1977. SNAを補完するこの所得分布統計の体系に関連する論点については，すでに第5章5.3節において議論した．
19)　United Nations, *The Feasibility of Welfare-Oriented Measures to Supplement the National Accounts and Balances: A Technical Report*, Statistical Papers, Series F, No. 22, New York 1977. なおわが国の有力な経済学者はこの研究がNNW測度を支持するものであると主張しているが，この研究はNNWを福祉のマクロ指標として政府の公表統計とすべきではないことを明示している (United Nations, *op. cit.*, para. 211)のみならず，この研究の著者は別の場所で福祉のマクロ指標としてNNWではなく"住民の全消費"を推賞している (Christopher Saunders, "Measures of Total Household Consumption", Review of Income and Wealth, Series 26 No. 4, December 1980)ことを注意すべきである．上記経済学者の諸説は全くの付会である．なお"住民の全消費"概念を福祉を計測するマクロ指標と見る接近の方法については第5章，5.2節を参照．
20)　Nancy Ruggles and Richard Ruggles, *The Design of Economic Accounts*, National Bureau of Economic Research, New York 1970.
21)　N. Ruggles and R. Ruggles, *op. cit.*, p. 48.
22)　Richard Ruggles and Nancy Ruggles, "The Integration of Macro and Micro Data for the Household Sector", *Review of Income and Wealth*, September 1986.

9.3の注
23)　例えば，*Official Records of the Economic and Social Council, 1983, Supplement No. 2*, E/1983/12 and Corr. 1, para. 27.

第 10 章　SNA 改訂の現状と動向

10.1　SNA 作業グループの設立

　1982 年 3 月の専門家会議の場における討議を承けて SNA 改訂の作業が本格的に具体化するのは 1983 年以降のことである．すなわち，同年の 3 月国連本部において開催された第 22 回国連統計委員会に提出された文書("Review and Development of the System of National Accounts (SNA)", E/CN. 3/1983/5) に基づいて，はじめて SNA の改訂が公けの討議の俎上にのせられた．この討議に基づいて 1990 年の完成を目指す改訂作業が合意された．またこの改訂の眼目が SNA の変更ないし拡張よりも，それの明確化および関連統計体系との一層の調和にあることを強調していることが注目される．この結論を承けて国連統計局，EUROSTAT および OECD の経済統計部の専門家の間で前述した「SNA 作業グループ」が組織することが合意された．1983 年 8 月ルクセンブルクにおいて IARIW の第 18 回総会が開かれたのを機会に同作業グループの第 1 回会合が持たれ，OECD の経済統計部長の T. P. ヒルが議長となって，作業グループの組織，今後の作業の進行，SNA の改訂に関連する問題点等について意見の交換を行った．この会合において作業グループの範囲を拡大し，IMF および世界銀行の専門家の参加をもとめることが合意された．また同作業グループの目標が SNA 改訂作業の企画と実行のため関係機関間の調整および関連の各国の統計部局と国際機関における国民経済計算専門家の意見を改訂作業の中に反映させることにあることが確認された．

　このようにして今回の SNA 改訂作業の進行は「SNA 作業グループ」を核として進行する態勢が確立したのであるが，この態勢は前回の SNA 改訂作業の進め方とは著しい対照を示している．すなわち現行(1968) SNA に至る旧

(1952) SNA の改訂においては作業の核が2人の強烈な個性に凝縮されていた.体系を設計する理論的指導者であったストーン(Richard Stone)と, 国連統計局の次長として作業の実行の指揮に当ったエーデノフ(Abraham Aidenoff)である. 当時の改訂においてもストーンを議長とする改訂のための常設の専門家会議が設けられ, 随時会合を持って改訂のための草案を審議したことは事実である. しかし, 改訂のために順次用意された3つの改訂草案(E/CN. 3/320, 9 February 1965; E/CN. 3/345, 28 June 1966; E/CN. 3/356, 14 August 1967)はすべてストーンもしくはエーデノフの起案に成るものであった[1]. すなわち, 旧 SNA の改訂はこの2人の個性の強烈なリーダーシップのもとに, すぐれて中央集権的体制をとりながら進行したのである. これと比較すると「SNA 作業グループ」を核として進められている今回の改訂作業はむしろ分権的な体制を特徴とする. 個性的なリーダーシップを欠く分権的な体制に基づく今回 SNA の改訂作業の進行に対し専門家の間に危惧の声が存在することは事実である. しかし筆者はむしろ国際的な統計開発の機構と力学が 1980 年代の今日では 1960 年代と比較して全く質を相違するものであることを認識すべきであると考える. 例えば国連システムの内部だけを考えるにしても本部事務局と地域委員会ならびに専門機関との関係は次第に分権化の傾向を強めつつあることは争えない事実であるし, さらに EC, OECD ならびにさまざまの地域統合機関の設立もまた国際機関の拡散化と分権化の方向を助長していると言えよう. 国連システムを中心とする国際的な統計開発の相互調整を目的として創設された国連の「統計活動に関する行政調整小委員会」(ACC Subcommittee on Statistical Activities)の機能が軌道に乗るようになったのも 1970 年代の後半のことである. これら一連の傾向を観察するならば, 今回の SNA 改訂における分権的体制は国際的な統計開発の現実に根ざしたほとんど唯一の現実的選択であったと考えざるをえないのである.

「SNA 作業グループ」は, 1983 年 8 月ルクセンブルクにおいて第 1 回の会合を持って以来, 最近に至るまで 10 回近くの会合を持ち SNA 改訂のためプログラムの作成と, 作業分担の調整に当たっている. 筆者は 1984 年 1 月(ワシ

ントン),1985年8月(ノルトウィカーフウト),1986年6月(ジュネーブ)の3回の会合のおり議長として会合を主宰する機会を持った．この作業グループはSNA改訂のための作業プログラムの作成と，国際機関相互の間の作業の連絡および調整を目的とする「企画委員会」の性格を持つものであり，改訂作業そのものの実行を担当する「実行委員会」の性格を持つものではない．しかしこれまでの数回の会合を通していくつかの重要な問題が討議され，作業プログラムに反映されるようになっている．その重要なものを摘記すると次のようになる．

 i) 改訂作業のスケジュール　改訂作業は3つの段階(フェーズ)に分けられる．第1段階はほぼ1986年前半までが想定され，地域経済委員会を母体としてSNA改訂に関する問題を洗い出す．第2段階はほぼ1986年の後半から1989年を想定し，いくつかの主要問題に関する専門家会議において個別の問題を討議し，解決の方途を探究する．第3段階はほぼ1989年から1990年の期間を予定し，第2段階の各専門家会議の結論を承けて，これらの総合と集約のための検討を行う．必要に応じてこのための専門家会議を持つ．

 ii) 専門家会議の編成と分担　専門家会議は主題と密接に関連する国際機関が分担して主催するものとする．会議の議題と構成メンバーの決定はそれぞれの主催国際機関に委ねられる．ただし"核メンバー"は常時この専門家会議に出席する．なおこれまでに以下の専門家会議が開催されている．

・SNAの構造に関する専門家会議(1986年6月，ジュネーブ，国連統計局主催)
・SNAの不変価格表示と国際比較に関する専門家会議(1986年11月，ルクセンブルク，EUROSTAT主催)
・国際収支表との調整に関する専門家会議(1987年2月，ワシントン，IMF主催)
・家計勘定と家計活動に関する専門家会議(1987年9月，フローレンス，世界銀行主催)
・政府部門勘定に関する専門家会議(1988年1月，ワシントン，IMF主催)

・投入・産出表と生産勘定に関する専門家会議(1988年3月,ウィーン,国連統計局主催)

　iii)　"核メンバー"と改訂草案著者の決定　"核メンバー"としてアメリカのカーソン(Carol S. Carson),フランスのヴァノーリ(André Vanoli),西ドイツのルツェル(Heinrich Lützel)を選出した.また改訂草案の著者としてT. P. ヒルに委嘱することとし,同氏は所要の期間国連のコンサルタントとして,改訂草案の起草に専従する.またこの改訂草案のフランス語版はヴァノーリが監修に当ることになっている.さらに開発途上国の現実に対処するため2〜3名の途上国の専門家を"核メンバー"に加えることが決められている.

　さて「SNA 作業グループ」の活動と併行して IARIW の第19回総会で SNA 改訂のための特別セッションが持たれ,学会の場において SNA 改訂のことが議論されることになった.以下その概略について報告しよう.

10.2　SNA 改訂の方法論をめぐって

　1950年代以降の国民経済計算の研究分野の国際的交流において国際所得国富学会(IARIW)の果した役割と貢献が非常に大きかったことはよく知られた事実である.アメリカからクズネッツ,ファブリカント,コープランド,イギリスのストーン,フランスのマルシェフスキイ(J. Marczewski),オランダのダークセン(J. B. D. Derksen),スウェーデンのオールソン(I. Ohlsson),ノールウェイのビエルベ(P. Bjerve)とオークルスト(O. Aukrust)と言った人びとは,とくに50年代の IARIW の活動を主体的に担った研究者たちである.のみならずこの IARIW は旧 SNA の改訂に関しても積極的な貢献をしている.すなわち,旧 SNA の改訂が俎上にのせられつつあった1965年の第9回総会において SNA 改訂草案の概略が国連統計局のエーデノフによって報告されているし,SNA 改訂をめぐる論点は引きつづき1967年の第10回総会ならびに1969年の第11回総会においてもとりあげられた[2].ところで1985年8月25日オランダのノルトウィカーフウトで持たれた IARIW の第19回総会を機会に1

日を費やしてSNA改訂を集中的に討議したことはIARIWの会合においてもかつてない画期的な試みであり，SNA改訂の現状と問題を探究する小論においても，特に一節を割いて検討に値する重要性を持つものと言えよう．

紙幅の制約のため，このSNA改訂に関する特別セッションにおける討議の全容を紹介することは到底不可能であるが，その全体像を明らかにするために，このセッションの編成とプログラムをまず以下に掲げておくことにしよう．

The Programme of a Full Day Session at the Nineteenth General Conference of IARIW on the Revision of SNA, Noordwijkerhout, the Netherlands, 25 August 1985

1. General Issues

Y. Kurabayashi, United Nations Statistical Office Progress Report on the Review of the System of National Accounts

2. Structure of the SNA

C. A. van Bochove and H. K. van Tuinen, Flexibility in the Next SNA: The Case for an Institutional Core

André Vanoli, Sur la structure général du SCN, à partir de l'expérience du système élargi de comptabilité national français

Heinrich Lützel, Market Transactions in the National Accounts

3. Sectoring

Carol S. Carson, Sectoring in the National Accounts and the Integration of Economic Statistics

A. Franz, National Accounts Sectoring and Statistical Units of Reporting and Classification

4. Reconciliation of the SNA with Other Systems

UNSO/IMF, Reconciliation of SNA with Government Finances Statistics Standards: issues and proposals for modification of the present standards

UNSO/IMF, Reconciliation of SNA with Balance of Payments Statistics

第10章 SNA改訂の現状と動向   251

Standards: issues and proposals for harmonization

　Vu Viet, Input-output Standards in the SNA Framework: proposals for clarification and modification based on a survey of country practices

　A. Chantraine and B. Newson, Progress on the Revision of the European System of Accounts

　Y. Ivanov, Reconciliaton of SNA Standards with the Standards of the System of Material Balances of the National Economy (MPS): issues and proposals for harmonization

　Claes Norrlof, Issues in the Revision of the International Income Distribution Guidelines

　表示からも明らかのように，同セッションは4つの主題から編成される．第1はSNA改訂の基調と展望である．第2は改訂SNAの構造をめぐる諸問題であって，SNA改訂のいわば基本構造の設計を主題とする．つづく2つのトピックスは，いわばSNA改訂のための各論的な主題を構成している．すなわち，第3の話題として部門分割の問題がとりあげられるとともに，第4の主題として関連統計体系との調整が幅広く検討されている．読者は提出された論文の主題からその検討の視野がSNAの部分システムを形成する投入・産出表，資金循環勘定，および国際収支表との調整が再び新たな視角から採り上げられていること．これに加えて，考察の視野が関連するESA体系，あるいはMPSとの調整，SNAの内包の細分化を企図した所得と富の分布統計の体系との関連にまで及んでいることを認識することができるであろう[3]．

　IARIW第19回総会におけるSNA改訂に関する特別セッションをめぐる以下の考察では紙幅の制約とSNA改訂の方法的基礎を解明する趣旨に即して，焦点を前述した第2のトピックスにしぼって進めることにしよう．この場合特に注目されるのはSNA改訂の構造をめぐってボッコーヴとタイネン(van Bochove and van Tuinen)とヴァノーリとの間で交わされた方法上の論争とでも言うべき応酬があったことである[4]．

SNA改訂のための戦略の基本的な論点としてボッコーヴとタイネンが問題としているのは，改訂 SNA の構造が"一枚岩の単一体系"(one monolithic system)でなければならないかと言うことである．言うところの"一枚岩の単一体系"の典型は，現行 SNA 表 2.1 に表章されるような体系であり，また著者たちによってしばしば引合いに出されるフランスの国民経済計算体系，特にSCCN (Système central de comptabilité nationale) である．ここで著者たちがフランスの国民経済計算の体系に特に言及していることは注目してよい事実である．なぜならばこのフランスの国民経済計算体系こそ SNA を目標として企図された「フランスの成果とアングロ＝サクソンの成果の収束」にほかならないのであって，この事実はヨーロッパの国民経済計算の専門家たちの間ではすでに共通の認識となっている事柄だからである[5]．

　国民経済計算の体系に課される多様化するそうして時としてしばしば競合かつ対立するさまざまの要求に対して，ボッコーヴとタイネンは"一枚岩の単一体系"では全く対応しきれないがゆえに代替的な解決として提案するのが"コア体系"に付加的構成部分として"モジュール"を配置する構造である．著者の言う"コア体系"とは経済全体の詳細な叙述であって，それが経済全体の代替的叙述に容易に変換されるように，生産の境界，部門分割，統計単位と分類によって構成された体系を言う．これに対して複数の"モジュールの集り"が"コア体系"に付加されることによって経済全体の叙述をさまざまに多様化することができると説く．"コア体系"と"モジュール"によって複合的に構成される著者たちの国民経済の体系に具体的なイメージを与えるためには，"コア体系"と"モジュール"の内容と実体を示すべきであろう．

　著者たちによると"コア体系"は，ⅰ）マクロ経済ブロックと，ⅱ）メソ経済ブロックとから構成される．ここで，ⅰ）のマクロ経済ブロックは，①統合生産，所得，資本および対外勘定(すなわち，SNA の第Ⅰ類勘定に相当する)，②制度部門別の生産，所得と支出，資本調達と蓄積勘定，によって構成される．これに対して，ⅱ）のメソ経済ブロックの不可欠の構成要素としては，①産業と商品に関する投入産出表(すなわち，SNA のU表とV表)，②制度部門を細

分割した亜部門勘定,が考えられている.著者たちの構想するコア体系の構造は 1968 SNA との比較において 3 つの一般的な特徴を持つものと言えよう.第 1 に,マクロ経済ブロックとメソ経済ブロックの内部的一貫性を確保するため,(イ)生産勘定における"部局企業"に対する特別の取り扱いを行わない.すなわち,"政府サービスの生産者"と"一般政府"の範囲を合致させることで,制度部門別の一貫性と徹底を図る.(ロ)産出の付加価値およびその構成要素の産業別分割に制度部門別分割を加える.(ハ)制度部門を適当な亜部門に再分割する.これらの操作によってマクロ経済ブロックとメソ経済ブロックのより完全な連係が達成されるわけであるが,同時に,筆者の見るところでは,当然に実物と金融の 2 分法とスクリーン勘定の機動的な利用によって構成されている疑似接合体系としての SNA の構造特性を否定する方向性を歴然と際立たせる結果をもたらすものと思われる.第 2 に,著者たちは"コア体系"における生産の境界を生産に関与する生産要素に対する貨幣的支払いを伴う生産活動に限定することを提案している.従って,SNA では生産の境界に含まれる自給生産,自己所有家屋の帰属計算などは生産の対象物とはみなされないと言うことになる.第 3 に,取引フローの発生点と帰着点を取引当事者の間で直接的に結びつけることで,取引フローの間接的なルーティング,いわゆる attribution を極力避けることが指摘されている.この指摘は周知の現物賃金・現物給与の処理に典型的に象徴されるような最終消費と中間消費の境界問題に対する SNA による解決に対し根本的な再検討を迫る示唆である.

　ボッコーヴとタイネンによって提案せられた"コア体系"に関するこれらの一般的特性は結局のところ,まず第 1 に,この体系に最大限の制度部門別特性を賦与すること.第 2 に,取引のフローを市場を通し現実に実行される取引に限定することで,その発生と帰着が言うところの「取引主体/取引」原則を含意することを帰結していると言えるであろう.すなわち,著者たちによって提案された"コア体系"はその実体において「ラグルス・レポート」がイメージしている体系に近似していると言えよう.これまでもしばしば随所で注記したように,著者たちの個々の取引項目に関する処理が「ラグルス・レポート」に

盛り込まれた提案としばしば合致するのはこの理解を裏づけるものであろう．

"コア体系"から受けるかなり明確なイメージと比較すると，著者たちの"モジュール"の叙述が伝える印象はやや稀薄である．著者たちによると"コア体系"が経済全体の詳細な叙述であるのに対して，"モジュール"は経済理論や国民経済計算体系に対するニーズによって特定化される経済の特定の部分の解析的叙述を目的とするものであって，多分に数量分析の専門領域であるとされている．すなわち"コア体系"が最大限の制度部門別特性によって特徴づけられるのと対照的に"モジュール"は"コア体系"のデータを機能別のデータに変換させる役割を受け持つのである．当然に考えうる"モジュール"はほとんど無限と言ってよい．著者たちが例示する"モジュール"の内容は次のようなものである．

（イ）分類モジュール(SNAの経済活動分類，政府の目的分類，ペトル提案から導かれる消費支出の分類など)．

（ロ）投入・産出モジュール(ここではU表とV表に特定の技術仮定を適用して導かれる 商品×商品 および 産業×産業 の投入・産出表が含まれる)．

（ハ）所得分布モジュール(United Nations, *Provisional Guidelines on Statistics of the Distribution of Income, Consumption and Accumulation of Households*, Studies in Methods, Series M No. 61, New York 1977, の発展である．家計部門の細分によって第1次所得とその再配分(税，社会保障，政府支出がもたらす便益)の詳細を追跡する)．

（ニ）その他特定の領域(教育・文化など)に関するモジュール(フランスの"サテライト勘定"の対象関心領域に対応している)．概念に関するモジュール(例えば，インフレーション会計)などにも言及されているが，詳しい説明は与えられていない．

著者たちはまた"モジュール"をSNAと関連する統計の国際的な規準との遠近関係に注目して，以下の3つのグループに分類している．

（ア）義務的モジュール(国際的基準に基づく統計報告のため各国に作成が義務づけられているモジュール)．

第10章 SNA 改訂の現状と動向

（イ）望ましいモジュール（国際的に合意されているが，各国はその作成に責任を負わなくてもよいモジュール）．

（ウ）試験的モジュール（各国で試験的に開発を進めているモジュール）．

以上の分類に基づいて，著者たちは"コア体系"に若干の（ア）のグループに属するモジュールを加えて，これを"中心体系"(central system) と名づけ，SNA 改訂の対象であると主張している[6]．

ボツコーヴとタイネンによる"コア体系"と"モジュール"を複合する新しい SNA 体系の構想に対し，ヴァノーリの方法は"一枚岩の単一体系"としての 1968 SNA の発展にある．ヴァノーリがこの論文において対照する単一体系として関説するのはこの SNA の1つの展開ともみなされるフランスの国民経済計算の体系 (le système élargi de comptabilité nationale français ―― 略して SECN) である．注記でも述べたように，ここで SECN の概略について立入った論評を与える余裕はないが，ヴァノーリの議論の理解を助けるために SECN の全体像を示しておくことが必要であろう．SECN の構成は図 10.1 において図解される．SECN はその中心的な枠組となる SCCN と，その拡大体系 (Elargissement et enrichissement des comptes nationaux ―― 図示の EECN) とから構成されている．SCCN は，さらに，わが国の国民（所得）勘定に当る統合経済勘定 (le tableau économique d'ensemble ―― TEE) を核として，その実物面の

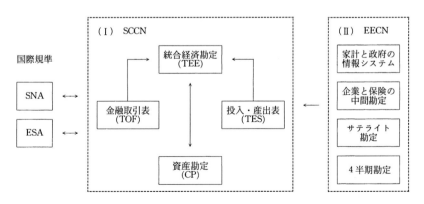

図 10.1　フランスの国民経済計算体系の構成

細分である投入・産出表(le tableau d'entrées et de sorties——TES)，および金融面の細分である金融取引表(le tableau des opérations financières——TOF)によって補充されている．また図からわが国の国民経済計算体系における国民および部門別貸借対照表をほぼ表象する資産勘定(comptes patrimoniaux——CP)によって TEE がサポートされていることも観察されよう．これら中心的枠組の拡大版である EECN に目を転じると，それは3つのやや性格を相違するデータの集りによって構成されていることに気づく．その第1のグループは，(イ)家計と政府の情報システムと，(ロ)企業と保険に関する中間勘定とから成るデータの集りであって，これらはマクロ集計量とミクロ・データを連係するための中間的枠組として機能する．さきに述べたボッコーヴとタイネン論文が言及したメソ経済ブロックの構想と近似するデータの集りと言ってよいであろう．第2のグループは"サテライト勘定"であって，さまざまの社会的関心領域との接触面における社会データと経済データとの結合が企図されている．第3のグループは4半期データによって編成される勘定体系であるが，わが国の場合とは異りこの種のデータの集りの体系的な開発はヨーロッパの諸国ではむしろ最近の関心に属することを付言しておくべきであろう．

　フランスの国民経済計算の体系に関する前置きはこの程度に止めて，われわれは先を急がねばならない．ヴァノーリが単一体系の必要と重要性を確認した上で主張する主要な論点は3つある．その第1は，SCCN が一方において関連する経済データのカバレッジと整合性を厳格に保障するとともに，他方で補完的なさまざまの接近方法の試みを含みうるとともにさまざまのレベルでのデータの細分と詳細さを導入しうる意味で十分に弾力的な体系たりうると言うことである．事実，フランスにおいて SCCN の基礎の上に分析的応用の試みが多面的に開発されている事実を想起するならば，このヴァノーリの主張するところは決して虚飾の誇張とは断言しえないであろう[7]．

　ヴァノーリは第2の論点としてマクロ集計量とミクロ・データを連係する中間的な枠組としての企業と保険の中間勘定の役割をとり上げている．ここでヴァノーリはこの中間勘定の重要性を十分に認識した上でなおマクロ集計量とミ

第10章　SNA 改訂の現状と動向　　　257

クロ・データの連係の前に横たわるいくつかの難点を指摘している．第1は，例えば企業の中間勘定を念頭に置いた上で，ミクロの企業データが取引の分類，評価の規準，記録の時点などで国民経済計算のそれと相違することである．第2は，虚偽の記録，脱税などの存在である．第3は，かりに企業の中間勘定を中継にしてマクロ集計量とミクロ・データの連係が推進されたとしても，図10.1 に即して言えば，家計と政府の情報システムを中継するマクロとミクロの連係の困難が残されていることである．これらの困難を克服するための詳細な方法的検討はこのヴァノーリ論文の核心でありまた圧巻であるが，ここでは到底その検討の技術的詳細に立入るスペースが残されていない．大まかに概観するならば，ヴァノーリが解決のために模索する方向は，まず企業に関してミクロの企業に関する営業報告とサンプル調査を基礎に編成されるデータ・ベースから中間勘定を中継して，SCCN のレベルにおける総合と調整へ進む経路と，中間勘定を欠くため推計によって直接に SCCN のレベルに到達する接近が併用されていること．政府について言うならば地方政府に関しては中間勘定の設定が有益であろうが，社会保障基金に関してはその必要は比較的に少ないであろうこと．総じて，中央政府についてはマクロとミクロの連係が直接的に達成されるであろうこと．むしろ最大の困難が予想されるのは対家計民間非営利団体を含めて家計関連データに関するミクロ・データ・ベースの編成にあることが指摘されていることを言及するだけに止めなければならない[8]．

　ヴァノーリが指摘する第3の論点は前述した単一体系における"サテライト勘定"の役割に関連している．ここでヴァノーリは，SCCN の持つ制約と社会的関心領域への経済データの開発の必要性を理由として"サテライト勘定"が必要であるゆえんを強調した後，"サテライト勘定"の構造に論及するのであるが，これらの論点に関してはすでに第2章2.4節においてふれておいたのでこれ以上立入る必要はないであろう．引きつづいてヴァノーリが扱っている"サテライト勘定"と改訂 SNA の関わりは小論の主題と直接の関係を持つから，その概略を見ておくことにしよう．ここでヴァノーリは"サテライト勘定"の性質が SCCN とは異って自己完結の体系であるよりも，外に向って開

かれた体系である点を強調している．すなわちこの"サテライト勘定"は筆者によってかつて注意された「システムの中に開かれた部分，あるいは全体の中に位置づけられた部分としての統一体」として特徴づけられている Holon の構造を持つと言うことができよう．

"サテライト勘定"のこの性質を確認した上で SNA の改訂に関し"サテライト勘定"の開発は2つの示唆を含んでいるとヴァノーリは主張する．その第1点は，この"サテライト勘定"を改訂 SNA の中心的枠組の中に収容する構造，ないしそれとの関連づけに関する問題である．ここでヴァノーリは SCCN 対ミクロ・データ・ベースとの対比において"メソ・サテライト勘定/体系" (autures comptes/systèmes méso-satellites) の可能性を示唆しているが，その具体的な内容を提示するまでには至っていない．第2点は，この中心的枠組を補完する表章としての"サテライト勘定"の機能であって，ヴァノーリはその表章の形態として SAM (social accounting matrices) の開発を含むいくつかの可能性を例示しているが，これまた詳細の展開は今後の検討に委ねられている．このように"サテライト勘定"の具体的内容と詳細は今後の研究と開発にまつべき部分を多々残しているのではあるが"サテライト勘定"を改訂 SNA の一部として収容すべきであるとするヴァノーリの主張は，今日の国民経済計算の専門家の間では共通の合意と認識となりつつあると言うことができよう．"サテライト勘定"の展開を含め，SNA 改訂の中心的枠組をどのように設計するか．これらの問題は場所をあらためて論ずべき重要な論点と言うべきであろう．

〔付記〕

　最近アル (Pieter G. Al) とボッコーヴは，Pieter G. Al and A. van Bochove, "A Synoptic Structure of the System of National Accounts", *Review of Income and Wealth*, Series 34 No. 1, March 1988, と題する論文において"コア体系"の一層具体的な叙述を与えている．そこで展開された"コア体系"は以下の4つの特徴を持っている．第1, "コア体系"を生産，支出および所得に関するメソ体系として設計していることである．その構造は同論文の第1図に表章されているが，紙幅の制約のため，ここではその構造を示すことができない．しかし，この"コア体系"の基本構造は，筆者が松浦宏氏とともに提案した現行 SNA の簡素化体系と酷似している (Yoshimasa Kurabayashi and Hiroshi Matsuura, "Progress of Japanese National Accounts in an International Perspec-

第10章　SNA改訂の現状と動向　　259

tive of the SNA Review", Ryuzo Sato and Takashi Negishi, ed. by, *Japanese Economic Research*, Academic Press, New York 1988)ことを注意しておこう．筆者らによるSNAの簡素化体系は，生産と所得形成および資本形成に関する活動と，所得の支出と資本調達に関する活動とを別個のブロックとして区別し，"実物と金融の2分法"の徹底を図っている．またこのSNAの簡素化体系は日本の計数によって例示されていることも特徴的である(アルとボッコーヴのコア体系の数字は仮設例)．第2，しかしアルとボッコーヴのコア体系の大きな特徴は，付加価値の形成と分配の過程を，i)部門，ii)商品，iii)活動のそれぞれの分類に即して，3次元の行列として表章していることである．3次元行列による付加価値の誘導は，"コモディティ・フロー法"の拡張として推計に利用することもできる(Al and van Bochove, *op. cit.*, pp. 58-59)であろう．また，フランスの国民経済計算において，投入・産出表の"総合段階"(les etapes de la synthèse)における推計方法の核心となっている"調整"(l'arbitrage)のメカニズム(その詳しい説明については，Michel Séruzier, *Construire les comptes de la nation: Guide d'élaboration conforme au SCN*, Ministère de la Coopération, Paris 1988, pp. 271-274, を参照)の解明にも役立ちうるであろう．第3，生産の境界を市場生産で，マネー・フローに合致するフローのルーティング(ルーティングの意味については，倉林義正・作間逸雄『国民経済計算』東洋経済新報社，1980, pp. 73-76, を参照)に限定していることもこの"コア体系"の大きな特徴である．ここで市場生産とは生産に関与した生産要素に対する貨幣的報酬を結果する生産として定義されている．いずれにしても，この"コア体系"においては"擬制的な取引"である帰属取引やフローの間接的ルーティングであるattributionが記録の対象から排除される結果となるが，この処理はさきのボッコーヴとタイネンの提案と共通している．その結果，第4，アルとボッコーヴが提唱する"コア体系"は，現行SNAとの関連を意識して，2つの標準モジュールによって"コア体系"を補足することを提案している．前述の帰属取引を包含する"帰属モジュール"と，後者のattributionに対応する"attributionモジュール"がそれであるが，ここではその設計の詳細に立入る余裕を持っていない．

　以上の叙述からも明らかのように，アルとボッコーヴによる"コア体系"の新たな提示は，ボッコーヴとタイネンの構想を継承する"コア体系"の一層具体的な発展として注目すべきであり，現行SNAとの連係を一層明確に意識した提案と評価しうるであろう．ただ，第1に，著者(アルとボッコーヴ)の言及にもかかわらず，「取引主体/取引」原則との結びつきが的確に指示されていないことはなお問題として残されている．また第2に，この"コア体系"が2つの標準モジュールによって補足されるにしても，記録される活動の視野を生産，支出および所得(の形成)に限定していることは，現行SNAの活動の視野と比較して，大きな制約と考えざるをえない．アルとボッコーヴによる"コア体系"の視野の限定が付加価値行列の3次元表章と言う特徴を賦与したことを認めるにしても，対価として"実物と金融の2分法"を喪失したことは失うことの大きさ

を強調して余りがあると言うべきである.上に引用した倉林と松浦によるSNAの簡素化体系は,最近における日本経済の動態が"実物と金融の2分法"が帰結する資本形成と資本調達勘定,およびその対外的関連の上に集約されることを示唆しているからである.しかしこれらの問題点の解明は別個の研究と著作に委ねられるべきであろう.

10.1の注
1) この間の旧SNA改定の事情と経過は,倉林・作間『国民経済計算』1980年,第1章,に詳しい.

10.2の注
2) 旧SNAから1968 SNA改訂に至るIARIWの貢献の詳細については,倉林・作間『国民経済計算』第1章,においてやや立入った解説がなされている.
3) 1968 SNAにおいてひとまず統合を達成した投入・産出表,資金循環勘定,および国際収支表などとの調整の問題が再びとりあげられているのは,すでに言及した国連システムにおける専門機関との間の,および地域経済委員会との間の分権化の傾向とも無関係ではないように思われる.例えば,国際収支表を所管するIMFにおいても,その『国際収支表提要』の第3版と第4版では「国際収支表」の国民経済計算体系の中における位置づけをめぐって微妙な変化を読取ることができるのであって,第4の主題における問題の提起もこうした状況の1つの反映と見ることができよう.

　1970年代における研究の展開との関係で関連統計体系との調整を観察する場合,以下の2つの点を指摘することができよう.第1は,1970年代のはじめGNPに替る福祉のマクロ指標として特にわが国のジャーナリズムにおいてもてはやされたNNW(およびその原型としてのMEW)に対する関心と強調が全く見られないことである.この事実はすでに第5章5.2節において指摘したようにUnited Nations, *The Feasibility of Welfare-oriented Measures*, F. 22., New York 1977,で確立された共通の認識に従うものと言うことができる.第2は,SNAの思考を継承し,社会・人口統計体系への拡充を企図したSSDSおよびその変容体系であるFSDSとの調整の問題がとり上げられなかったことである.SSDSの展開と変容の過程はすでに第6章で立入って議論された.社会・人口統計を核とする社会的関心領域とSNAの関連は,今回のSNA改訂作業においては"サテライト勘定"(Compte satellite)の構想に即して拡充されることになっている.

4) この第2のトピックスに関連して提出された3つの論文は,筆者による基調報告論文の短縮版,および筆者の論文に対する3人の予定討論者(ストーン,オークルスト,および(インドの)チャウドリ)のコメントとともに *Review of Income and Wealth*, June 1986,誌上に収載されており,上記特別セッションの体制を概観する

第10章　SNA 改訂の現状と動向　　　　　　　　261

のに便利である．上記3人の予定討論者は筆者の基調報告に対し，それぞれの個人的体験——ストーンが旧 SNA から現行の SNA の公刊において中心的な存在であったこと，オークルストが現行 SNA を討議する専門家会議において指導的な役割を演じて来たこと，チャウドリが開発途上国への SNA の適用に関し豊富な実績の所有者であることをそれぞれに想起せられたい——に基づいて適切なコメントを与えているのであるが，紙幅の制約によってそれらに関説する余裕を全く持ち合わせていない．

5) これらの事情に対するわが国のエコノミストならびに統計専門家の認識はすこぶる低調であり，関心は皆無に等しい．筆者が偶見したフランスの国民経済計算の入門書，教科書および専門書としては以下の数点を数える(当然に網羅的な書目ではない)ことができる．

J. E. Chaperon et M. Séruzier, *Initiation pratique à la Comptabilité nationale selon la nouveau système*, Masson, Paris 1978 et 1980.

Alan Pichot, *Comptabilité nationale, les nouveaux systèmes français et etrangers*, Dunod, Paris 1979.

A. E. Nivollet, *La nouvelle Comptabilité nationale*, Cahiers français, No. 193, Octobre-décembre 1979.

J. Marczewski, *Comptabilité nationale*, Dalloz, Paris 1965.

Jean Bénard, *Comptabilité nationale et modèles de politique économique*, Presses Universitaires de France, Paris 1972.

Edith Archambault et Oleg Arkhipoff, (eds.), *Études de comptabilité nationale*, Economica, Paris 1986.

この中で Chaperon et Séruzier および Nivollet の書物はいずれも入門書であるが，中でも後者は平易な叙述の中に深い研究の内容を盛り込み出色の入門書となっている．例えば，同書をわが国の類似の入門書として人びとが好んで引用する『新 SNA 入門』(経済企画庁国民所得部編，東洋経済新報社，1979)と比較すると叙述の正確性と的確さ，盛り込まれている内容の拡がりと深さにおいて Nivollet の書物は群を抜いており，『新 SNA 入門』と比較してほとんど天地の隔りがある．Pichot の書物は標準的な教科書，Archambault et Arkhipoff による編著は最近におけるフランスの国民経済計算の研究動向の一例として掲げておく．Marczewski と Bénard はいずれもフランスの新しい国民経済計算の体系に触れていないが，後者は本文の中で述べたフランスとアングロ゠サクソンの成果の収束を予測しており，内容的にも程度の高い教科書である．わが国の学者による研究としては，僅かに，山下正毅「フランスの新国民経済計算体系 SECN」『横浜経営研究』第 I 巻第3号，1981，を数えるに過ぎない．

6) 本文中の適当な個所で言及した筆者のコメントに加えて，ボツコーヴとタイネン

の提案する"コア体系"と"モジュール"の複合体系に対しては言及すべき点はなお多々あるが, 紙幅の制約のため以下の2点を指摘するに止める. 第1に, 国民経済計算の体系が言うところの"一枚岩の単一体系"を目標にすべきかどうかについては国民経済計算研究の出発点を形成する1950年代の初頭より注意されて来たところであった. 初期国民経済計算の研究書の最高峰の著者であるオールソンは上記単一体系の設計を a general accounting design と呼び, ストーンの体系(例えば, R. Stone, "Functions and Criteria of a System of Social Accounting", *Income and Wealth*, Series I, Bowes & Bowes, London 1951)をその典型と考えている. これと対照的位置を占めるのが特定の目的から出発する勘定設計で, オールソンはその例示として投入・産出表を挙げている. これらの2つの接近方法の対立を前提として, オールソンは単一体系の設計には難点が多いと主張している(Ingvar Ohlsson, *On National Accounting*, Konjunkturinstitutet, Stockholm 1953, p. 163). 国民経済計算研究の初期においては単一体系を目指す接近に対する障碍と困難が大きかったことを示す1つの例証と言えよう. 第2に, ボッコーヴとタイネンによる"コア体系"と"モジュール"の複合体系は, 単に国民経済計算体系の中心を構成するだけでなく, オランダの中央統計局で進められている経済統計体系の組織化作業の骨格的な枠組として利用されていることを忘れてはならない. また"コア体系"を構成するメソ経済ブロックはマクロ集計量とミクロ・データの連係(linkage)にとって不可欠の概念的基礎を提供する. この間の事情は, C. A. van Bochove, The Micro-Meso-Macro Linkage for Business in an SNA-compatible System of Economic Statistics, a paper presented at the Twentieth General Conference of IARIW, 23-29 August, 1987, Rocca di Papa, Italy, に詳しい.

7) その一例として"成長会計"と"国民勘定の不変価格表示"の総合を企図してクルビースとテムプレによって提案された"余剰の会計"分析(comptes de surplus)を挙げることができよう. この分析は SCCN の枠組と企業の中間勘定の枠組とデータの集りを用意するのでなければ, 分析の徹底を望むことはできないからである. 詳しくは, Raymond Courbis et Philippe Templé, *La méthode des "comptes de surplus" et ses applications macroéconomiques*, No. 160 des Collection de l'INSEE, Serie C, No. 35, Juillet 1975, を参照.

8) 企業を対象とするマクロ集計量とミクロ・データの連係の問題は, 企業会計と国民経済計算の接触面を拡大する観点からも重要な意義を持つものと言えよう. 事実国民経済計算の開発が開始せられた1950年代のはじめから, "企業会計と社会会計の交渉"と言う問題意識に支えられて, 主として会計学者からの注目と関心を惹いた. この展開の流れに即した研究は1970年代のわが国において"ミクロ会計とマクロ会計の統合"の提案となって現われている. これらの点に関しては, 合崎堅二・能勢信子共編『企業会計と社会会計』森山書店, 1971, を参照. 当然のことな

第10章 SNA 改訂の現状と動向

がらこの研究においては SNA およびフランスの国民経済計算体系に関する言及はみられない．しかし，上述の"余剰の会計"分析への言及を含めて，マクロ会計とミクロ会計をフランスの会計原則である plan comptable と，マクロ経済計算の体系である SECN との関連に関し論及する試みは，小関誠三「グレイの経済会計とフランス会計の展開」，合崎堅二編『経済会計──その軌跡と展望』中央経済社，1986，所収の中でとり挙げられている．

国民経済計算と企業会計の間の取引評価の規準と記録時点などの相違に関連してヴァノーリは，フランスの会計原則である plan comptable との調整に言及している (André Vanoli, *op. cit*., p. 172)．第8章 8.2 節で注意したように，この論点も企業会計と国民経済計算の接触面の拡大にとって重要な問題の1つであろう．わが国におけるこの分野の比較的最近の研究としては，小関誠三「フランスにおける企業会計と社会会計──改定プラン・コンタブル考察の一視点」『中央大学経済研究所年報』第 11 号，1980，を参照．

個々の家計を単位とするミクロ・データ・ベースの編成においてサンプル調査データのみならず行政記録の多角的な利用が不可避であることはヴァノーリによっても認識されている (André Vanoli, *op. cit*., p. 176)．この種のミクロ・データ・ベースの編成においてラグルス夫妻によって研究が進められている"統計的照合"の方法によるデータ・ベースの合成が威力を発揮するであろうことは想像に難くない．企業会計の側からするミクロ会計に関する研究分野ではこの種の大容量データ・セットの編成と利用に対する関心は概して乏しいようである．例えば，玉田啓八「マクロ社会会計とミクロ企業会計」『中央大学研究所年報』第 11 巻，1980，を参照．なお"統計的照合"ないし"厳密な照合"の方法を用いたマイクロ・データ・セットの合成と，それのマクロ経済勘定の連係については第8章 8.2 節で詳しく議論されている．

索　引

〈事　項〉

ア　行

attribution　253, 259

EKS 法　129
移転　7
一般政府　15, 47, 136, 221, 224
インテマ＝ストーンの方法　71-73, 98

受取部門　15

『SSDS を目指して』(TSSDS)　156, 158-162, 164, 167-168, 180-181, 185-186
SNA 改訂第 1 次草案 (E/CN 3/320)　27, 72, 94
SNA 作業グループ　126, 239, 246-249
SNA の投入・産出表　20-21, 30
SNA の補完体系　140, 146
NNW　62, 132-133, 149-152, 245, 260
MESP の枠組　166-167, 170
MEW　140-141, 148, 161-162, 260

OEEC の国民経済計算体系
　1952 年版　91, 100
　1958 年版　91-92, 100
OECD の国民経済計算作業部会　86

カ　行

外国　3, 13
外部効果　33, 38
外部性　38, 42
外部取引　4
外部バランス　201, 204, 213
『価格指数および数量指数統計の体系に関するガイドライン』　113-116
拡張された消費　142
活動　3
活動種類別単位　28
活動種類別の分類　45
加法的整合性　108, 118
勘定　9, 11

勘定の体系　26
関心領域に関する国民支出　57
完全接合体系　19, 30
完備された体系　26

ギアリーのルール　104
企業型単位　17, 28-29
企業による最終消費支出　148, 236-237
企業の中間勘定　204-207, 215, 257
擬似接合体系　20, 30
技術単位　28
期首バランス　26-27
基準時の代表性　107
擬制的な取引　11
帰属サービス料　71
帰属家賃　70, 228-229
帰属利子　72-73
基本価格　124
期末バランス　26-27
QYKS 法　130
教育のサテライト勘定　59-61, 191
教育の社会勘定　50-53, 55, 67
共通サービス　136-137, 150
行列整合性　102, 108-109, 114, 117, 119-121, 125, 129, 131
銀行および類似の仲介機関　70-71, 73, 97-98
銀行問題　78, 80-82
近似生産物　31
近似的基本価額　124
近似的要素価額　124
金融仲介機関　97-98
金融サービスの帰属　70-73, 77, 80-82, 86-88, 90-96, 100
金融的対象　3-4
金融的対象の循環　5
金融的賃貸　227
金融取引　7
金融取引表 (TOF)　207, 256

倉林のルール　111
クルビースのルール　110

KS-S 法　129

経済活動分類　45
経済主体　2-3
現金による便益　233
現物による便益　233
厳密な照合　195, 199, 210-211

コア体系　241, 252-255, 258-259, 262
交易条件の変動効果　105, 110-112, 113, 122, 125
公共サービス　42-43, 214
公共サービスの消費者　138
公共サービスの生産者　138
公共サービスの目的分類　147-148
公共財　15, 82, 150
公共部門　221
高次統計　1, 22
購入者価額　124
購買力平価　128-130
『国際収支表提要』　2-4, 13-14, 25, 240, 260
国際所得国富学会(IARIW)　62, 103, 126, 246, 249-251
国際標準産業分類(ISIC)　16
国際標準商品分類(SITC)　21
国際標準職業分類(ISCO)　185
国内経済　3, 13
国民勘定の不変価格表示　102-103, 105, 107, 116, 118, 262
『国民勘定の不変価格表示に関するマニュアル』116-120
国民経済　24
国民経済計算審議会　101
国民経済計算調査委員会　101
国民生活指標(NSI)　190
国連行政調整委員会統計小委員会　37, 247
国連国際比較プロジェクト(ICP)　121, 127-128, 130
国連統計委員会
　第14回(1966)　144
　第15回(1968)　216
　第16回(1970)　155
　第17回(1972)　66, 144, 155, 167
　第18回(1974)　140, 144, 156, 163, 192
　第19回(1976)　180
　第20回(1979)　66, 192
　第21回(1981)　192
　第22回(1983)　239, 246
個人データ・ファイル　164, 200, 211

コホート　160
固有性　106-107, 115, 123
混雑　33, 65

サ 行

サービス　32-34, 36-38, 64
サービス経済　12, 32, 62, 147, 176, 221
サービスの分類　36-38
債権　3, 9
財産　3, 9-10, 27
債務　3, 9
最良線型指数　122
サテライト勘定　56-59, 68-69, 169, 186, 191, 256-258
産業　15, 43
産業の最終消費　237
サンダース報告　140-143

G-K法　121, 129
識別コード　199
識別番号　210
自給生産　228
事業所型単位　16-17, 28-29, 60
自己所有家屋の帰属　228-229
支出と消費の2分法　55-56
システムの構造　169
実質準賃貸料　113, 126
実物資本　23
実物的対象　3-4
実物的対象の循環　5
実物と金融の2分法　16, 22, 240, 259-260
実物取引　7
社会会計　2, 22, 162
社会行列の体系　160-162, 185
社会支出　57
社会指標(SI)　173-175, 180-183, 189-190
『社会指標ガイドライン』　180-183, 189
社会指標の構造
　自律的指標　177-178
　絶対指標　177
　相対指標　177-178
社会-職業階層とその細分類　184-186
社会人口統計体系(SSDS)　53, 57-58, 139, 146-147, 155-161, 163-164, 168-169, 177, 180, 182, 185-186, 189
社会人口統計の枠組(FSDS)　164, 168, 182, 196-197

索　引　　267

社会生活のプロフィール　161-162, 176, 185
社会生活の連鎖　159, 185
『社会データ』　184-186, 190-191
社会統計　155
集合サービス　38-41, 139, 150
集合サービスの目的分類　139, 150
集合消費　148, 235
集団サービス　33, 43
縦断的研究　153
住民の最終消費支出　142
住民の全消費　56, 67, 142-143, 148, 152, 234-236, 245
純粋公共サービス　39-40, 65
純粋公共財　40
純粋な政府活動　136
純粋利子　87-89
準法人企業　220-221
状況　3-4, 11
商品　42
商品の流れ　103
情報のネット・ワーク　35-36
情報量　34, 63
情報理論　34, 63
所在の場所型単位　28-29
書式　24
所得，消費と富の分布の統計体系　144-146, 157
所得の経常トランスファー　8
所得の資本トランスファー　8
所得のトランスファー　8, 11, 242
所有　3
人的資本　143, 166-167
真の基本価額　124
真の要素価額　124

推移性　130, 131
垂直的な複式記入の体系　12-14, 123, 204, 242
水平的な複式記入の体系　12-14, 204
スキーマ　24
スクリーン勘定　17-22, 29-30, 45-47, 52, 138-139, 213, 240
スンガの方法　74-75, 92-97

生産者価額　124
生産性の変動効果　111, 113
制度単位　27
制度別部門　15

政府活動　136-137
政府勘定　137-138
政府サービスの機能分類　46-49
政府サービスの生産者　15, 43-44, 52, 60, 65-66, 138, 221-224
政府サービスの目的分類　45-46
政府モデル　83
世界価格　128-129
全家計所得　148

双方フロー　10-11

タ　行

第1次所得　145, 148
第1次統計　1, 22
対家計民間非営利サービスの目的分類　45
貸借対照表　27

中間勘定　153, 192, 204-208, 256-257
中心体系　255
調整勘定　10, 107, 225

Divisia 指数　109, 118, 126
データ解析　185-186
データ構造　197
データ素子　193
データの連係　193
データの連結　158
データ・ベース　24, 194
テレマティーク　35-36, 41, 63
テレマティーク網　36, 63
典拠指定　195

統計単位　16, 28, 44-45, 194-197, 219
統計的な照合　195, 199, 210-212, 263
統計ファイルの体系　156
等質的生産単位　27, 241
同調　11
投入の機能分類　143, 237
トランスファー　7
取引　3-4, 9-10, 30
取引者勘定　19-20, 45, 230, 242
「取引主体/取引」原則　19, 29-30, 68, 76-77, 228-230, 232-234, 240, 244

ナ　行

内部記入　106, 108-109, 117, 119, 123

内部(構造)的整合性　114
内部バランス　201-204, 213
内部取引　4, 123

二項関係　6-7, 12
二重デフレーション法　109, 113-114, 119-120, 131
二重部門分割　17

ネットワーク　163

ハ　行

発生部門　15
バランス項目　106, 119, 123
バランス法　131
半接合体系　20, 30

非営利モデル　83
非市場活動　41
非市場サービス　41-45, 50, 214
非商品の流れ　103-105, 117
『ヒバート報告書』　225, 241

付加価値税(VAT)　124
部局企業　221-224, 241, 253
複合データ・ベース　194-195, 199, 211
複式記入の体系　9, 12, 24-26
複式簿記の体系　25-27
福祉GNP　176
福祉の測度　56, 141-142, 151-152
付随単位　28-29
不整合性定理　115, 119, 126
物財生産の体系(MPS)　114, 142, 144, 157, 251
プライバシーの保護　196, 209, 212
フランスの会計原則(P.C.)　205-206, 214-215, 263
フランスの国民経済計算体系(SECN)　58, 255
　拡大体系(EECN)　204, 255
　中心体系(SCCN)　58, 205-208, 252, 255-258, 262
振替　7
「分布統計ガイドライン」　144-145, 148, 152

ヘイグの方法　83, 92, 94-97
編集　195

ポートフォリオ均衡　79-80
保険サービスの帰属
　生命保険サービス　231-232, 243
　損害保険サービス　232-233, 244
Holonの構造　138-139, 150, 258

マ　行

マイクロ(ミクロ)・データ　194, 256-257, 262-263
マイクロ(ミクロ)・データ・セット　194-196, 210-211
マイクロ(ミクロ)・データ・ベース　153, 194-200, 204-205, 208-209, 241, 258, 263
マクロ経済ブロック　252-253
マクロ(集計)データ　195, 256-257, 262
マス・サービス　43, 65
マネー・フロー　8

ミクロ経済計算　153

結びつきの行列　169

メソ経済ブロック　252-253, 262
メソ・サテライト勘定/体系　258
メソ体系　258

モジュール　254-255, 259, 262

ヤ・ラ　行

要素価額　124
要素逆転テスト　115, 122, 126
ヨーロッパ共同体の統合経済勘定(ESA)　31, 219
ヨーロッパ統計専門家会議　157-158, 168-169
余剰の会計　262-263
四重記入の体系　14, 214

ライムスの方法　77-82, 92, 94-95, 97
ラグルスのSESA　165, 166, 198
ラグルス・レポート　29, 213, 218-238, 241-242
利子の二重性　76-77
利用可能な所得　145
利用可能な全家計所得　148

索　引

連結性の考え　158, 178
連鎖指数　115, 118

〈人　名〉

P. A. Ady　101
A. Aidenoff　247
合崎堅二　22, 24-25, 262
P. G. Al　258
R. G. D. Allen　123
G. Als　100
H. E. Alter　211
青木昌彦　153
E. Archambault　261
O. Arkhipoff　2, 23-24, 123, 151, 242, 261
R. Aron　153
J. Attali　63
O. Aukrust　2, 22, 25, 134, 212, 242, 260

P. Bartelmus　66
D. Bell　64, 174, 188
L. von Beltalanffy　169
J. Bénard　2, 23, 29, 68, 125, 153, 261
J. P. Benzécri　185, 190
P. J. Bjerve　134, 168
C. A. van Bochove　241, 250-253, 262
J. B. Broderick　105, 111, 123

C. S. Carson　249-250
J. E. Chaperon　261
U. D. R. Choudhury　260
R. Cornes　64-65
M. R. Courbis　110-111, 117, 122, 125
M. Courcier　101

B. F. Davie　66
E. F. Denison　125
J. C. Deville　241
L. Drechsler　123
B. F. Duncombe　66
E. S. Dunn　212

W. Eichhorn　115, 126
R. Eisner　167, 172
Ö. Eltetö　129
P. H. Ennis　188

I. Fisher　114, 167
R. Frisch　134

R. C. Geary　105, 107, 117, 122
D. Gerardi　130
M. Glaude　190
H. Goldstein　153
P. Gutmann　125

B. Haig　83-85, 99
G. Hamer　124
G. C. Harcourt　127
A. Heston　123, 127
J. Hibbert　241
J. R. Hicks　2, 22, 134-135
T. P. Hill　62, 116, 118, 124, 126-127

今井賢一　63
石渡茂　126

D. Jorgenson　126
F. T. Juster　166, 170-171

N. M. Kamrany　189
金子郁容　63
川口弘　76-77, 99
J. Kendrick　125
Z. Kenessey　123
C. Kennedy　126
A. Koestler　150
S.-C. Kolm　64-65, 134
P. Köves　129
I. B. Kravis　113, 123, 127
倉林義正　28, 30, 62, 101, 110-111, 117-118,
　　　　　125, 128-129, 131, 149, 150, 152-154, 168,
　　　　　172, 194-195, 209, 211, 234, 237, 239, 242,
　　　　　250, 260
黒沢清　22
S. Kuznets　134-136, 150, 170-171, 175, 188

O. Lange　169
S. Lebergott　174
M. Lemaire　68
R. Lenoir　64
E. Lindahl　134
A. C. Littleton　24
S. Lörcher　189
H. Lützel　249

F. Machlup　154
E. Malinvaud　241
M. J. Mamalakis　88, 90, 100
J. Marczewski　149, 261

J. Marschak 154
J. Mertin 213
P. Methelot 63
松田芳郎 62, 194-195, 209, 211
松浦宏 258
J. McGibbon 127
A. Minc 63
宮沢健一 63
溝口敏行 123, 153
W. E. Moore 177, 188
森田優三 22
C. Moser 163, 173-174, 188, 192-193
M. Moss 189
L. Mumford 188
村上雅子 153
村上泰亮 153

M. I. Nadiri 125
永谷敬三 99
J. L. Nicholson 122
A. E. Nivollet 27, 29, 241, 261
西部邁 153
S. Nora 63
S. Nordbotten 212
W. Nordhaus 148, 150, 170-171
A. Norman 213
能勢信子 22, 24-25, 169, 172, 241, 262

I. Ohlsson 133, 149, 262
B. A. Okner 211
小関誠三 263

S. Peano 68
J. Pètre 55, 67, 233-234, 244
A. Pichot 68, 261
H. Postner 200-201, 213
B. Prot 64

F. Qeuvrard 191

U.-P. Reich 29-30, 67
N. Ruggles 219, 240-241
R. Ruggles 240
N. Ruggles and R. Ruggles 66, 76, 86, 97, 99, 164-165, 169-170, 200, 210-211, 213, 219-220, 223, 230, 237, 240-245
T. K. Rymes 77, 99, 127
作間逸雄 28, 84-85, 98-99, 101, 125, 129, 131, 152, 234, 237, 239, 260

A. W. Sametz 174, 188-189
T. Sandler 64-65
A. M. Santomero 99
佐藤英人 209
佐藤和夫 109, 118, 125-126
C. Saundars 141, 152
J. A. Schreider 211
M. Séruzier 261
C. E. Shannon 63
E. B. Sheldon 177, 188
篠原三代平 132, 140
A. N. Shristakis 189
L. Silverman 76-77, 99
C. A. Sims 211
R. E. Speagle 76-77, 99
R. Stone 27-28, 50, 53, 61, 73, 91, 103, 106, 108, 122, 134, 156, 161, 167, 169, 192-193, 240, 247, 260
P. Studenski 149
G. Stuvel 19, 29-30, 91, 105, 107, 111, 122-123, 125
R. Summers 123, 127
P. S. Sunga 74, 77, 86, 98
鈴村興太郎 151
B. Szulc 129

高山憲之 153
玉田啓八 263
寺崎康博 123
H. Theil 122
A. P. Thirwall 126
H. Stone Tice 214
J. Tobin 148, 150, 170-171
富永健一 153, 191
H. K. van Tuinen 241, 250-253

D. Usher 127

J. Vaizey 67
A. Vanoli 22, 205, 214, 249-251, 256-257, 263
J. Voeller 115, 126

J.-L. Weber 68

山田勇 23
山下正毅 261
A. H. Young 213
J. van Yzeren 131

■岩波オンデマンドブックス■

一橋大学経済研究叢書 39
SNA の成立と発展

1989 年 3 月27日　第 1 刷発行
2017 年 1 月13日　オンデマンド版発行

著　者　倉林義正
　　　　（くらばやしよしまさ）

発行者　岡 本　厚

発行所　株式会社 岩波書店
　　　　〒101-8002 東京都千代田区一ツ橋 2-5-5
　　　　電話案内 03-5210-4000
　　　　http://www.iwanami.co.jp/

印刷／製本・法令印刷

© Yoshimasa Kurabayashi 2017
ISBN 978-4-00-730558-0　　Printed in Japan